欧盟新生物杀灭产品法规解读

常晓冬　编著

中国质检出版社
中国标准出版社
北　京

图书在版编目（CIP）数据

欧盟新生物杀灭产品法规解读/常晓冬编著．
—北京：中国标准出版社，2014.3
ISBN 978-7-5066-7420-1

Ⅰ.①新…　Ⅱ.①常…　Ⅲ.①欧洲国家联盟—化工商品—法规—研究　Ⅳ.①D950.229

中国版本图书馆 CIP 数据核字（2013）第 295218 号

中国质检出版社
中国标准出版社 出版发行

北京市朝阳区和平里西街甲 2 号（100013）
北京市西城区复外三里河北街 16 号（100045）
网址：www.spc.net.cn
电话：(010) 64275360　68523946
中国标准出版社秦皇岛印刷厂印刷
各地新华书店经销

*

开本 787×1092　1/16　印张 21.25　字数 345 千字
2014 年 3 月第一版　　2014 年 3 月第一次印刷

*

定价 65.00　元

前　言

随着人们对环境及人身安全的日益重视，以及对欧盟经济区内自身工业的保护，欧盟委员会相继颁布了一系列作为非关税技术型贸易壁垒的法规。REACH 法规作为迄今为止最为庞大的化学品法规体系已经实施 5 年之久，中国的化学行业也饱受应对之苦，但国内众多法规符合咨询服务机构的出现稍许改变了国内企业的窘迫境地。然而，这使得企业的法规应对成本节节攀升。如今，新生物杀灭产品法规的实施又会对国内出口型的生物杀灭剂相关行业带来不小的冲击和影响。从相关的杀虫原药出口到经过防腐剂处理的木材等众多产品必须在其投放欧盟市场之前确认其法规符合性，以规避因违背带来的灾难性的惩罚措施。国内企业应重视应对这些贸易壁垒，甚至成立专门的法规应对部门来处理客户带来的法规事务。

本书为从事生物杀灭剂相关产品出口的企业与法规咨询服务企业的工作人员提供中文版的法规参考意见。第 1 章介绍了 BPR 的基本内容，读者可以根据此章内容对法规有一个基本的了解。此章内容均为 BPR 各点的精华总结，大部分出自 BPR 的管理执行当局 ECHA，所以应该受到一定的重视。第 2 章展开讲述了 BPR 中十多个关键的知识点，可以作为平时遭遇临时问题的翻阅参考资料。第 3 章介绍了中国企业应如何应对 BPR 法规以及作者的建议。第 4 章为经典案例。第 5 章为生物杀灭产品法规/指令相关的常见问题，也颇具参考意义。

由于作者水平有限，理解和表达均可能有纰漏之处，欢迎指正。另外，欧盟的法规也会随着实施进度不断总结并修改各章节内容，可能导致本书内容与实际执行内容有略微的偏差，敬请注意了解其最新变化。

常晓冬

2013年8月于杭州

目 录

第 1 章 BPR 基础知识

1.1 概述

生物杀灭产品法规 BPR（Biocidal Products Regulation）Regulation（EU）No 528/2012 是欧盟规范其内部市场中生物杀灭产品的使用和投放的法律性文件。生物杀灭产品是指可以通过活性物质的作用来保护人类、动物、材料和物品免受来自有害基团如害虫、细菌等侵害的产品。该法规的目标是在确保对环境和人类健康高度保护的同时，提升欧盟内部生物杀灭产品市场的运作机能。法规于 2012 年 5 月 22 日被采纳，并在 2013 年 9 月 1 日正式实施。它将取代并废止原有的生物杀灭产品指令 BPD（Biocidal Products Directive）Directive 98/8/EC。

所有的生物杀灭产品都被要求在其投放市场之前获得授权，且产品中的活性物质必须已经获得了欧盟委员会的批准。当然，该法规也有相应的豁免条款。例如，某活性物质仍然在评审项目下进行评估，那么含有这类活性物质的生物杀灭产品在最终的评审结果出来之前都可以投放欧盟市场。对于在评估过程中的新的活性物质来说，也会有临时的产品授权赋予其投放市场的权力。

BPR 的目标是在整个联盟层面统一生物杀灭产品市场；简化活性物质的审批和生物杀灭产品的授权；引入评审过程中成员国评估、意见形成和给予决定这 3 个环节的时间限制；通过强制性的数据共享要求和鼓励更灵活的实验方式来减少活体动物实验。

在先前的指令（BPD）中，活性物质的授权发生在欧盟层面，随后的生物杀灭产品授权则发生在成员国层面，这类产品授权可以通过多国互认的方式得到其他成员国的认可。然而，新的法规却可以赋予产品在整个欧盟层面有效的新的授权类型——联盟授权。最后，一个专用的IT平台（R4BP）也将被用于提交申请，并在申请者、ECHA（欧洲化学品管理局）、成员国主管当局和欧盟委员会四者之间进行数据和信息的传递。

1.2 活性物质的审批

1.2.1 新活性物质

企业需要通过以向ECHA提交卷宗的方式来申请活性物质的审批。在ECHA对卷宗进行生效确认后，成员国的评估主管当局会对卷宗实施完整的检查和评估，并在一年内完成。评估的结果会提交给ECHA的生物杀灭产品委员会（BPC），该委员会会在270天内给出意见。此意见将作为欧盟委员会和成员国最终决定的基础依据。活性物质的批准有不超过10年的有效期。类似的程序也体现在活性物质原有批准申请续期的时候，这取决于续期申请时可获得的有关研究的数量，并且全授权和限制授权也会体现出略微的差别。批准续期的申请需要在原先的批准失效前550天向ECHA提交。

相比较于BPD，BPR引入了活性物质的排除和替换标准作为新法规的新元素。

①排除标准　符合排除标准的活性物质将不会得到欧盟委员会的批准，这包括CLP法规下致癌、致突变和生殖毒性1A和1B物质即CMR 1A和1B类物质；内分泌干扰类物质；持久性，生物蓄积性，毒性物质即PBT类物质；高持久性，高生物蓄积性物质即vPvB类物质。

当然，在为保护公共健康和公共资产而需要某种活性物质，但暂时又没有替代品的情况下，该排除条款将会减损。

②替换标准　符合替换标准的活性物质在审批过程中将会经历一个公众咨询并被设计成为替换候选物质。替换标准是基于物质在使用时是否暴露固有的有害特性。当对含有替换候选物质的生物杀灭产品进行国家或联盟授权申请评估时，比较评估将会实施，以用来评估市场上是否有相同用途且危害

更小的产品可以替代。

1.2.2 现存活性物质

上述 BPR 中的条款同样适用于在 BPD 评审项目下的活性物质。从 2014 年 1 月 1 日起，ECHA 将从欧盟委员会的联合研究中心（DG JRC）处接手评审项目。于 2000 年 5 月 14 日之前存在于欧盟市场，并进入评审项目正在被评估的活性物质，被认为是现存的活性物质。

1.2.3 卷宗的提交

企业可以使用电子工具来进行新活性物质审批或续期申请的提交。该申请将以一份 IUCLID 的文件形式通过 R4BP 进行提交。

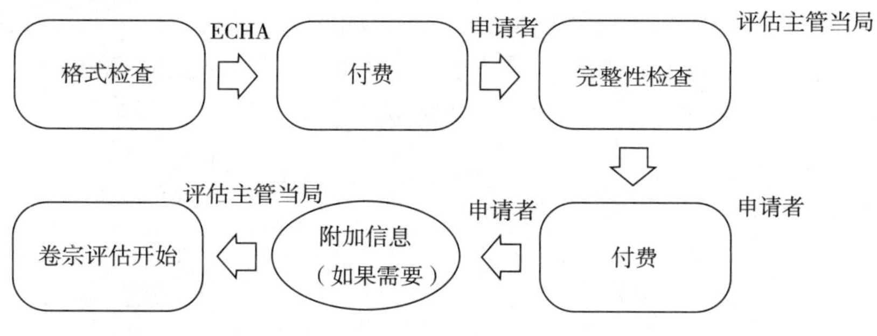

图 1-1 卷宗的提交步骤

1. 步骤

卷宗的提交过程分几个步骤。只有完成了上一步才能进入下一个程序。申请者必须保证每一个步骤都在截止日期之前完成，否则申请将会被拒绝。卷宗的提交如下步骤（如图 1-1 所示）：

①ECHA 检查申请和数据是否以正确的格式提交；

②申请者在发票日期起 30 天内向 ECHA 支付相关费用；

③ECHA 接受申请，评估专管当局在 30 天内使申请生效（完整性检查）；

④申请者在 30 天内向评估主管当局支付相关费用，如果卷宗被认为是不完整的，评估主管当局会要求申请者在 90 天内补充缺失的信息；

⑤卷宗评估开始。

2. 参与者

在卷宗提交的过程中主要的参与者如下：

①申请者　申请者有责任提供包含其活性物质所有相关信息的卷宗，且如果评估主管当局要求，应当提供补充信息。申请者对其卷宗中的数据质量负责。

②ECHA　ECHA有责任确保卷宗中的信息格式正确。ECHA同样需要确保申请进程在期限内进行。

③评估主管当局　评估主管当局有责任使申请卷宗生效，且在随后进行对申请者卷宗的评估。

1.2.4 评估的过程

一旦活性物质的审批申请被评估主管当局生效，那么评估的过程就开始了。评估主管当局会在365天内评估申请，并向ECHA提交结论。

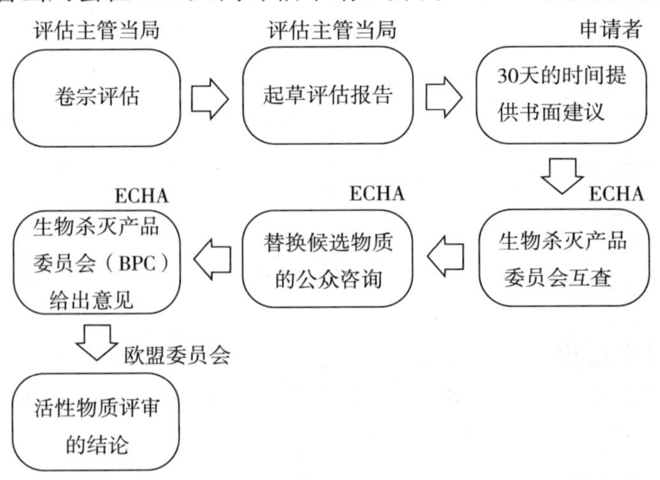

图1-2　评估过程的步骤

1. 步骤

在评估过程当中，如果评估主管当局认为补充信息是必要的，那么申请者将会被要求提供补充信息。申请者应当在180天内提交补充信息，除非是由于数据本身性质或特殊的其他情况造成了延迟。评估过程如下步骤如图 1-2 所示：

①评估主管当局开始卷宗评估；

②评估主管当局完成评估草案报告和评估结论；

③草案报告通过 R4BP 发送给申请者，申请者在 30 天内提供书面意见；

④评估报告通过 R4BP 发送给 ECHA 进行委员会互查；

⑤如果活性物质是替换候选物质，则启动公众咨询。这将会让第三方机构有机会提供相关信息（包括替换物质的信息）；

⑥生物杀灭产品委员会（BPC）在 270 内通过委员会互查，将意见提交给欧盟委员会；

⑦欧盟委员会决定活性物质最终的审批结果。

如果审批通过，该活性物质将被包含进入欧盟被批准的活性物质清单中。

2. 参与者

在评估过程中的主要的参与者如下：

①申请者　申请者有责任在其卷宗中提供所有必要的信息。他们应当重视过程中每一步骤的时间期限。申请者有机会对其卷宗的草案报告进行书面评论。

②公众　如果活性物质是替换候选物质，公民、组织、学术界、企业或权力机构有机会在公众咨询期间提交相关信息。

③ECHA　ECHA 协调整个审批过程并为申请者提供必要的工具和支持。ECHA 同样为生物杀灭产品委员会提供秘书处。

④生物杀灭产品委员会（BPC）　生物杀灭产品委员会提供科学意见的事宜有：活性物质的审批、续期、重审、进入附件 I；生物杀灭产品的联盟授权；多国互认；科学技术；欧盟委员会与成员国的其他要求。

该委员会的成员由成员国根据其经验委派。

⑤评估主管当局　评估主管当局负责实施申请的评估。评估主管当局是由申请者选择的。

⑥欧盟委员会　欧盟委员会参考生物杀灭产品委员会（BPC）的意见来最终决定是否批准或使用新物质。如果审批通过，欧盟委员会将会把该物质加入欧盟被批准活性物质清单中。

1.2.5 被批准的活性物质清单

欧盟委员会将会把通过评审的活性物质加入欧盟被批准活性物质清单，该清单的前身为 BPD 的附件 I。企业如果想获得一种生物杀灭产品的授权，可以通过该清单来确认活性物质在生物杀灭产品或处理物品中的状态信息。欧盟委员会会将活性物质的审批结果公布在欧盟官方杂志上。

1.3 生物杀灭产品的授权

所有的生物杀灭产品在其投放市场前必须获得授权。企业可以根据自己的产品及目标销售国的数量选择不同的授权形式。

1.3.1 国家授权

企业计划仅在一个或少数几个欧盟成员国销售其产品，可通过 R4BP 申请其产品在该成员国的授权。

该国家的评估主管当局对申请进行评估并在 365 天内给出授权的决定。一旦授权被赋予，我们将会在 R4BP 中找到三个文件，即授权的条款和条件，产品特征的描述，评估报告。

当活性物质被认为是替换候选物质时，成员国应当实施比较评估来检查是否有其他功能类似已经获得授权了的生物杀灭产品，或者其他非化学控制和预防的方法可以呈现出对人类健康、动物健康和环境更低的风险。如果已有获得了授权的类似产品，其功能充分有效，并没有显著的经济上或实际的不利，且没有影响目标基团现有的抗药性，那么该新产品将会受到限制或禁止。

1.3.2 多国互认

如果某企业希望延伸产品授权到其他国家的市场，那么它可以申请要求目标国认可该授权。该企业可以申请跟随多国互认或平行多国互认。申请跟随多国互认，企业需要先在某一成员国获得产品授权。然后才可申请要求其他成员国认可这一授权。申请平行多国互认，企业可以在几个成员国提交产品授权申请并同时要求成员国在授权一旦被给予时承认这个授权。在上述两种情况下，申请的提交全部通过 R4BP 进行。多国互认的过程由评估主管当局验证申请有效性开始，大约需要 5 个月。如果相关的成员国不同意多国互认，那么这案例将交由协调组处理，这将有 60 天的时间来寻求一致同意。协调组由成员国和委员会代表共同组建。如果协调组也不能达成一致，那么这将交予欧盟委员会委托 ECHA 提供科学和技术意见。

1.3.3　联盟授权

BPR 为某些类别的生物杀灭产品引入联盟层面授权的概念。这将允许企业在整个欧盟市场投放他们的产品，而不需要获得某一个或几个国家的授权。联盟授权给予申请者与国家授权同样的权力和责任。联盟授权授予那些在整个欧盟有相似使用条件的产品，但不包括那些含有符合排除条款的活性物质，或属于产品类别 14、15、17、20、21 的生物杀灭产品。开始授权程序的时间取决于该产品含有的是现存活性物质还是新活性物质。含有新活性物质的产品，包括活性物质中有一种成分是新活性物质的，可以从 2013 年 9 月 1 日起申请联盟授权。对于只含有现存活性物质的生物杀灭产品，联盟授权可以从 3 个不同的时间开始申请，这取决于产品类别，产品类别为 1、3、4、5、18、19，则从 2013 年 9 月 1 日起。产品类别为 2、6、13，则从 2017 年 1 月 1 日起。产品类别为 7、8、9、10、11、12、16、22，则从 2020 年 1 月 1 日起。

获得了联盟授权的生物杀灭产品清单将会公布在 ECHA 的网站上。申请者可以通过 R4BP 以 IUCLID 文件的形式提交联盟授权申请的卷宗。

1. 联盟授权的提交过程

（1）步骤（如图 1-3 所示）

①ECHA 检查申请和数据是否已正确的格式提交；

②申请者向 ECHA 在发票日期起 30 天内支付相关费用；

③ECHA 接受申请，评估主管当局在 30 天内使申请生效（完整性检查）；

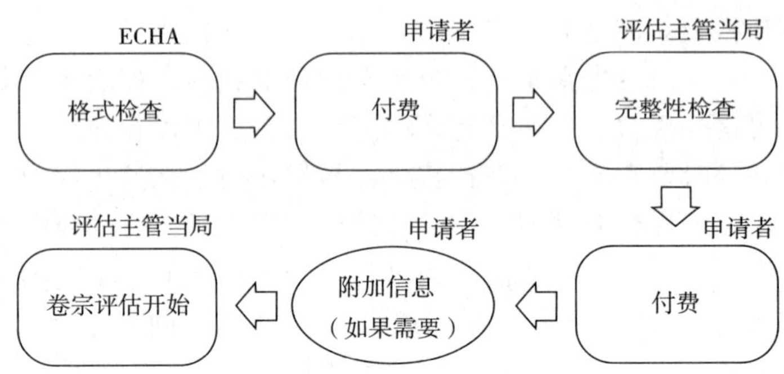

图 1-3 联盟授权的提交过程

④申请者向评估主管当局在 30 天支付相关费用；如果卷宗被认为是不完整的，则评估主管当局会要求申请者在 90 天内补充缺失的信息；

⑤卷宗评估开始。

（2）参与者

①申请者 申请者需对其提交数据的质量负责。他们需要通过卷宗或授权信（LoA）的形式提交他们的生物杀灭产品信息。如果评估主管当局需要，他们还有义务在规定的时间内提交附加信息。申请者同样需要提交一份生物杀灭产品特性的摘要和其生物杀灭产品中每个活性物质的卷宗或授权信（LoA）。

②ECHA ECHA 对确保卷宗信息格式负责。ECHA 同样确保申请的各项进程在规定的时间限制内。

③评估主管当局 评估主管当局对申请卷宗的生效和评估负责。

2. 联盟授权的评估过程

一旦评估主管当局使生物杀灭产品的联盟授权申请生效，那么评估的过程就开始了。评估主管当局有 365 天的时间对申请进行评估，并提供评估报告和结论给 ECHA。

（1）步骤

如果评估主管当局认为需要更多的附加信息才能实施评估，其可以要求申请者补交。申请者需要在 180 天内补充附加信息，除非是由于数据本身性质或特殊的其他情况造成了延迟。

联盟授权评估的步骤如图 1-4 所示：

①评估主管当局实施卷宗评估；

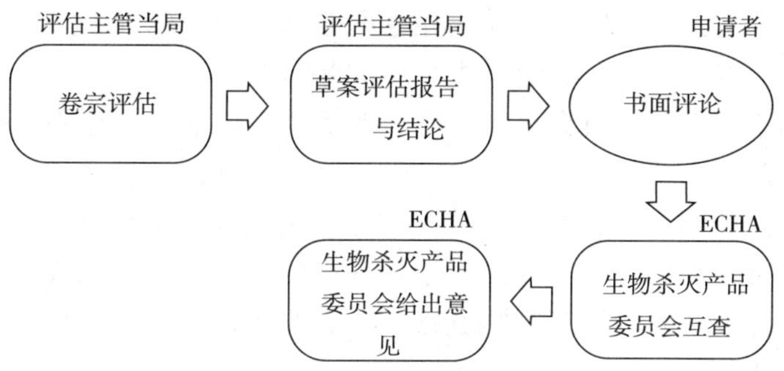

图 1-4 联盟授权的评估过程

②评估主管当局完成草案评估报告和结论；

③草案评估报告通过 R4BP 发送给申请者，申请者在 30 天内提供书面评论；

④评估报告和产品特征摘要通过 R4BP 提交给 ECHA 用来进行生物杀灭委员会的互查；

⑤生物杀灭委员会在 180 天内向欧盟委员会提交互查评估意见。

（2）比较评估

含有一种或多种被定义为替换候选物质作为活性物质的生物杀灭产品，BPR 要求对其在评估过程中进行比较评估。作为比较评估的结果，委员会可以禁止或限制含有替换候选物质作为活性物质的生物杀灭产品。如果下面的条件成立，则委员会可以进行上述行为。即，如果其他已经获得了授权的类似产品（或非化学控制及防治方法）呈现出显著的更低的人类健康、动物健康和环境风险，并充分有效，且没有显著的经济上的及实际的不利的条件下，那么委员会可以禁止或限制含有替换候选物质作为活性物质的生物杀灭产品。给予含有替换候选物质的生物杀灭产品的授权期限最大不超过 5 年。

（3）参与者

①申请者　申请者需要对在其卷宗中提供所有必需的信息负责。他们应当重视评估过程中各种时间期限。申请者有对草案评估报告进行书面评论的权力。申请者同样需要提供生物杀灭产品特征的摘要，包括 22 种欧盟国家官方的语言。

②ECHA 秘书处　ECHA 秘书处通过提供技术与科学支持来促进生物杀

灭产品委员会的工作。ECHA 需要在意见提交 30 天内，向欧盟委员会提交包含所有欧盟官方语言版本的生物杀灭产品特征摘要。

③生物杀灭产品委员会（BPC） 生物杀灭产品委员会在 180 天内给予产品授权的意见。

④评估主管当局 评估主管当局对申请者提交的卷宗实施评估负责。评估主管当局有 365 天的时间评估卷宗，其可以向申请者要求在指定的时间期限内（通常为 180 天）补充附加信息。给予申请者提供附加信息的时间不在 365 天的时间范围内。

⑤欧盟委员会 欧盟委员会在参考生物杀灭产品委员会（BPC）的意见下，决定是否赋予生物杀灭产品联盟授权。

1.3.4 简化授权

简化授权的程序目标在于鼓励那些对环境、人类动物健康低危害的生物杀灭产品的使用。

符合简化授权要求的生物杀灭产品必须符合以下 5 个条件：

①生物杀灭产品的所有活性物质均存在于 BPR 附件 I 中，且符合特定的限制条款；

②生物杀灭产品不含任何关注物质；

③生物杀灭产品不含任何纳米材料；

④生物杀灭产品充分有效；

⑤生物杀灭产品的使用及处理，不需要使用人防设备。

如果所有这些条件都符合，那么申请者应当通过 R4BP 向 ECHA 提交申请，并标明进行评估的主管当局。当生物杀灭产品被赋予了简化授权，那么其可以在不进行多国互认的情况下投放整个其他国家的市场。然而，授权持有者需要在其产品投放该国市场前 30 天通报相关的成员国部门。

1.3.5 产品族

生物杀灭产品族（biocidal products family）包含一组生物杀灭产品，它们有类似的使用目的，含有相同规格的活性物质。生物杀灭产品族会在产品组分上有特殊的变更来确保风险等级不提升，产品功效不衰减。生物杀灭产品族的概念是由 BPD（Directive 98/8/EC）下的框架配方（frame formulations）而来的。对于生物杀灭产品族的授权将覆盖该产品族下所有的产品。换句话说，如果它们的组分差别在特定的范围内，一些生物杀灭产品可以被视为单一授权下的一组产品。组分的差别可以理解为活性物质浓度的减少或非活性物质浓度的变化。生物杀灭产品族中的产品非活性物质成分被同样或更低风险的物质替换，也是被允许的。但是，生物杀灭产品族中所有产品的分类、有害和预防声明必须与产品最初获得授权时相同或更“严格”。

已经获得了授权的生物杀灭产品族中的产品的组分可以在评估时规定的范围内变化。对于产品族代表产品的评估制定了生物杀灭产品族授权可接受的组分变化范围。如果一个新产品的组分符合先前制定的变化范围，那么授权持有者仅需在将其投放市场前 30 天通报主管当局。该产品通报必须提交给给予生物杀灭产品族授权的相关主管当局。如果是联盟授权，则该通报应提交给 ECHA 和欧盟委员会。所有的通报必须通过 R4BP 来提交。然而，产品族中的产品如果区别仅在染料、香料、颜料的浓度，且在现存可接受的范围内变化，则不需要在投放市场之前进行通报。

1.4 技术等同

技术等同是指两种活性物质在他们的化学成分及有害档案上的相同性。在技术等同的评估中，一个活性物质将会与一个已经被批准的物质（参照物质）进行对比，以此来决定他们是否相同。ECHA 将负责在两个层面上进行技术等同的评估，第一层是基于分析数据的评估，如果分析失败，则进行第二层的评估，即基于理化和毒理数据的有害档案的评估。

在产品授权过程中，当符合下列 2 个条件时，需要进行活性物质的技术等同的评估，即：

①活性物质与以批准的参照活性物质的来源不同（源自新的或不同的制造商）

②活性物质的来源相同，但制造过程（新的方法或原材料）或生产地址

有变更。为了评估技术等同，企业需要通过 R4BP 向 ECHA 提交申请。在申请者提交关于技术等同评估结论草案的意见后，ECAA 将在 90 天内做出最终决定。

1.5 批准的供应商

BPR 的目标在于确保活性物质评估的成本是否被平均分摊。因此，那些没有参与到评审项目或没有参与到最初的申请中，但却将活性物质投放市场的制造商、进口商必须分摊这些费用。另外，这些公司将被赋予公平的数据购买权力。为了达到此目的，数据强制共享的原则会在此应用。

那些还没有提交 BPD 要求下活性物质卷宗的企业，必须向 ECHA 提交卷宗、授权信，或者对现存卷宗的引用（当数据保护期失效时）。这类的信息必须满足 BPR 的附件Ⅱ或 BPD 附件ⅡA 的要求。

ECHA 将会公布成功提交了卷宗的企业清单。那些参与了评审项目的企业被默认进入此清单。这个白名单在 2013 年 9 月 1 日发布，且在适当的时候更新。从 2015 年 9 月 1 日起，如果生物杀灭产品中活性物质的制造商或进口商没有被包括进此白名单，那么该生物杀灭产品将不得投放欧盟市场。

1.6 产品类别

BPR 的附件Ⅴ将生物杀灭产品分为 4 个产品大类，22 个产品小类，如表 1-1 所示。BPR 将食品与饲料存储防腐剂排除在了管控范围，所以产品小类相比较于原先的 BPD 减少了一项。

表 1-1 生物杀灭产品的分类

第 1 类：消毒剂		
PT 1	人体卫生	此类产品中的生物杀灭产品是指出于人体卫生目的使用的，直接用于或与人的皮肤或头皮接触的，主要目的是皮肤或表皮消毒的生物杀灭产品。

表 1-1（续）

第 1 类：消毒剂		
PT 2	不直接用于人体或动物的消毒剂和杀藻剂	用于表面消毒、材料消毒、设备消毒和家具消毒的产品，且该产品不直接与食品或饲料接触。 使用范围包括游泳池、鱼缸、浴室和其他水体；空调系统；以及私人、公共、工业区或其他专业领域的墙体和地板。 用于消毒空气、非饮用水、化学化妆品、废水、医院废弃物和土壤。 作为处理游泳池、鱼缸和其他水体或建筑材料补救处理的杀藻剂类产品。 作为生产有消毒功能的处理物品而被添加入如纺织品、纸巾、面罩、涂料或其他物品或材料的产品。
PT 3	兽医卫生	用于兽医卫生目的的产品，如消毒剂、消毒皂、口腔或身体卫生产品或有抗菌功能的产品。 用于消毒运输动物的材料和器皿表面的产品。
PT 4	食品和饲料领域	用于与生产、运输、储存或消耗人和动物的食品、饲料（包括饮用水）相关的设备、容器、管道的消毒。 可能与食品接触的渗透性材料。
PT 5	饮用水	用于消毒人用和动物用的饮用水的产品。
第 2 类：防腐剂		
PT 6	产品在储存过程中的防腐剂	通过控制微生物降解的方法，用于除食品、饲料、化妆品、医药、医疗器械外的已生产产品的防腐剂。 灭鼠剂、杀虫剂或其他饵剂储存或使用过程中的防腐产品。
PT 7	薄膜防腐剂	通过控制微生物降解的方法以保护材料或物体的原有表面属性，一般用作薄膜或涂层（如涂料、塑料、密封剂、黏合剂等）的防腐剂。
PT 8	木材防腐剂	通过控制木材损坏或变形的有机体，用于木材或木制产品的防腐剂。 产品类型包括预防性和治疗性的产品。

表 1-1（续）

第 2 类：防腐剂		
PT 9	纤维、皮革、橡胶和聚合材料防腐剂	控制微生物降解的防腐剂，包括纤维或聚合材料的防腐剂，如皮革、橡胶、纸张、纺织品。此类还包括通过拮抗材料表面的微生物以阻止或预防产生气味等其他效应的生物杀灭剂产品。 该产品类别包括拮抗因沉降在材料表面而妨碍或阻止气味发散和/或提供其他益处的微生物的生物杀灭产品。
PT 10	建筑材料防腐剂	用于除木材外的包括石材在内的建材防腐剂。
PT 11	液体制冷和加工系统防腐剂	用于制冷和加工系统的水体防腐剂，控制有害机体（如微生物、细菌、藻类等）的防腐作用。 用于饮用水或游泳池的水体消毒的产品不属于本产品类别。
PT 12	杀黏菌剂	用于防止或控制在用于工业过程中的材料、设备、结构表面黏液菌的生长。
PT 13	工作或切削液防腐剂	用于金属加工液中控制细菌恶化作用。
第 3 类：害虫防治		
PT 14	杀鼠剂	通过除驱除或吸引外的方法来控制小鼠、大鼠或其他啮齿类动物的产品。
PT 15	杀鸟剂	通过除驱除或吸引外的方法来控制鸟类的产品。
PT 16	杀软体动物剂、杀蠕虫剂和控制其他无脊椎动物的产品	用于通过除驱除或吸引外的方法来控制软体动物、蠕虫和无脊椎动物且不包括在其他产品类别中的产品。
PT 17	杀鱼剂	通过除驱除或吸引外的方法来控制鱼类。
PT 18	杀虫剂，杀螨剂和控制其他节肢动物的产品	通过除驱除或吸引外的方法来控制节肢动物，如昆虫、蛛形类和甲壳类。

表 1-1（续）

第 3 类：害虫防治		
PT 19	驱虫剂和引诱剂	通过驱除或引诱作用、用于控制有害生物（包括非脊椎动物如苍蝇、或脊椎动物如害鸟等）的产品，包括直接用于皮肤或间接用于人或动物周围环境的产品。
PT 20	其他脊椎动物的控制	通过除驱除或吸引外的方法来控制脊椎动物（除了已被包括在本组中的其他产品类别中的）的产品。
第 4 类：其他生物杀灭产品		
PT 21	防污产品	用于控制船体、水产业设备及其他水域中使用的物体表面污浊机体的生长和繁殖的产品。
PT 22	尸体和样本防腐液	用于人类尸体或动物尸体的杀菌和防腐产品。

1.7　处理物品

BPR 为经过其处理，或有意包含一种或多种生物杀灭产品的物品的使用制定规则。根据法规的要求，物品只能被含有欧盟委员会批准的活性物质的生物杀灭产品处理。这将不同于原先的 BPD 指令，原先的 BPD 指令允许进口的物品可以被含有没通过批准的活性物质的生物杀灭产品所处理，比如含砷产品处理过的木材及含 DMF 的沙发和鞋类。企业还必须随时准备好向消费者提供用来处理消费品的生物杀灭产品信息。如果消费者要求，处理物品的供应商应当在 45 天内免费提供这方面的信息。

1. 处理物品的标签

处理物品的制造商和进口商需要确保他们的产品根据 CLP 法规及其他 BPR 的要求进行了标签和包装。BPR 要求制造商和进口商对符合下列 2 个条件的处理物品进行标签，即：

①声明了该处理物品有生物杀灭功能；

②处理该物品的生物杀灭产品中的活性物质的批准条款里要求对其进行标签。

标签对于消费者来说需要清晰，易懂。

2. 处理物品的过渡条款

BPR 为从原 BPD 系统过渡到新法规提供了促进措施。从 2013 年 9 月 1 日起，处理物品的生物杀灭产品中的活性物质必须通过批准或正在就相关产品类别进行评估。对于那些还没有进行评估的活性物质，会有一个到 2016 年 9 月 1 日的缓冲期。企业需要在该日期前提交完整的申请卷宗，其产品才能继续投放市场。活性物质的卷宗必须包括关于其产品类别的数据。如果活性物质没有就某产品类被批准，那么使用含有这类活性物质的生物杀灭产品处理过的物品将不能继续投放市场。撤离市场的时间限制是从活性物质被拒绝的决议日期开始后 180 天。

1.8 数据共享

BPR 要求一个基础性的责任就是对于已批准的活性物质和已授权的生物杀灭产品数据信息的共享。通过数据共享，相同活性物质和产品的申请者可以节省花费，并避免不必要的脊椎动物实验。新的包含脊椎动物实验的研究只有在不得已的情况下才可以展开。申请者和数据持有者必须努力达成协议，并确保信息共享的费用是在公平、透明、无差别待遇的条件下完成的。所有的参与方必须及时地完成自己的数据共享责任。申请者有责任找出哪些实验和研究已经被进行过而且可以获得数据，这方面的查询可以通过 R4BP 提交给 ECHA，并由 ECHA 提供相关的联系方式。

1. 数据共享的纷争

ECHA 协调帮助在申请者和数据持有者之间就数据共享达成一致。如果双方最终不能达成协议，则作为不得已的结果，ECHA 起码会发布一个声明。ECHA 的协助主要体现在脊椎动物的研究实验方面。然而，在某种情形下，ECHA 也会协调不包括脊椎动物实验的毒理研究。有关数据共享的纷争必须在活性物质批准和产品授权的申请开始前被解决。申请者如果请求 ECHA 来协调数据共享纷争，需要说明各方面为达成协议的努力，并且提供文件证据。ECHA 最终的决定将基于对各方未达成共享数据与费用方面做出的努力。

2. 可获得的实验与研究信息

任何申请者为了产品授权申请而要进行包含脊椎动物实验的，必须向 ECHA 通过 R4BP 提交书面申请，来确定这种实验是否已经在 BPR 或 BPD

的要求下被实施过。这种申请对于数据包含测试来说是可选的，但对于动物实验来说是强制的。

如果这类实验已经在 BPR 或 BPD 下被实施过，ECHA 将会给予申请者数据持有者的联系信息。这些信息将从先前的 BPD 或 BPR 下已经被提交的或批准的卷宗中取回。ECHA 将不会提供个人实验的数据信息。

如果相关的数据保护期过期，ECHA 允许后来的申请者引用那些在先前申请中使用过的数据。

1.9 纳米材料

纳米材料是指以非常小的尺度被生产或使用的物质或材料。纳米材料通常有比非纳米级别的正常材料更新奇更显著的特性。纳米技术正在飞速的扩张，市场当中现存有很多包含纳米材料的产品，如电池、涂层、抗菌布料、食物等。纳米材料有着独有的技术和商业优势，但其可能对环境、人类、动物的安全造成风险。因此，BPR 关于纳米材料有着特殊的条款。

纳米材料条款针对那些符合 BPR 中的定义的产品和物质。这些定义是基于欧盟委员会关于纳米材料的定义而建立的。BPR 关于纳米材料的条款将针对符合下列 2 个特征的活性或非活性物质，即：

①50％以上的粒子至少在一个方向上有 1～100nm 的尺度；

②粒子处于无序状态，或者处于聚集态或者凝聚态。

欧盟委员会会根据技术与科学的进步来修正这种定义，且在成员国的要求下，来定义一种特殊的物质是否属于纳米材料。根据 BPR，如果没有特殊说明，活性物质的批准不包括其纳米形态。活性物质纳米形态的批准申请需要一个独立的满足所有数据要求的卷宗。如果生物杀灭产品中的活性物质或者非活性物质为纳米形态，那么针对其授权申请的评估需要进行一项专门的风险评估。这类生物杀灭产品的标签需要显示每种纳米材料的名称，并以（nano）结尾。包含纳米材料的生物杀灭产品将不被允许申请简化授权。

成员国必须每 5 年通报一次 BPR 的实施情况。该报告必须包括纳米材料在生物杀灭产品中的使用信息及潜在的风险。报告必须在相关年份的 6 月 30 日前提交给欧盟委员会，且覆盖期到前一年的 12 月 31 号。

第 2 章 BPR 拓展知识

2.1 BPD 与 BPR

生物杀灭产品法规（BPR）的前身为生物杀灭产品指令（BPD），所谓法规与指令是欧盟的两种法律形式。

2.1.1 指令

根据欧盟官网的定义，指令是一项立法条例。它为所有的欧盟国家提出一个必须要完成的目标，每个独立的成员国都有权力来决定如何完成该目标。然而，完成目标是有一定时间限制的，如果超出该时间限制将会被认为是非法的。欧盟指令比一般的规则要丰富很多，包括建立方针、委派任务、定义目标和授予权力。

欧盟指令的主要用处是统一并标准化不同成员国之间的规则与法律。在整个欧盟适用的欧盟指令确保了所有成员国在互相之间的贸易中拥有相同的指南，特别是关于单一市场的，比如产品安全的标准。FENCA 列出了一些欧盟指令的特点，即：

①需要将指令文件转化到成员国层级；

②成员国可以对指令及实施有自己的解读和策略；

③可能有豁免的国家；

④两步机制：在规定的时间转化为成员国法；如果在太长时间没有转化为当地法规，则会受到强制执行。

2.1.2 法规

法律文件中说明，法规是一项有约束力的立法条例。它必须在整个欧洲被完整的执行。例如，当欧盟希望对来自某地区的某种植物产品的名称进行保护时，欧洲委员会会采纳一部法规来执行保护措施。如果指令是一个制定目标的命令，那么法规便是一个规则。它有法律约束力，并要求其所有条款在每个成员国内像该成员国的其他法律一样被遵循和遵守。欧盟声明了法规与指令的不同点，当指令被传达到成员国主管当局时，该主管当局需要采取措施，使指令变成其国内的法律。然而，对于法规来说，成员国不需要自己采取措施来实施欧盟法规。欧盟法规必须被每个公民所遵守。同样，FENCA也列出了一些欧盟法规的特点，即：

①无需转化；

②用以理解的时间最少；

③不能变更；

④生效到正式实施不超过2年；

⑤针对每个人。

2.1.3 决议和建议

除了法规和指令之外，欧盟还存在着另外两种法律形式：决议和建议。

决议的特点：只有当出现问题时才被给出；对所有声明的案例都有约束力。

建议的特点：推荐最佳的措施；可以变成法规；当法规不充分时可以被给出用以补充；可以变成决议。

综上所述，BPD为欧盟指令，在其实施过程中，成员国需要采取自己的方式方法，通过国家立法的形式，完成指令的转化。比如，BPD在英国的体现就是害虫控制法（COPR）。而对于BPR来说，成员国必须完整地按照BPR的要求来执行。

BPD（Directive 98/8/EC）是欧盟委员会于1998年采纳的关于生物杀灭

产品投放市场的指令，成员国需要在 2000 年 5 月 14 日之前将其转化为本国法律。委员会接受该指令最初的提议是在 1993 年，并基于 1991 年被采纳的关于植物保护产品的指令（Directive 91/441/EEC）。生物杀灭产品指令设定的目标是统一生物杀灭产品和活性物质的市场，同时确保对人类、动物和环境的高度保护。该指令于 2013 年 9 月 1 日被 BPR 取代并废止。

BPR（Regulation（EU）528/2012）纠正了在 BPD 实施 11 年以来呈现出的一系列不足之处。新法规简化并梳理了活性物质审批与产品授权的要求。新的条款通过鼓励更灵活更智能的实验方式与强制的数据共享要求来减少动物实验。一个专用的 IT 平台（R4BP）会被用来提交申请、记录决议和向公众传播信息。BPR 是第一个定义了纳米材料概念的欧盟法规。新法规中，联盟授权概念的提出对于欧盟内部市场来说是一个大的突破，因为它允许供应商直接将其产品投放整个欧盟市场。欧洲化学品管理署（ECHA）将会在新法规下向欧盟委员会及成员国提供强大的科学技术支持。将会有上百人最终参与到生物杀灭产品法规的相关工作中，且预算将会达到每年 2500 万欧元。ECHA 将特别担负生物杀灭产品联盟授权申请的评估责任。由 ECHA 发布的意见将会从预计 2014 年的 80 项增长到 2020 年的 300 项。新法规会通过产品授权和数据共享等措施为生物杀灭产品行业大幅降低法规应对成本，据估算该数字为 10 年 27 亿欧元。

2.2 生物杀灭产品与其他产品的区别

2.2.1 生物杀灭产品与植物保护产品的区别

1. 定义

①生物杀灭产品（以下简写为 BP）（根据法规 528/2011）　提供给用户的物质或混合物，该物质或混合物由一种或多种活性物质组成，或含有或可生成一种或多种活性物质，其可用除物理和机械以外的方法有意破坏、阻止、使无害化、预防或控制有害生物体；物质或混合物，该物质或混合物由非上述的物质或混合物产生，可用除物理和机械的方法有意破坏、阻止、使无害化、预防或控制有害生物体。（处理的物品有一个生物杀灭的首要功能时，应

被认为是生物杀灭产品。）

②植物保护产品（以下简写为 PPP）（根据法规 1107/2009） 植物保护产品是指供应给用户的产品，该产品由活性物质（active substances）、安全剂（safeners）或增效剂（synergists）组成（或含有的活性物质、安全剂或增效剂），且其使用目的符合下列任一情况：

a. 保护植物或植物产品免遭有害生物的作用或预防此类生物的影响，除非这类产品的主要目的是卫生而不是保护植物或植物产品；

b. 影响植物的生命过程，如不作为养分影响植物生长的物质；

c. 植物产品防腐，且该物质或产品在现阶段不属于其他特殊的欧盟范围内关于防腐剂的管控；

d. 消灭不需要的植物或植物部分，除藻类（除非该产品用于土壤或水体中的植物保护）；

e. 检查或预防不需要的植物的生长，除藻类（除非该产品用于土壤或水体中的植物保护）。

2. 说明

根据上述定义，植物保护产品（PPP）的主要目的是保护植物或植物产品免遭对其有害的生物的影响。另外，用于处理空储藏空间或物品（如空储藏室或其他建筑和物品的杀菌和灭虫，如温室、容器、盒子、麻布袋、机筒等）时，如果其目的是消灭对植物或植物产品有害的生物，且在处理之后，只有植物或植物产品可以在该处理的空储藏空间中生长或储存的，这类产品被认为是 PPP。

当产品仅用作一般的卫生目的（通常并不直接用于保护植物或植物产品）时，且不明确在处理后何种产品将被储存时，该产品被认为是 BP。

不管用于土壤或其他农业或非农业目的，所有的除草剂的表面都被认为是 PPP。

3. 判断

可根据以下任一种或两种方法判断某产品为 BP 还是 PPP：

①靶标生物 如果靶标生物对植物或植物产品有害，那么此时使用的产品被认为是 PPP，不管是直接作用还是间接作用（作用于空建筑物来控制害虫）于植物或植物产品上；如果靶标生物对其他领域，如人类或除植物或植

物产品外的产品有害，那么此时使用的产品被认为是 BP。

②产品用来达到预期效果的地点。

4. 举例

例如：如何判断杀鼠剂属于 BP 还是 PPP？当该产品在植物栽培区（如农田、温室、森林）以外区域（如农场、城市、工业厂房等）用于控制小鼠、大鼠或其他啮齿类动物，或在植物栽培区内并不为了保护植物或植物产品而使用时，属于 BP；当灭鼠剂在植物栽培区（如农田、温室、森林）用于保护没有使用储存设备临时存放在植物栽培区的植物或植物产品时，该灭鼠剂为 PPP。

2.2.2 生物杀灭产品与化妆品的区别

1. 定义

化妆品（以下简称 CP）（根据法规 1223/2009）是指意于接触于人体各外部器官（如表皮、毛发、指甲、嘴唇和外生殖器）或口腔内的牙齿和口腔黏膜，以清洁、香化、改善外观、保护、保持良好状态或纠正体味为主要目的的物质和配制品。

2. 说明

化妆品中使用的防腐剂不属于 BP 范围。

2.2.3 生物杀灭产品与医药产品（以下简称 MP）的区别

1. 定义

①兽药产品（根据指令 2001/82/EC）　任何物质或物质组呈现出对动物的治疗或预防动物疾病的特性；任何物质或物质组合，用于动物，目的要么在于通过药理、免疫、代谢的作用来恢复、修正、调整生理功能，要么进行医疗诊断。

②医药产品（根据指令 2001/83/EC）　任何物质或物质组呈现出对人类的治疗或预防人类疾病的特征；任何物质或物质组合，用于人类，目的要么在于通过药理、免疫、代谢的作用来恢复、修正、调整生理功能，要么进行

医疗诊断。

2. 判断

为了决定该产品适用于哪部法规，应检查的标准有产品符合哪个相关定义和产品的使用目的。

现将产品分为三大类考虑产品类别并深入讨论，即用于人类和动物皮肤的消毒剂；只有驱避活性，没有致死作用的产品；对体外寄生虫（包括人类和动物身上的虱子、跳蚤和蜱）有致死作用的产品。

①用于人类和动物皮肤的消毒剂

如果消毒剂有一个预期的和演示的医药效果，其将被分类为 MP。消毒剂常出于一般卫生目的用于皮肤。例如，在餐厅中与食品接触的工人或在食品工厂中的工人，通常需要消毒剂来大面积消灭身上的微生物。那么此时，该消毒剂即被认为是 BP。更进一步，他们可被认为是 BP 产品类别 1 下的人类卫生类生物杀灭产品。故此类别下的产品判断的依据主要是看其是否具有医药效果（medicinal effect）。

②只有驱避活性，没有致死作用的产品

这类产品并不属于 MP，其全部属于 BP，且属于产品类别 19。

③对体外寄生虫有致死作用的产品

用于动物安置、饲养和运输过程中通过处理结构，将外部寄生虫杀灭的产品被分类为 BP。对于被用于人类或动物的含有对体外寄生虫有致死作用的活性物质的产品，其分类取决于预期用途和/或验证的声明。一般来说，这类用于人类/动物的产品，现阶段作为人用/动物用医药产品考虑并授权。

2.3 相关法规简介

2.3.1 欧盟 REACH 法规

1. 了解 REACH

REACH 是整个欧盟的一部法规，目的在于改进对人类健康和环境的保护，以降低其暴露在化学品环境下的风险，同时提升欧盟化学品工业的竞争力。它同样为了减少动物实验的数量，促进了其他有害物质风险评估的方法。

原则上，REACH法规适用于所有的化学物质。但那些在工业加工中使用到的化学物质，那些存在于我们日常生活中的物质，如洗涤产品、油漆和其他物品（衣服，家具，电器）中的物质除外。所以，这部法规对于欧盟绝大多数的企业都有约束力。

REACH法规赋予企业举证的责任。为了符合REACH法规的要求，企业需要其确认和管理他们在欧盟境内生产和销售的物质的相关风险。他们需要向ECHA说明那些物质是怎么被安全的使用，另外他们还需要向使用者传递他们的风险管理方法。

如果化学物质的风险没有被管理，权力机构可以以其他的方式限制该化学物质的使用。从长期的角度来看，危险程度高的物质应当被有较低风险的物质所替代。

"REACH"是"Registration，Evaluation，Authorisation and Restriction of Chemicals"的缩写，表示化学品的注册、评估、授权和限制。它于2007年6月1日生效。

2. REACH的实施

REACH为物质性质和危害信息的收集和评估指定了程序。

企业需要注册他们的物质，且为了达成这一目标，企业应当与其他注册相同物质的企业共同工作。

ECHA接收和评估独立的注册，欧洲成员国评估那些经挑选的物质，以确认其对人类健康和环境最初的关注度。ECHA和权力机构的科学委员会评估物质的风险是否可以被管控。

权力机构如果认为风险是不可以管控的，那么他们有权力禁止该物质的使用和流通。他们还可以决定限制其的某一种用途或让该物质进入预授权的要求范围。

3. REACH对于企业的影响

REACH法规在很多方面影响着大范围的企业，尽管很多企业不认为他们与化学品有任何关系。总的来说，在REACH法规下，企业有以下几种角色：

①制造商　如果企业制造化学品，无论目的是自己使用还是供给他人使用，那么该企业在REACH法规下有相当重要的责任和义务。

②进口商　如果企业从欧洲或欧洲经济区以外购买“任何产品”，该企业也会有一些 REACH 法规下的责任。“任何产品”包括单独的化学品、预售的混合物或最终产品，如衣服，家具或塑料产品。

③下游用户　大多数企业都会用到化学品，有时甚至没有意识到这一事实。因此，如果企业在其工业活动中有任何化学品的应用，那么他们需要检查他们在 REACH 法规下的义务。

④欧洲境外的企业　欧洲境外的企业，即使其将产品出口到欧洲境内，没有直接的 REACH 法规责任和义务。那么进口产品的预注册和注册义务应当由欧盟境内的进口商，或者欧盟境内的唯一代表来完成。

2.3.2 欧盟化妆品法规

从 2013 年 7 月 11 日起，欧盟化妆品法规（Regulation（EC）No 1223/2009）将正式取代并废止原有的“化妆品指令”。法规的目的在于确保消费者的健康和对产品成分监管的知情。法规同样也为产品安全评估提供了方法，同时禁止动物实验。

1. 市场监管

每一个欧盟市场上的化妆品都应当指定一个欧盟境内的责任人。该责任人需要确保化妆品符合法规中列出的规则，尤其是人类健康、安全和消费者信息方面的要求，且责任人需要保留产品信息文档，并在公众需要的时候提供。

为了确保化妆品的可追溯性，责任人应确认化妆品下游分销商的身份信息。这同样适用于整个供应链中的其他角色。

如果化妆品不符合法规要求，那么责任人可以采取提出质疑、撤出产品或在所有成员国召回产品等措施。如果责任人没有采取这些措施，那么成员国权力机构可以采取适当的更正行为。如果化妆品在符合法规要求的情况下，还会呈现或可能呈现出对人类健康的严重风险时，成员国权力机构也可以采取适当的措施对产品进行撤出、召回等。

2. 某些物质的限制

法规的附件Ⅱ为化妆品中禁止使用的物质清单，附件Ⅲ为化妆品中限制使用的物质清单。此外，除了附件Ⅳ中的颜料、附件Ⅴ中的防腐剂和附件Ⅵ抗紫外线剂，其他助剂也是被禁止使用的。

法规除了一些特殊情况，还禁止使用被认为是致癌、致畸或有生殖毒性的物质。它还为纳米材料的使用和对人类健康提供着高度的保护。

3. 消费者信息

化妆品的标签其实是为了保护消费者。容器或者包装必须具有清晰、易读和可视的书面信息。这些信息应当包括：

①责任人的名称或注册名与地址；

②进口化妆品的原产国；

③包装时的产品重量和体积；

④在适当条件下的保质期；

⑤使用的预防措施，包括那些供专业使用的化妆品；

⑥制造批号或化妆品的编码；

⑦成分表，例如在制造过程中有意使用的任何物质或混合物。

这些信息提供的语言取决于化妆品最终售卖地区的官方语言。

4. 动物实验

法规规定动物实验必须被其他方法所替代，禁止任何以测试最终产品、成分或成分混合物为目的的动物实验在欧盟境内发生。

法规同样禁止下列化妆品投放欧盟市场，即最终配方是由动物实验的方法确定的；含有由动物实验的方法确定的成分或成分混合物。

2.3.3 欧盟植物保护产品法规

植物保护产品法在统一化植物保护产品市场要求的同时，为环境和健康提供了高度的保护作用。另外，它还促进了农业生产。法规包括了对植物保护产品本身和其活性物质的要求。

1. 法规提供了活性物质批准的标准要求

如果活性物质完全满足法规附件Ⅱ（2）和（3）的标准，那么它是应当被批准的。该标准与物质的效力、成分、特性、分析方法和对人类健康与环境的影响程度、生态毒理和代谢残留等因素有关。同样地，只有不被分类为

C 1A 或 1B 的 CMR 物质和不被认有内分泌干扰性质的物质才能获得批准。另外，被认为是持久性有机污染物（POPs），或持久的生物蓄积性或毒性（PBT），甚至非常高的持久性或非常高的生物蓄积性的物质（vPvB）是不应当被批准的。

物质的首次批准有一个不超过 10 年的有效期，另外还可能只被批准使用在某种条件或限制之下，如活性物质的纯度、目标作物和使用者类别等。

2. 授权植物保护产品投放市场

授权申请是递交给植物保护产品初次投放市场的欧盟国家主管当局。申请应伴随两份卷宗一同提交。这两份卷宗应包括可以进行产品关于人类和动物健康及环境的影响的评估所需的所有信息。这些提交的信息会在法规保密条款下被保护。

授权申请的评估应当在其被提交后 12 个月内完成。在这段期间内，成员国可以检查产品是否符合授权被给予的条件。如果还需要更多的信息，成员国的评估时间可能会超出初始的评估期。在评估的末段，如果申请者还未提交相关被要求的信息，那么成员国应当通知申请者该申请作废。

3. 授权植物保护产品投放市场的有效期为 10 年但可被续期

当成员国认为该产品已经不符合先前提出的条件时，可以在任何时候重审一个授权。如果这样，成员国有资格撤销或修正授权内容。

4. 多国互认的原则

多国互认允许授权持有者将其产品在其他农业、植物健康和环境条件类似的国家销售。然而，如果成员国认为该产品会对人类和动物健康以及环境造成风险，那么他们可以临时限制或禁止一个产品在其领土内的销售。

为了确保对某种作物的保护，法规允许授权持有者将原先的授权申请扩展到其他的应用范围。这种应用扩展也被多国互认所覆盖。

成员国应当每 3 个月更新一次授权或撤回植物保护产品信息，且这些信息需要对公众开放。

5. 临时授权

临时授权可以被给予那些活性物质还未被批准的植物保护产品，但是有效期不超过 3 年。

2.3.4 欧盟食品接触材料法规

Regulation（EC）No 1935/2004 为食品接触材料指定一般性的框架规则。所有用于包装食物的材料和物品必须遵循该法规的要求。考虑到世界科学的进度，法规允许如"活性"和"智能"包装材料的授权使用。

法规的目标在给予人类健康和消费者财产高度的保护，以防止他们受到来自欧盟市场上食品接触材料造成的直接或间接的不利影响。

1. 范围

法规覆盖所有的食品接触材料和物品，包括所有类型的包装、瓶子（塑料或玻璃材质的）、餐具，甚至是黏合剂和商标印刷的油墨。法规同样引入关于"活性"和"智能"包装的特殊条款，这种包装可以延长食物的保质期。

法规不管控下列材料或物品：

①作为古董供应的材料或物品；

②食品的覆盖和涂层材料（已经成为食品的一部分，且与食品同时消耗的），如覆盖干酪皮，调理肉制品和水果、糖衣等；

③固定的水供应设备。

2. 对于食品接触材料的要求

食品接触材料必须在良好的生产环境下生产。它们绝对不能传递物质给食物而威胁人类健康、对食品组分带来不可接受的改变以及给食物带来感官特性的恶化。

如果"活性"材料改变了食物的成分或感官特性，他们必须遵循关于添加剂的 Directive 89/107/EEC 和其他相关的国家法规。标签、广告绝不能在任何情况下误导消费者。

3. 分组材料的特殊管理规则

法规的附件 1 确认了 17 种食品接触材料组，即智能材料、粘合剂、陶瓷、软木、橡胶、玻璃、离子交换树脂、金属与合金、纸和纸板、塑料材料、印刷油墨、再生纤维素、硅树脂、纺织品、涂漆和涂层、蜡、木材。这些材料都有不同的管理规则，即：

①授权用于食品接触材料的物质清单；

②纯度标准；

③特殊使用条件；

④某些成分对食品的迁移限制；

⑤目的于保护人类健康或保证食品接触材料符合法规要求的条款；

⑥检查上述符合性的基本规则；

⑦收集样本的规则；

⑧保证可追溯性的规则；

⑨活性和智能材料标签的附加条款；

⑩关于建立欧盟授权物质注册和进程的条款；

⑪物质授权的特殊程序规则。

在没有特殊管理规则覆盖的情况下，成员国应当保持或采纳其国家的相关条款。

4. 物质的授权

用于食品接触材料的新物质的授权申请应当提交给该食品接触材料投放市场的成员国的主管当局。然后，该申请会被送达欧洲食品安全当局接受物质毒性的评估。

5. 可追溯性

法规同样对食品接触材料的生产和销售时的可追溯性提出了要求。

投放于欧盟市场的食品接触材料的标签或文档资料必须保证该材料的可追溯性。这促进了缺陷产品的控制和召回，消费者信息和责任的归属。

6. 标签

标签应当描述出食品接触材料的基本属性。对于那些关于是否用于食品接触而模糊的产品必须加贴“For food contact”或附件Ⅱ中给出的符号。

2.3.5 欧盟 CLP 法规

1. 了解 CLP

CLP 法规确保在欧盟境内，化学品所呈现出的有害属性通过分类、标签清晰地传递给了工人和消费者。

化学品投放市场之前，工业需要通过将其与已识别的有害属性分类，并确定这类物质或混合物对人类健康和环境带来的潜在风险。有害化学品也需要根据标准体系进行标签以保证工人和消费者在处理这些化学品前知道它们的风险。

通过这样的过程，化学品的危害信息通过标签和安全数据表上的标准声明和图表得到了传递。例如，如果供应商认为一个物质有严重的口服毒性，那么标签应当包括这样的有害声明，即“吞食致命”、“危险”或骷髅头的图案。

CLP代表“Classification（分类），Labelling（标签）和Packaging（包装）”。CLP法规在2009年1月正式生效，其中化学品的分类和标签方法源自与联合国“GHS”。

法规取代了两部先前的法规——危险物质指令和危险配制品指令。但是有一个到2015年的过渡期。

2. CLP的影响

如果你是化学品的供应商，那么你必须按照CLP法规来对你的物质和混合物进行分类、标签与包装。你的责任取决于你在供应链中的角色。

供应商可能会有一个或多个以下的角色：

①物质或混合物的制造商；

②物质或混合物的进口商；

③特殊物品的制造商；

④下游用户，包括配制者和再进口商；

⑤分销商，包括零售商。

如果你将一个有害物质投放市场，必须在其首次投放市场的一个月内，向ECHA通报它的分类和标签。

2.3.6 欧盟人类与兽类医药指令

1. 兽用药物的欧盟指令

Directive 2001/82/EC是关于兽用药物的欧盟指令。它包含了管理兽药生产、投放市场、分销和使用的现行所有法律条款。

①范围　该指令将覆盖所有的兽医药品，除了下列产品：

a. 含药的饲料；

b. 灭活的免疫类医药；

c. 由独断配方或处方而配置成的医药产品；

d. 基于放射性同位素的医药；

e. 被包括进兽类饲料的某种添加剂。

②授权　兽类医药只有在获得了授权的前提下，才能投放欧盟市场。

③标签和包装　兽类医药的容器和外包装必须表示出以下信息：

a. 产品的名称和成分；

b. 制造商生产批号和欧盟授权号；

c. 授权持有者或生产者的名称与地址；

d. 产品的目标动物；

e. 用于食品生产的动物的药物休药期；

f. 有效期；

g. 任何特殊的预防措施；

h. 仅用于动物。

2. 人用药物欧盟指令

Directive 2001/83/EC 是关于任用医药产品的欧盟指令。

①范围　该指令应用于所有的人类药品，除了下列产品：

a. 由独断配方配制而成的医药产品；

b. 由处方配制而成的医药产品；

c. 以研究和开发为目的的医药产品；

d. 为进一步加工使用的中间态产品；

e. 以密封形式存在的放射性产品；

f. 全血，血浆或人类血细胞；

g. 革新的治疗医药。

②授权　人类医药只有在获得了授权的前提下，才能投放欧盟市场。

③标签和包装　人类医药的容器和外包装必须表示出以下信息：

a. 医药的名称，剂量和药物形式；

b. 活性物质的质量和数量组成；

c. 药物形式和成分重量，体积和剂量；

d. 监管方法；

e. 详细的辅料清单；

f. 有效期；

g. 特殊存储和弃置的预防措施；

h. 授权号和制造商批号；

i. 特殊警告；

g. 安全措施。

2.4 活性物质的评审项目

根据BPD指令的要求，欧盟需要通过评审项目建立一份在欧盟层面上的生物杀灭产品允许使用的活性物质清单，即BPD的附件I和IA。这也是BPD指令下的活性物质10年评审项目的目的。

2000年7月9日，欧盟Regulation（EC）1896/2000中确立并公布了评审项目的第一个阶段——物质信息排查阶段。该阶段中，活性物质的生产商需要在2002年3月28日前确认并向欧盟化学品管理局（European Chemicals Bureau）通报市场上所有的现存活性物质信息。随后，欧盟Regulation（EC）1687/2002根据实际通报情况延长了活性物质的通报时间期限，通报的截止日期从2002年3月28日延长到了2003年1月31日。用于杀鼠剂和木材防腐剂的活性物质将首先被评审，那些通报了这些活性物质的申请者需要在2004年3月28日前进一步提交支持文件。

2003年11月4日，欧盟Regulation（EC）2032/2003中确立并公布了评审项目的第二个阶段——提交技术评审卷宗阶段。这个被称作第二阶段评审法的法规主要规定了以下工作内容：

①建立已确认的现存活性物质的详细清单；

②建立已通报（待评审）的现存活性物质的详细清单和其通报的产品类别；

③设立没有通报产品类别的活性物质撤离市场的期限；

④建立评审项目中产品类别的评估优先次序；

⑤活性物质评估工作在各评估主管当局中的分配；

⑥活性物质卷宗提交，评估及相关过程方法的细节。

2007 年 12 月 4 日，欧盟 Regulation（EC）1048/2005 中确立并公布了评审项目的第三个阶段——卷宗评审阶段。在前两个阶段的基础上，第三阶段的主要工作是对已经收到的活性物质卷宗进行评审，这个被称为第三阶段评审法带来了对原法规 Regulation（EC）2032/2003 如下的修正：

①拟定了“必要用途”的概念。例如，某种活性物质应当在 2006 年 9 月 1 日之前撤离欧盟市场，但成员国认为由于其对于健康、安全和文物保护等社会功能来说是必须的，且暂时没有技术上和经济上可行的无风险替代物，那么成员国会用“必要用途”的概念为此活性物质延长市场流通的时间限制。

②为某些物质的 2006 年 9 月 1 日的期限做了延伸。如果想获得这类延伸，那么需要最晚在 2006 年 3 月 1 日前将完整的卷宗提交给相关成员国的主管当局。这些物质必须是已经确认或者通报了的物质，而其产品类别却没有通报的。

③考虑了所有的撤回和卷宗没有提交的案例，更新了现存活性物质和其通报了的产品类别清单。

④为第三、第四批优先清单中的物质分配评估成员国。

之后，Regulation（EC）2032/2003 又被 Regulation（EC）No 1849/2006 修改。该修正法引入了对原法规如下的修正：

①拟定了“评估报告”的概念。它是评估成员国对活性物质卷宗评估的最终报告形式，是评估被重审过后，最终完成时出具的。其会向公众公开。

②规定了在 2006 年 9 月 1 日以后，那些含有被决议排除在评审项目之外的活性物质的生物杀灭产品，需要在决议生效后 12 个月内撤离欧盟市场。

③更新了 Regulation（EC）2032/2003 的附件 III，去除了 BKC-/ DDAC-的相关物质条目，允许其通报的相关产品类别的产品在 2006 年 9 月 1 日之后继续流通，直到评审项目有了对其的评估结果。

④更新了 Regulation（EC）2032/2003 的附件 II 和 III，并要求根据 Regulation（EC）2032/2003 第 4 章 b 来提交申请。

2007 年 12 月 4 日，欧盟委员会采纳了 Regulation（EC）No 1451/2007，其在 2007 年 12 月 31 日正式实施，取代并废止 Regulation（EC）2032/2003。Regulation（EC）2032/2003 中大部分的操作条款都被保留了下来。大体上，

新法规对 Regulation（EC）2032/2003 的主要修改体现在以下几个方面：

①新增了关于食品与饲料作为有害基团的引诱剂和趋避剂产品（粘蝇纸上的果酱）投放市场的第 6 章。各成员国一致认为此类产品呈现出对健康和环境的危害微乎其微。因此，将它们包括在指令的管控范围内是不合理的。然而，只有指令未来的修正版本明确地证实了上述观点，以确保足够的利益相关者的法律确定性及市场中对这类产品的公平对待，才能认为现阶段的指令条款允许把他们从评审项目中去除。为了防止这一条款的滥用，它的范围将不包括食品饲料的提取物和分离物。

②第 12 章，关于替换申请者的条件。当申请者为了防止活性物质审批时被拒绝而撤消已通报的活性物质在评审项目中的评估申请，且没有其他成员国有意向继续评估申请时，那么就需要有新的申请者来接替原有的申请。该条款做出了以下两方面的修改：

a. 对欧盟委员会来说，接替申请者的简单声明将会被认为是不充分的。这类申请还需要向欧盟委员会承诺将来一定会完成活性物质的评估，并提交证据证明已经启动了为数据卷宗提供科学支持的研究实验。

b. 为了防止申请者为一个活性物质继续在评审项目中接受评估且在市场上流通，而一个接一个地替换申请者，却并没有提交评估所需的完整卷宗的行为，法规规定替换最初申请者的机会只有一次，且卷宗提交期限的延长也只有一次机会。

③Regulation（EC）2032/2003 的第 4 章 b 被删除废止。如果相关人员在 2006 年 3 月 1 日之前提交了活性物质及产品类别的完整卷宗，该章节允许他们例外地加入到评审项目中来。

④前第 14 章“对 Regulation（EC）1896/2000 的修正”被删除，因为被修正的法规已经无效。

⑤Regulation（EC）2032/2003 附件的合理化：

a. 附件Ⅲ被删除。生物杀灭产品必须仅含有 Regulation（EC）1451/2007 附件Ⅱ中正在被评估的活性物质或已经在指令的评审通过物质清单中的活性物质。

b. 在附件Ⅱ中添加了实施对活性物质进行评估的成员国评估主管当局的清单，在第 9 章里也列出了每种产品类别提交完整卷宗的最后期限，原先列出那两项内容的附件Ⅴ则被删除。

c. 附件Ⅳ“完整卷宗和卷宗摘要的要求”变成了附件Ⅲ。

d. 附件Ⅵ“评估主管当局联系方式”被删除，因为其含有过时的信息，且将要被一个发布在欧盟委员会网站上的新清单取代。

e. 附件Ⅶ在2005年确认的“遗忘”物质被删除，其中相关的物质将进入附件Ⅰ确认物质清单，或进入附件Ⅱ评审中的物质清单，如果该物质的完整卷宗依据 Regulation（EC）2032/2003 第4章b的要求在2006年3月1日之前提交。

f. 附件Ⅷ被删除。在新期限内提交了完整卷宗的活性物质的评估申请替换人被转移到附件Ⅱ，没有提交完整卷宗的活性物质的评估申请替换人则被删除（当然，他们仍然对活性物质进行了确认，并被列于 Regulation（EC）1451/2007 中）。

通过第一阶段，欧盟完成了964个在2000年5月14日在市场上用作生物杀灭产品用途的活性物质确认，其中416个物质完成了一种及几种用途下的通报评审，此外的548个（约60%）已在2006年9月1日前退出作为生物杀灭产品用途的市场。截止2008年3月1日，约一半的通报物质（包括物质的产品用途）没有提交完整的卷宗。根据最初的评审项目，每个物质评审需要2年时间，完成所有卷宗评估工作应该会在2010年结束。但由于评审工作的复杂性，主管当局缺乏足够的技术工作人员，缺乏相关的物质评审经验，需要开发各种用途下的测试方法和暴露场景的原因，实际每个物质的评审时间至少需要3年，平均需要4～5年。随着卷宗评估工作的逐步开展，目前只有小部分物质完成评审被列入 BPD 附件Ⅰ及ⅠA，尚有300多个有效成分在评审中，最新的评审项目完成时间已经被推迟到2014年。

2.5 BPR 的数据要求

统一化数据要求是 BPR 的基本目标之一，其原则是活性物质审批所需的研究数据和其他相关信息在整个欧盟层面上保持一致。研究数据和其他相关信息必须满足开展风险评估的最低要求。BPR 第6～8章中引入了数据要求的规则，附件Ⅱ列出了活性物质审批所需提交的数据，附件Ⅲ列出了产品授权所需提交的数据。

附件 II 和附件 III 的数据要求可以分为 2 层，核心数据（CDS）和附加数据（ADS）。

①核心数据（CDS－core data set） 对于所有物质和产品类别来说都是必须的内容，除非符合数据变更的条件。

②附加数据（ADS－additional data set） 指在下列条件下，进行风险评估可能需要的信息：

a. 由于活性物质或生物杀灭产品本身内在属性的缘故，评估需要提供诸如理化性质、分析方法和毒理数据等的附加数据。

b. 由于产品类别的缘故，评估需要提供有关活性物质或生物杀灭产品的生态毒性和环境归宿及行为等的附加数据。

c. 为改善最初的风险评估，需要提供生态毒性和环境归宿及行为的附加数据。

这些信息在法规中被分成了 2 个部分，即活性物质的 CDS 和 ADS、生物杀灭产品的 CDS 和 ADS。

CDS 和 ADS 共同组成了一套完整的信息，其用于支持完整的风险评估的实施。

BPD－BPR 的附件数据要求对比：BPD 的数据要求由其附件Ⅱ CDS 和附件Ⅲ ADS 构成，附件Ⅱ分为附件ⅡA 活性物质 CDS 和附件ⅡB 生物杀灭产品 CDS，附件Ⅲ分为附件ⅢA 活性物质 ADS 和附件ⅢB 生物杀灭产品 ADS。

BPR 的数据要求由其附件Ⅱ活性物质数据和附件Ⅲ生物杀灭产品数据构成，其中每个附件又分为 CDS 部分和 ADS 部分。

2.5.1 活性物质的卷宗要求

1. 申请者信息

①名称与地址 自然人或法人申请者的名称与地址。如果申请者是团体，则需要提供团体组成信息。

②联系人 申请者的名称、地址、电话、传真号码及邮件地址和其他联系方式。如果申请者是团体，则需要提供每个成员的联系人信息。

③活性物质制造商信息 制造商的名称与地址，制造工厂的名称与地址。

2. 活性物质身份信息

身份信息必须足以判断并识别一个物质。

①被 ISO 提议或接受的通用名称和符号

通用名称必须是 CLP 法规附件 VI 第 3 部分清单中的名称，如果清单中没有该物质，则需提供 EINECS 或 ELINCS 中的命名和 ISO 通用名。ECHA 的分类标签目录数据库可以被用作通用名的查询资源。另外，如常用名、贸易名和简写等，也应当被提供。

②化学名（IUPAC 和 CAS 命名或其他国际化学名称）

化学名必须根据 IUPAC 或是 CAS 的命名。对于那些存在同分异构体的物质来说，每个异构体都需要给出正确的名称。对于那些未知成分或成分可变，或生物来源的物质来说，反应混合物中各组分的名称和比例都必须提供。由于有时仅靠化学组分信息并不足以判断物质身份，那么还需提供该物质的来源和制作方法。

③制造商的开发代码　公司编码或内部名称。

④CAS 号加 EC，INDEX 和 CIPAC 号

在可以获得的情况下，CAS 号，EC 号，INDEX 和 CIPAC 号必须提供。

⑤分子式和结构式（包括 SMILES 符号）

分子结构式应当根据传统 Hill 系统和 CAS 系统来提供。另外，如果适用，还需提供 SMILES 符号。对于高分子来说，平均相对分子质量和相对分子质量分布也需要提供。

⑥物质的旋光性和所有同分异构体的完整细节信息。

⑦摩尔质量。

⑧活性物质的合成方法，包括原材料和溶剂的供应商，规格参数和购买途径等信息。

⑨活性物质的纯度说明，以 g/kg，g/L 或者质量分数（体积分数）(v/v) 的形式提供最大和最小限度。

⑩任何杂质及添加剂的身份信息，包括合成副产物、旋光异构体、降解产物等，都需要在适用时提供。

⑪至少 5 个代表批次的分析档案，包括杂质的浓度信息。

⑫天然活性物质的来源或前身，比如花朵提取物。

3. 活性物质的物理及化学性质

①外观（20 ℃，101.3 kPa）

物理状态（20 ℃，101.3 kPa） 聚集态（20 ℃，101.3 kPa）

颜色（20 ℃，101.3 kPa） 气味（20 ℃，101.3 kPa）

②熔点/冰点 ③酸度/碱度 ④沸点 ⑤相对密度

⑥吸收光谱数据（UV/Vis，IR，NMR）和质谱，相关波长的摩尔消光。

⑦蒸汽压力 亨利定律常数 ⑧表面张力 ⑨水溶度

⑩分配系数（正辛醇/水）和它的 pH 依赖值

⑪热稳定性，裂解产物身份信息 ⑫与容器材料的反应

⑬电离常数（ADS） ⑭粒度测定 ⑮粘度（ADS）

⑯在有机溶剂中的溶解度，包括温度对溶解度的影响（ADS）

⑰在生物杀灭产品的有机溶剂中的稳定性和相关裂解产物的身份信息（ADS）

4. 物理有害性和各自的特征

活性物质的物理有害性是指 CLP 法规中的物理有害等级。BPR 要求的物理有害性测试的标准和方法，需要依据 CLP 法规附件 I 的第 2 部分。

①爆炸品 ②可燃气体 ③可燃微粒 ④氧化性气体

⑤压力气体 ⑥可燃液体 ⑦可燃固体 ⑧自反应物质和混合物

⑨自燃液体 ⑩自燃固体 ⑪自发热物质和混合物

⑫接触水发出易燃气体的物质和混合物 ⑬氧化性液体

⑭氧化性固体 ⑮有机过氧化物 ⑯金属腐蚀性

⑰附加有害物理性质指数 自燃温度（液体和气体） 固体的相对自燃温度 尘沫爆炸危害

5. 探测和确认的方法

申请者需要提供用于确认活性物质（降解产物、异构体、杂质及添加剂）和其在土壤、空气、饮用水、地表水、体液和组织、食品饲料等中的残留物的有效分析方法。对于那些难以分析的物质，则需要提供困难的描述。

分析方法的描述：完整的有效分析方法的描述必须被提供，且包含下列要素：

①被分析物的定义 ②仪器 ③试剂

④分析过程，包括样品处理、提取、清理、衍生和测定

⑤校准的描述，包括标准矩阵的使用

⑥从原始数据开始的计算过程　⑦结果列表

以下信息需要在适当的时候提供：

①分析过程的示意图

②过程中可中断的阶段

③危害或需要采取的预防措施

④关于使用溶剂的提取率的声明

分析方法应当使用被认为是“通常可得”的实验设备：

①GC 探测仪　FPD，NPD，ECD，FID，MS，MSn（incl. ion trap and MS/MS）

②气相色谱柱　毛细管柱

③HPLC 探测仪　MS，MS/MS，FLD，UV，DAD

④液相色谱柱　倒相、离子交换、正相

⑤AAS，ICP-MS，ICP-OES，

⑥其他确定案例中的分析技术

需要提交的分析方法及参数 1：包括用于测定活性物质及其相关残余物、异构体、杂质及添加剂的有效参数。

当这些残余物，异构体，杂质及添加剂有毒性或生态毒性或在活性物质中的比例大于或等于 1g/kg 时，必须提供它们的分析方法信息。

活性物质、杂质和添加剂必须被给予的有效参数有：回收率、可重复性、校准、特异性、衍生、身份信息。

需要提交的分析方法及参数 2：用于监测目的的方法，包括活性物质的回收率、定量极限和探测及在土壤、空气、水、生物体液和组织的残留物的测定方法。

需要提交的分析方法及参数 3：用于监测目的的方法，包括活性物质的回收率、定量极限和探测及在植物食品和动物来源的食品饲料的残留物的测定方法。（ADS）

6. 对目标有机体的作用效力

活性物质的审批只需最低程度的效力评估数据，足以显示活性物质基本

的作用效果即可。同时，活性物质的目的用途和效力信息必须足以进行评估代表生物杀灭产品和定义其使用条件。由于这些研究是为了活性物质审批的目的，所以它们必须按照下列条件来进行：

①功能（杀菌、杀鼠、杀虫、杀真菌）与控制方式（吸引、杀灭、抑制）

②被控制有机体与被保护有机体的典型代表

③对典型目标有机体的功效

④生物杀灭产品或处理物品中活性物质的大致浓度

⑤作用方式（包括延迟作用）

⑥支持生物杀灭产品声明的效力数据

⑦任何已知的效力局限性

7. 目的用途及暴露

①生物杀灭产品和处理物品的设计使用场地

②产品类别

③使用方式的详细描述，包括用于处理物品

④使用者，如工业、专业、或非专业的一般公众

⑤每年主要设计用途的生物杀灭产品，投放市场的大致吨位

⑥法规附件 VI 要求的暴露数据：

a. 关于和活性物质的目的用途，弃置有关的人类暴露的信息

b. 关于和活性物质的目的用途，弃置有关的环境暴露的信息

c. 关于和活性物质的目的用途，弃置有关的食物产出动物，食品饲料暴露的信息

d. 关于由处理物品导致的暴露（包括浸析数据）

8. 对人类及动物（包括新陈代谢）的毒理数据

①皮肤刺激与皮肤腐蚀性　②眼镜刺激性　③皮肤敏感度

④呼吸敏感度（ADS）　⑤致突变性　⑥活体内基因毒性的研究（ADS）

⑦急性毒性　⑧哺乳动物体内的毒性动力及新陈代谢　⑨多次量毒性

⑩生殖毒性　⑪致癌性　⑫相关健康的数据，观测及处理

⑬附件研究（ADS）　⑭关于人类暴露于活性物质的相关研究（ADS）

⑮对家畜和宠物的毒性作用

⑯食品饲料的研究，包括食物产出动物及它们的产品（牛奶、鸡蛋、蜂

蜜）（ADS）

⑰如果活性物质被用作对抗植物（包括藻类），那么需要对被处理的植物的新陈代谢毒性进行测试评估（ADS）

⑱哺乳动物毒性摘要

9. 生态毒理研究

①对水生有机体的毒性

②对陆地生物毒性，初始实验（ADS）

③陆地生物实验，长期（ADS）

④对于鸟类的作用（ADS）

⑤对于节肢动物的作用（ADS）

⑥陆生生物生物浓度（ADS）

⑦陆生生物生物富集（ADS）

⑧对于非目标和非水生有机体的作用（ADS）

⑨对于哺乳动物的作用（ADS）　⑩内分泌行为的确认（ADS）

10. 环境归宿及行为

有关活性物质归宿和行为的信息以及其在环境中的降解产品信息需要被提供用于评估其对环境的暴露水平。如，对物质在不同环境中的大致浓度的估算值。这类信息也与 PBT 中持久性 P 的评估及 CLP 中分类 C 的评估有关。

①水体和沉积物中的归宿和行为（ADS）

②土壤中的归宿和行为（ADS）

③空气中的归宿和行为

④环境中的归宿和行为的附加研究（ADS）

⑤残留物的定义（ADS）

⑥检测数据（ADS）

11. 为保护人类健康，动物及环境必要的措施

①关于处理、使用、存储、运输和焚烧的推荐方法和预防措施

②燃烧中的反应产物和燃烧气体

③事故的紧急处理方法

④在空气、水、土壤中降解和净化的可能性

⑤对于职业和专业使用者来说的活性物质废弃管理规程

⑥再使用和回收再利用的可能性

⑦中和作用的可能性

⑧可控排放的条件，包括处置时的泄露

⑨可控焚烧的条件

⑩被包括进指令 80/68/EEC 附件Ⅰ和附件Ⅱ中的物质的身份信息

12. 分类、标签和包装

①声明现存的分类和标签

②物质在 Regulation（EC）No 1272/2008 下的有害分类

③物质在 Regulation（EC）No 1272/2008 下的特殊浓度限值

13. 摘要和评估

以上关键信息的摘要和评估必须作为单独的评估文件附属于 IUCLID 文件被提交。

2.5.2 生物杀灭产品的卷宗要求

1. 申请者

①名称和地址　申请者自然人或法人及未来授权持有者的名称、地址。

②联系人　名称、地址、电话、传真、邮件和其他申请者及未来授权持有者的其他联系方式。授权持有者必须在欧盟境内有常驻机构和法律责任代表。

③活性物质和生物杀灭产品的制造商或配制商的名称、地址　包括制造工厂的名称、地址

2. 生物杀灭产品的身份信息

①贸易名

②制造商开发代码和产品编号

③生物杀灭产品完整定量的物质组成（g/kg，g/L 或者质量分数（体积分数）

④生物杀灭产品的剂型和性质

3. 物理、化学和技术特性

①外观（20 ℃，101.3 kPa）

a. 物理状态（20 ℃，101.3 kPa）

b. 颜色（20 ℃，101.3 kPa）

c. 气味（20 ℃，101.3 kPa）

②酸度/碱度

③相对密度（液体）和体积，夯实密度（固体）

④耐储存性、稳定性和保质期

⑤生物杀灭产品的技术特性

a. 湿润度

b. 悬浮性、自发性和分散稳定性

c. 湿筛分析和干筛测试

d. 乳化性和再乳化性及乳剂稳定性

e. 崩解时间

f. 粒度分布、灰粒摩擦、脆性

g. 持有发泡

h. 流动性、浇注性

i. 燃烧率（发烟）

g. 燃烧完整度（发烟）

k. 烟雾组分（发烟）

l. 发射方式（气雾剂）

m. 其他技术特征

⑥和其他产品的物理化学兼容性，包括和其他已经获得授权的生物杀灭产品的兼容性

a. 物理兼容性　　b. 化学兼容性

⑦溶解度和稀释稳定性　⑧表面张力　⑨粘度

4. 物理有害性和各自的特征

生物杀灭产品的物理有害性类似于 CLP 法规中混合物的物理有害等级。BPR 要求的物理有害性的准则、实验方法及标准已经在 CLP 法规附件 I 的第 2 部分进行了描述。

①爆炸性　②可燃气体　③可燃气雾　④氧化性气体

⑤压力气体　⑥可燃液体　⑦可燃固体　⑧自反应物质和混合物

⑨自燃液体 ⑩自燃固体 ⑪自加热物质和混合物

⑫接触水释放可燃气体的物质和混合物 ⑬氧化性液体

⑭氧化性固体 ⑮有机过氧化物 ⑯金属腐蚀性

⑰附加有害物理性质指数

a. 自燃温度（液体和气体）

b. 固体的相对自燃温度

c. 尘沫爆炸危害

5. 探测和确认的方法

分析方法的信息被要求用来进行生物杀灭产品符合授权条件的评估。这些信息还被用作后授权控制和监管的目的，另外也被用于数据产生方法的公正性评估。

①分析方法，包括生物杀灭产品中用于测定活性物质、残余物、相关杂质和关注物质的浓度的有效参数。一般情况下，需要提供线性度、特异性、重复性、回收率等。

②如果没有被包含入附件Ⅱ 5.2 和 5.3，则需提供监控目的的分析方法（ADS）。

③以监管为目的的分析方法，包括活性物质的回收率、量化限度与探测以及在动植物食品饲料或其他相关产品的残留物（ADS）。

6. 对目标有机体的效力

①功能（杀菌、杀鼠、杀虫、杀真菌）与控制方式（吸引、杀灭、抑制）

②被控制有机体与被保护有机体的典型代表

③对典型目标有机体的功效 ④活性物质被使用时的大致浓度

⑤作用方式（包括延迟作用） ⑥产品或处理物品的标签声明

⑦支持标签声明的效力数据 ⑧任何已知的效力局限性 ⑨摘要和评估

7. 目的用途及暴露

①生物杀灭产品和处理物品设想的使用场所 ②产品类型

③使用方式的详细描述，包括处理物品

④使用者，如工业、专业、或非专业的一般公众

⑤每年主要设计用途的生物杀灭产品，投放市场的大致吨位

⑥应用的方法及这种方法的描述

⑦应用率，生物杀灭产品的最终浓度，活性物质在处理物品中的最终浓度

⑧应用的时间和数量以及任何有关于地理位置和气候变化的信息，包括等待区间、清理时间、停药期或其他为了保护人类和动物健康和环境的预防措施

⑨使用说明

⑩符合附件Ⅵ要求的暴露数据

8. 对人类和动物的毒理资料

①皮肤刺激与皮肤腐蚀性　②眼睛刺激性　③皮肤敏感度

④呼吸敏感度（ADS）　⑤急性毒性　⑥表皮吸收信息

⑦可得的关于下列的毒理数据：

a. 非活性物质（列入关注物质）　b. 混合物（成分中有关注物质）

⑧食品与饲料的研究（ADS）

⑨工业处理或一般配置对生物杀灭产品的残留物性质和量级的影响（ADS）

⑩其他关于人类暴露的实验（ADS）

9. 生态毒理研究

①产品分类决议所需的有关生物杀灭产品生态毒性的数据

②其他生态毒理研究

③对于其他特殊的非目标有机体的作用（ADS）

④如果生物杀灭产品是以诱饵和颗粒形式存在的，那么将被要求进行下列研究：

a. 有监管地在野外条件进行非目标有机体风险评估实验

b. 有关非目标有机体吸收生物杀灭产品的风险接受程度的研究

⑤次级生态效应（ADS）

10. 环境归宿及行为

①在设想用途下，可以预见的进入环境的路径

②其他关于环境归宿及行为的研究（ADS）

③浸析行为（ADS）

④分布和耗散的测试：土壤、水和沉积物、空气（ADS）

⑤如果生物杀灭产品在地表水附近喷洒，那么需要进行过量喷涂对野外水生有机体或植物的风险评估

⑥如果生物杀灭剂在户外喷洒或者可能大规模形成尘埃，那么需要关于过量喷洒行为对野外蜜蜂和其他非目标节肢动物的风险评估数据。

11. 保护人类、动物和环境所需要采取的措施

①关于处理、使用、存储、弃置、运输或焚烧的推荐方法和预防措施

②燃烧产物的成分信息

③事故的特殊处理，例如急救方法、解毒剂、医务处理和保护环境的紧急处理

④被排放入空气、水、土壤后降解和净化的可能性

⑤对于职业和专业使用者来说的生物杀灭产品及其包装的废弃管理规程

⑥清洗应用设备的规程

⑦特殊说明任何驱虫或毒药控制的方法，被包含进可以表现出对非目标有机体的防护作用的产品中

12. 分类、标签和包装

①有害分类　②有害图表　③信号词　④有害声明

⑤包含预防、应对、存储和弃置的预防声明

⑥安全数据表

⑦包装（类型、材料、大小等）、包装材料与产品的兼容性

13. 评估和摘要

以上关键信息的摘要和评估必须作为单独的评估文件附属于 IUCLID 文件被提交。

2.6 活性物质供应商

BPR 第 95 章的目的是公正地对待每一个将活性物质投放市场的供应商，尤其针对那些没有参与支持活性物质的审批，却从中受益的制造商或进口商。具体来说，是针对那些没有参与 BPD 的生物杀灭产品评审项目，却享受着法规过渡期条款，即在活性物质的评审结果出来之前将活性物质或含有该活性物质的生物杀灭产品投放市场的供应商和那些新活性物质被批准之后的新供

应商（首次投放欧盟市场）。换言之，该章节的目标是保证所有的供应商在他们将活性物质投放市场的期间，分摊活性物质评审所需的费用。

BPR 第 95 章将会以 ECHA 公布活性物质供应商白名单的措施来实施。该白名单中包括了已经按照法规递交了数据卷宗和被视为已经递交了数据卷宗的供应商。其中被视为已经递交了卷宗的供应商包括评审项目的参与者和新活性物质的数据支持供应商。

在 ECHA 宣布一个活性物质被评审通过后，该物质的供应商将会进入由 ECHA 公布的供应商白名单，白名单中的供应商将有资格将活性物质投放市场。2015 年 9 月 1 日之后，只有含有白名单中供应商供应的活性物质的生物杀灭产品才有资格投放欧盟市场。

2.6.1 过程和影响

1. 实施过程

总的来说，第 95 章要求的流程如下：

①供应商须向 ECHA 提交法规第 95 章（1）中的信息：卷宗、授权信、或对数据保护期过期的活性物质卷宗的引用参考。

②新活性物质的数据支持供应商和评审项目的参与者将被视为已经按照法规第 95 章（1）的要求提交了相关文件，无需采取任何措施。

③ECHA 将会对供应商的申请进行符合性检查。

④如法规第 95 章（1）所述，ECHA 将会公布已经按照法规要求递交了相关文件，并已通过符合性检查的供应商白名单。该白名单也将包括那些评审项目的参与者和通过符合性检查的新活性物质的数据支持者。

2. 法规影响

如第 95 章（3）所述，在 2015 年 9 月 1 日后，如果生物杀灭产品中的活性物质的制造商或进口商，或生物杀灭产品的进口商没有被包括在 ECHA 发布的白名单中，那么该生物杀灭产品不得投放市场。所以作为结果，生物杀灭产品的配置者（既不是制造商，也不是进口商）必须确保他配方中的活性物质的制造商存在于白名单中。

有一点非常重要，即在活性物质和相关产品类别被审批通过后，该条款仍然有效。这就是说，活性物质的新供应商或进口商也必须在投放市场前进入白名单名录中。

该责任和义务将于 2013 年 9 月 1 日起实施，并于 2015 年 9 月 1 日正式对未进入白名单的企业采取措施，所以建议需要应对的企业在法规实施的 2013 年 9 月 1 日开始尽快准备数据卷宗。

要注意的是：

①活性物质卷宗的 LoA 必须赋予申请者在生物杀灭产品授权时引用数据的权力。

②所有活性物质及其产品类别的数据保护有效期都被列在 Regulation (EC) No 1451/2007 中。另外，目前还没有批准的活性物质的数据保护期将统一在 2025 年 12 月 31 日到期。

2.6.2 卷宗的提交

1. 需要递交第 95 章要求的信息的对象

第 95 章是针对那些在 2013 年 9 月 1 日后，将活性物质本身或生物杀灭产品投放欧盟市场的制造商和进口商。受影响的企业可以被分为下面两类：

①被第 95 章要求提交申请的企业

a. 评审项目中和新活性物质评审后的替代供应商

b. 生物杀灭产品的进口商，如果该生物杀灭产品所含有的活性物质的相关方不是欧盟境内的自然人或法人。

②那些将会被自动列入白名单内，而不需要提交相关信息做出申请的企业

a. 评审项目的参与者

b. 新活性物质的数据支持者（指那些按照 BPD 第 11 章或 BPR 第 7 章提交了活性物质卷宗的企业）。他们的活性物质审批申请将被认为等同于 BPR 第 95 章要求的申请，所以他们将在通过完整性检查后被列入白名单内。

下列情况，不受 95 章管控，所以无需提交申请进入白名单：

①BPR 附件Ⅰ类别 1～5 和 7 的活性物质，或含有这些活性物质的生物杀灭产品的制造商或进口商。

②已经按照 BPR 第 93 章递交申请的企业，即生物杀灭产品的活性物质不在 BPD 的管控范围，但在 BPR 的管控范围内，在 2013 年 9 月 1 日之前已经投放欧盟市场，且没有被包括进评审项目。

对于那些再进口的在欧洲境内生产的活性物质，再进口商需要确保他的活性物质供应商（欧盟进内的制造商）也存在于 BPR 第 95 章提到的白名单中。

2. 需要提交的信息

根据 BPR 第 95 章（1），信息由以下几项组成：

①满足 BPR 附件Ⅱ或 BPD 附件ⅡA 要求的卷宗

②可以引用①中提到的卷宗的授权信（LoA）

③如①中提到的卷宗数据的保护期已失效，则需提交对该数据的引用。

提交的信息可以由 LoA 和没有被 LoA 覆盖的其他数据组成。

①第 95 章不要求事先由 ECHA 对活性物质进行法规第 54 章中的技术等同性认证。然而，BPR 附件Ⅱ或 BPD 附件ⅡA 中关于活性物质身份信息的数据则需要被提供。

②满足 BPR 附件Ⅱ或 BPD 附件ⅡA 要求的数据卷宗必须提交以下内容（符合 Regulation（EC）1451/2007 要求的评审项目下的完整卷宗和摘要卷宗）：

a. 概括活性物质内在属性的文件ⅡA，文件ⅢA（研究摘要），文件Ⅳ（原始测试报告）等级和 IUCLID 文档（可参照 BPD－TNsG 关于卷宗准备和研究评估的指南文件第一部分，包括文件Ⅱ，Ⅲ和Ⅳ）。

b. 研究的引用清单

c. 端点清单，LOEP（可参照 BPD－TNsG 关于卷宗准备和研究评估的指南文件第一部分对 LOEP 的解释）

③如果相关，需要提供 ECHA 关于引用第 63 章要求的数据的允许证明

④LoA 需要至少包含：

a. 数据持有者和数据受益人的名称，联系方式

b. 数据被允许用于授权申请的活性物质或生物杀灭产品的名称

c. LoA 的生效日期

d. LoA 允许引用的数据清单

⑤没有被 LoA 覆盖的端点信息，如上面提到的文件Ⅱ、Ⅲ和Ⅳ（原始测试报告）、IUCLID 文档、参考清单和 LOEP。

2.6.3 数据共享

BPR 第ⅪⅤ篇中关于数据保护和数据共享的条款将可以被应用于第 95 章，即供应商为进入批准白名单而寻求数据共享。如果供应商和数据持有者没能在数据共享上达成共识，供应商应当通知 ECHA。但 ECHA 没有参与协商的责任，ECHA 的任务是评估双方是否在公平、透明、公正的条件下为数据共享达成一致意见做出努力。ECHA 将会根据谈判双方给予的书面证据来进行评估。在做出任何准许供应商进入白名单的决议之前，ECHA 必须声明双方已经在为达成数据共享上的一致意见尽了最大的努力。另外，供应商还应出示已经支付给数据所有者一定费用的凭证。在 ECHA 决定支持数据持有者时，将会建议继续进行协商。由于 BPR 下数据共享的条款和 REACH 法规下的类似，关于数据共享的指南文件可以参考 ECHA 网站上关于 REACH 法规的数据共享指导文件。

2.6.4 符合性检查

ECHA 会检查企业递交信息的完整性和符合性：

①所有要求的信息是否全部被提供（直接地或间接地通过 LoA）?

②如果提交的是活性物质的卷宗，那么 ECHA 将会检查活性物质身份信息。

③如果提交的是活性物质的 LoA，那么 ECHA 将会也会检查其授权使用信息的活性物质身份信息。

④对于提交的引用研究内容，ECHA 会检查其是否提供了所有包括豁免声明的充分有效的数据。

⑤如果提交的是活性物质的 LoA，ECHA 会检查 LoA 是否符合 BPR 的第 61 章。

⑥如果提交的是引用保护期外数据的声明，ECHA 会检查该声明的有

效性。

符合性检查的积极结果是供应商进入白名单的条件之一。ECHA 会通知申请者未通过符合性检查的原因。

官方推荐替换供应商在 2013 年 9 月 1 日后尽快提交申请以便符合性检查的时间最大化。如果申请提交的较迟，ECHA 无法保证符合性检查会在 2015 年 9 月 1 日之前完成。

2.6.5 白名单发布

ECHA 将会通过其网站发布包含下列企业名的白名单：

①按照第 95 章（1）的要求提交了相关信息并通过完整性检查的企业。

②根据第 63 章（3）获得 ECHA 给予的允许引用所需的实验和研究的供应商，且剩余的活性物质数据也被完整提供的。

③评审项目的参与者。

④为新活性物质递交了 BPD 第 11 章或 BPR 第 7 章要求的完整卷宗的活性物质审批申请者。

⑤为产品授权申请递交了自己关于 BPD 附件 I 中活性物质的完整卷宗的生物杀灭产品授权申请者。

2.6.6 白名单的维护

2013 年 9 月 1 日，ECHA 将会发布包含参与者名录的白名单。新活性物质的审批申请者将于完成性检查之后进入白名单，另外替换供应商也将在递交申请并完成符合性检查后被加入到白名单内。活性物质的供应商在活性物质被批准后会仍然存在于白名单内。2013 年 9 月 1 日之后的后来者，即还在评审中的现存活性物质的新供应商或已经通过评审的新活性物质的新供应商，将会同样被要求提交如第 95 章要求的申请后才能进入白名单。白名单的不断扩容是为了确保所有活性物质的供应商在 BPR 法规下有相等同的对待。

2.7 ECHA与成员国主管当局

2.7.1 ECHA

ECHA（European Chemicals Agency）欧洲化学品管理署是众多负责实施欧盟化学品法规的管理当局中最为核心的机构。其帮助企业符合法规要求，提升化学品使用安全度，公布关注物质，向公众提供有关化学物质的信息。

1. ECHA的构成

①管理委员会　负责采纳财务预算，工作计划和年度报告等。

②执行主管　ECHA的法务代表，负责ECHA的日常和行政管理，包括财务责任、执行主管向管理委员会通报工作。

③成员国委员会　负责解决ECHA或成员国提议的决议草案之间的不同点，为高关注度物质准备身份信息。

④风险评估委员会　负责准备关于评估、授权申请、限制和分类标签的意见。

⑤社会经济分析委员会　负责准备授权申请，限制和关于化学品法规的社会经济影响的意见。

⑥论坛　负责协调成员国之间的法规实施。

⑦生物杀灭产品委员会　负责准备关于活性物质审批和续期的意见，候补替换活性物质的身份信息的意见，进入附件Ⅰ的申请，联盟授权申请，关于多国互认的科学技术事宜。

⑧秘书处　受执行主管的领导，支持委员会和论坛，负责关于注册、评估及指南准备，数据库和条款信息的维护等工作。

⑨投诉组　负责否决ECHA的决定。

2. 与ECHA相关的法规

①REACH　REACH法规要求企业提供他们制造或进口的化学品关于有害性、风险和安全使用方面的信息。企业将这些信息注册于ECHA，并公布在ECHA网站对公众免费开放。目前为止，多数有害物质及常用物质都已经成功注册。欧盟境内的消费者可以向零售商询问消费品中有害物质的含有情况。

REACH法规提升了化学品的安全使用程度，并限制大多数有害物质的使用。

②CLP　CLP法规为欧盟引入了全球通知的分类标签和包装系统。这意味着该系统已在全球范围内应用。这将使得工人和消费者对化学品符号及功效更加熟悉，以至能更安全的使用。化学品的国际贸易也将变得更简单，因为其运输和供应的标准将变的全球统一。企业需要向ECHA通报其使用的化学品的分类和标签。目前为止，ECHA已经收到数以百万计的此类通报，这些信息可在ECHA网站上查阅。

③BPR　生物杀灭产品保护我们免受害虫和其他有害微生物的影响，包括杀虫剂、抗菌剂等。BPR的引入是为了保证我们对这类产品信息有足够的了解，以便安全的使用。

④PIC　PIC法规为有害化学品的进出口制定规则。在PIC法规下，接收国在接受有害化学品前将收到信息，以便其更好地控制危险化学品的风险，并在特殊条件下，拒绝其进口。

目前为止，ECHA拥有欧盟27个国家超过500名员工，4个科学委员会，1种成员国法规实施论坛，3个专家网络，超过6000个注册物质，100 000个物质关于分类和标签的超过500万份的通报。

2.7.2 成员国主管当局

见表2-1。

表2-1　成员国主管当局

奥地利	Federal Ministry of Agriculture，Forestry，Environment and Water Management— Div. V/3
比利时	Federale Overheidsdienst Volksgezondheid， Veiligheid van de Voedselketen en Leef milieu Directoraat－generaal ：Leefmilieu
保加利亚	Ministry of Health
塞浦路斯	Department of Agriculture，Ministry of Agriculture， Ministry of Agriculture Natural Resources and Environment

表 2-1（续）

捷克	Ministry of Health of the Czech Republic Department Chemical Substances Register
丹麦	Danish Environmental Protection Agency（Miljøstyrelsen）
爱沙尼亚	Chemicals Notification Centre
芬兰	Finnish Environment Institute
法国	Ministère de l'écologie，de l'énergie，du développement durable et de la mer（MEEDDM）
德国	Bundesministerium für Umwelt，Naturschutz and Reaktorsicherheit
希腊	Ministry of Rural Development and Food General Directorate of Plant Produce
匈牙利	National Public Health and Medical Officer's Service Office of the Chief Medical Officer of State（Állami Népegészségügyi és Tisztiorvosi Szolgálat Országos Tisztifőorvosi Hivatal）
爱尔兰	Pesticides Control Service（PCS） Department of Agriculture，Fisheries and Food
意大利	Ministry of Health Directorate－General for Medicinal Products and Medical Devices Ufficio VII
拉脱维亚	Latvian Environment，Geology and Meteorology Agency
立陶宛	State Environmental Health Centre
卢森堡	Ministère de la Santé Direction de la Santé Division de la Pharmacie et des Médicaments
马耳他	Malta Standards Authority
荷兰	Ministry of Housing，Spatial Planning，and Environment（VROM）
波兰	Office for Registration of Medicinal Products，Medical Devices and Biocidal Products
葡萄牙	Direcção－Geral da Saúde

表 2-1（续）

罗马尼亚	Ministry of Environment and Water Management General Directorate for Waste Management and Dangerous Substances
斯洛伐克	Centrum pre chemicke latky a pripravky Centre for Chemical Substances and Preparations
斯诺文尼亚	National Chemicals Bureau Ministry of Health
西班牙	Ministerio de Sanidad y Consumo. Dirección General de Salud Pública Subdirección General de Sanidad Ambiental y Salud Laboral
瑞典	Swedish Chemicals Agency
英国	The Health and Safety Executive
冰岛	Environment and Food Agency of Iceland
挪威	Norwegian Pollution Control Authority
瑞士	Swiss Federal Office of Public Health Division of Chemicals Products
克罗地亚	Ministry of Health and Social Welfare
土耳其	Ministry of Health/ Sağlık Bakanlığı General Directorate of Primary Health Care

2.8 数据授权信（LoA）

法规内的数据保护条款要求在数据保护期内，只有数据持有者或持有数据使用授权信的企业才能使用数据以支持他们申请。因此，当评估授权申请时，成员国主管当局应当检查的内容包括：

数据是否在保护期内；如果是，数据持有者是谁，申请者是否合法地引用了该数据。

当申请者不是被批准活性物质卷宗的数据持有者，且这些物质数据处于保护期内的话，申请授权的生物杀灭产品中每一个活性物质都需要有一封授权信（letter of access）来使得申请中对数据的引用是合法的。同样的，如果申请者不是生物杀灭产品卷宗的数据持有者，那么他们需要一封授权信来进行该产品其他应用领域的申请。

授权信在法规中的定义为："在数据保护期内，被持有者签署的，允许这些数据被用于生物杀灭产品授权申请的文件。"

授权信是法规下进行申请者数据共享的主要工具，它们不受数据保护期条款约束；减少不必要的实验；减少不必要的实验报告的复印和传递；减少不必要的成员国主管当局评估工作。

授权信的两个主要用途是：

活性物质卷宗的授权信（当活性物质供应商支持一个产品在多个产品类别中授权申请时）；产品卷宗的授权信（当授权信归属于工业责任范围。它只在授权申请时有效。授权信包括某种特殊物质供应商的数据，当供应商改变时或许会导致物质的杂质和纯度的改变）。

授权信的可接受性：

为了判断支持某产品授权申请的授权信是否可以被接受，主管当局会检查下列细节：

①数据持有者的名称。

②被授权的申请者的名称。如果这不同于配制企业，那么配制企业也必须被引证。

③被授权数据的产品类别，除非其在产品名称中有清晰的表达。

④被授权数据包括的内容性质。例如，它是活性物质数据，还是产品数据，或者两者都是。特殊的活性物质或产品也必须被命名。

⑤被授权数据的内容描述，包括其研究类型。例如，它是完整的数据包，还是仅仅是某种元素如毒性实验数据，环境毒性数据或者效力数据。

⑥最初接受该数据包的成员国主管当局。

如果在一个成员国申请一个生物杀灭产品的多国互认，授权信引用的是先前在另一个成员国被提交的不同产品的数据包，那么该授权申请的细节需要依据授权最初产品的成员国主管当局给出的摘要来进行检查。另外，活性物质的数据也需要根据批准原则来进行检查。这样的检查决定了数据引用的充分性和有效性。

授权信必须覆盖整个原始文件，包括实验报告，而不只是一部分信息。

如果数据持有者想要取消授权信，他们必须书面通知主管当局。

2.9 包装与标签

2.9.1 生物杀灭产品的包装标签说明

授权持有者应确保生物杀灭产品根据其特性被正确地分类、包装、加贴标签，特别是危险声明和预防声明（根据 1999/45/EC 指令第 22（1）（i）或根据 CLP 法规）。另外，那些会被误认为食品（或饮料、饲料）的产品应根据尽可能减少这样的误解发生的可能性的原则来进行包装。若其供应给一般公众，包装应含有劝阻消费的内容。特别是，不得吸引小孩。

除了符合上述外，授权持有者还需确保标签中不得含有对人体、动物健康或环境产生风险的产品的误导。在任何情况下，不提及“低风险生物杀灭产品”、“无毒”、“无害”、“自然的”、“环境友好”、“动物友好”或类似的标志。另外，标签必须清晰且不可磨损地显示以下信息：

①每一活性物质的身份信息及其公制浓度；

②产品中含有纳米材料的，且有特殊风险的，应在每一个使用纳米材料的地方，标注带括号的‘nano’；

③由主管当局或委员会配给的生物杀灭产品的授权号；

④授权持有者的姓名和地址；

⑤ 制剂的类型；

⑥被授权的生物杀灭产品的用途；

⑦每项授权用途下的使用说明，使用频率和剂量率，用公制单位表示，用使用者可以识别且容易理解的语言描述；

⑧可能发生的直接或间接的不良副作用的任何细节及急救说明；

⑨如果附有说明书的，应标明“使用前请阅读附属说明书”及对于弱势群体的警告（适用时）；

⑩生物杀灭产品及其包装的安全处理说明，包括禁止包装再使用的说明；

⑪剂型的批号或名称和正常储存条件下的有效期；

⑫在适用的情况下，生物杀灭产品的效力时间等；

⑬在适用的情况下，受限的生物杀灭产品的用户类别；

⑭在适用的情况下，关于对环境详细的危害信息，特别是关于保护非靶标生物和避免水污染的信息；

⑮对于含有微生物的生物杀灭产品，标签的要求根据 2000/54/EC 指令执行。

成员国可能会要求个别特殊的标签内容，包括包装、标签和说明书的模型或草案；在其领土内投放市场的生物杀灭产品用其官方语言进行标签。

2.9.2 处理物品的包装标签说明

1. 负责将处理物品投放市场的责任人必须在符合以下条件时为处理物品提供标签：

①当处理物品含有生物杀灭产品，且处理物品的制造商为该处理物品的生物杀灭性质做了相关声明时，需为处理物品提供标签；

②处理物品中的活性物质的批准条款要求提供特殊的标签来保护公众健康或环境时，需为处理物品提供标签。

2. 标签应包含的信息：

①处理物品含有生物杀灭产品的申明；

②处理物品的生物杀灭性质；

③不违背法规 1272/2008 第 24 条的情况下，生物杀灭产品中所有活性物质的名称；

④生物杀灭产品中所有纳米材料的名称，并在其后用括号标注‘nano’；

⑤如果生物杀灭产品（处理 TA 或被添加入 TA 的）存在特殊属性，需要提供任何相关的使用说明，包括需采取的预防措施。

3. 尽管以上已经规定了物理物品的标签要求，负责将处理物品投放市场的责任人应在标签上表明相关的使用说明，包括为保护人类、动物和环境应采取的任何防范措施。另外，处理物品的供应商需在消费者要求的情况下，45 天内免费提供关于处理物品的生物杀灭信息。

4. 标签必须清晰可见、易于辨认并有适当的耐用性。由于处理物品的尺寸和功能的限制，标签也可以用官方语言或引入国语言印到包装上、使用说明上或在保证书上。

2.10 BPR 的费用

应对 BPR 会产生一定的费用。费用大致可以分为以下 4 种：

①行政费——欧盟官方和成员国主管当局收取的行政服务费。

②数据费——GLP 实验费用或 LoA 的购买费用。

③代理费——欧盟代理机构收取的服务费（针对在欧盟境内没有法人代表的其他地区的供应商）。

④杂费——申请过程中可能出现的其他杂费。

欧盟委员会于 2013 年 6 月通过了 BPR 的行政收费草案，活性物质的相关费用如表 2-2 和表 2-3 所示。

表 2-2 标准费用

内容	具体描述	费用/欧元
活性物质的批准	活性物质被批准的首个产品类别的费用	120 000
	活性物质被批准的非首个产品类别的附加费用	40 000
	候选替换的活性物质被批准的每个产品类别的附加费用	20 000
	批准内容修改的费用（非新增产品类别）	20 000
批准的续期	活性物质寻求的首个产品类别的续期费用	15 000
	活性物质寻求的非首个产品类别的续期费用	1500
	活性物质寻求的首个产品类别续期时的全评估附加费用	25 000
	活性物质寻求的非首个产品类别续期时的全评估附加费用	2500
	候选替换的活性物质寻求的每个产品类别续期时的附加费用	20 000

表 2-2（续）

内容	具体描述	费用/欧元
活性物质进入附件Ⅰ	活性物质首次进入 BPR 附件Ⅰ的费用	10 000
	进入 BPR 附件Ⅰ条款的修正费用	2000
通报	物质与产品类别的组合费用 该通报费用应当在后续的申请中被减免	10 000

表 2-3 中小企业的折扣（活性物质为候选替换的不在减免范围）

企业类型	减免（相比标准费用）
微型企业	60%
小型企业	40%
中型企业	20%

生物杀灭产品联盟授权的费用如表 2-4 和表 2-5 所示。

表 2-4 标准费用

内容	具体描述	费用/欧元
给予单个产品联盟授权	不与活性物质被批准时所评估的代表产品（之一）一致的产品	80 000
	与活性物质被批准时所评估的代表产品（之一）一致的产品	40 000
	每个产品的比较评估附加费用	40 000
	产品含有新活性物质时的临时授权附加费用	10 000
给予产品族联盟授权	每个产品族的费用	150 000
	每个产品族的比较评估附加费用	60 000
	产品族含有新活性物质时的临时授权附加费用	15 000

表 2-4（续）

内容	具体描述	费用/欧元
产品族新增产品的通报	每新增一个产品的费用	2 000
“相同产品”的联盟授权	每个构成“相同产品”的产品授权费用	2 000
产品或产品族授权的大更改	每个申请的费用	40 000
产品或产品族授权的小更改	每个申请的费用	15 000
产品或产品族授权的行政更改	每个通报的费用	2 000
授权更改的建议	要求提供授权更改分类建议的费用 如果建议是将授权的更改归为行政或小更改，则费用将会在后续的申请或通报中扣除	2 000
单个产品联盟授权的续期	每个产品授权的续期费用	5 000
	每个产品授权续期时，全评估的附加费用	15 000
	每个产品授权续期时，比较评估的附加费用	40 000
产品族联盟授权的续期	每个产品族授权的续期费用	7 500
	每个产品族授权续期时全评估的附加费用	22 500
	每个产品族授权续期时比较评估的附加费用	60 000

表 2-5　中小企业的折扣（活性物质为候选替换的不在减免范围）

企业类型	减免（相比标准费用）
微型企业	30%
小型企业	20%
中型企业	10%

其他费用如表 2-6 所示。

表 2-6 其他费用

内容	具体描述	费用/欧元
技术性等同	当活性物质来源的区别仅为生产地的不同时，且申请唯一地基于分析数据时的费用	5 000
	当活性物质来源的区别不仅限于产地时，且申请唯一地基于分析数据时的费用	20 000
	以上条件都不满足时的申请费用	40 000
联盟授权的生物杀灭产品的年费	联盟授权的生物杀灭产品的年费	10 000
	联盟授权的生物杀灭产品族年费	20 000
多国互认的提交费用	每个产品（族）申请多国互认的费用	7 00
ECHA 决议的废止	每次废止的费用	2 500
进入相关者名录的申请	ECHA 或评估当局发现卷宗的 LoA 已完成时的费用	2 000
	ECHA 或评估当局发现仅部分卷宗的 LoA 及互补数据已完成时的费用	20 000
	使用新卷宗提交时的费用	40 000
数据非公开申请	每一项保密要求的费用	1 000

2.11 技术等同

1. 进行技术等同评估申请的时间及申请者

在欧盟委员会批准一种活性物质后（当相应的活性物质参考来源已被建立），在合适的情况下，申请人还需要提交物质技术性等同评估的申请。因为申请人在申请生物杀灭产品授权之前必须证明其活性物质已经被批准或与被批准的活性物质是技术性等同的，所以无论其进行的是产品国家授权还是联盟授权申请人都需要将技术性等同的评估申请提交至 ECHA，下面将解释几种技术等同评估的场景案例，如表 2-7 所示。

表 2-7

场景数	申请者	场景	场景细节	技术等同评估需要的信息
1	活性物质批准条款中的参考来源	生产地址的变更或新增	相同的生产过程和相同的原材料	根据技术等同评估层级提供所需的信息
2	活性物质批准条款中的参考来源	生产过程的变更或新增	新的/改进的生产过程，或新的原材料或原材料的规格变更	
3	非活性物质批准条款中的参考来源	新的生产地址或生产过程	与参考来源的生产地址和生产过程都不同	
4	配制商或供应商	配制商采用不同于批准条款中参考来源的原料进行配制	配制商希望改变原料来源	
5	活性物质批准条款中的参考来源	从小规模变成大规模的生产	一旦工业生产规模发生变更，那么生产信息需要被重新提交	

在第一种场景中，申请者可能是以下 3 种：

①在评审项目中支持活性物质的项目参与者；

②根据 BPD 第 11 章（新活性物质），提交了活性物质申请的申请人；

③根据 BPR 第 7 章，提交了活性物质申请的申请人。

申请人变更了活性物质的生产工厂地址，但生产过程及原材料并没有改变。这种情况下，申请者拥有关于参考来源的所有细节信息，所以需要提交层级Ⅰ的技术等同申请即可。然而，在一些特殊情况下，层级Ⅱ形式的申请也是需要的。例如，新设备新仪器导致了物质杂质的变化。如果 ECHA 给予了技术等同的证实，那么该证实可以被用于申请者或其下游用户，用来进行产品授权的申请。该产品授权可以是产品首次授权或者是对原授权内容的更改。

第二种场景与第一种类似，但是包括生产过程的变化。这种情况下，申请者同样拥有关于参考来源的所有细节信息。然而，申请者需要判断需要提交层级Ⅰ还是层级Ⅱ类别的技术等同申请。并不是所有的生产过程的变更都会触发技术等同申请的需求，例如操作条件的微小变化。比较特殊的例子是，原材料的规格发生变更，且 BPR 第 54 章中没有相关的微小变更豁免条款。具体来说就是溶剂的规格发生变更，供应商发生变更等。当溶剂的纯度没有降低时，是无需评估技术等同的。但是，这种情况只有在咨询 ECHA 获得咨询意见后，方可提交申请。

第三种场景是指，活性物质制造商不是该活性物质在审批过程中提交物质数据，支持物质评审的参考来源中的制造商。该活性物质制造商可能是“另一款”活性物质的制造商，也可能是含有此类活性物质，正在寻求授权的生物杀灭产品的制造商。该场景对于中国制造商来说是最具可比性和实用性的。由于申请者严重缺乏参考来源的组成信息，所以需要先提交层级Ⅰ的技术等同申请，然后再提交层级Ⅱ的申请。

第四种场景是指，申请者是生物杀灭产品的配制商，且其意图更换生物杀灭产品中活性物质的供应商，或他的供应商变更了制造过程或地址。这种情况下，配制商需要申请法规下的行政变更申请。

第五种场景是指，生产规模由小型变成大型。

如果活性物质的批准条款中涉及多个参考资源，ECHA 将会与其一一对比，最终给出至少一个最符合技术等同的参照。

2. 申请技术等同评估的过程

申请者需要使用 IUCLID 准备技术等同的卷宗。卷宗必须要包含以下信息：

①物质的身份信息；

②研究摘要，包括研究及需求端点（分析数据、毒理数据、生态毒理数据）研究方法的描述，具体取决于其提交的方式是层级Ⅰ还是层级Ⅱ。

③以初始测试报告为基础的研究摘要（在 IUCLID 里作为附件提交），或者层级Ⅱ中关于人类健康和环境危害信息的 LoA。

④为层级Ⅱ进行的技术等同自我评估的摘要。

在完成卷宗制作后，申请者可以通过 R4BP 向 ECHA 提交申请，且需要明确申请类别。

3. 技术等同评估的信息要求

根据层级Ⅱ来进行申请的申请者仍然需要提供层级Ⅰ中的信息。层级Ⅰ和层级Ⅱ的信息要求如下：

①层级Ⅰ

a. 申请者（名称、地址和联系人）。

b. 活性物质制造商（名称、地址、总部办公室及生产工厂地址）。

c. 常用名或 ISO 符号（常用名、商品名、缩写）。

d. 化学名（IUPAC 和 CA 命名或其他国际化学名）。

e. CAS 号，EC，INDEX 和 CIPAC 号。

f. 分子结构（包括 SMILES 符号）。

g. 旋光性的信息，包括任何异构体的所有详细信息。

h. 活性物质的生产方法（合成途径），包括原材料和溶剂的规格。

i. 活性物质的纯度规格，以 g/kg，g/L 或质量分数（体积分数）为单位，包括上下限。

j. 任何杂质和添加剂的身份信息，包括合成副产物，旋光异构体，高分子的惰性端基和惰性的非结构性初始材料。

k. 至少 5 种代表批次的分析报告，包括杂质的信息。

l. 5 种批次分析的分析方法。分析方法需有效，且质量控制数据需要被提交。

m. 吸收光谱数据（UV/VIS，IR，NMR），和质谱，相关波长下的摩尔消光系数。

更多更详细的信息可以访问 ECHA 的网站获取。

②层级Ⅱ

层级Ⅱ所需的附加信息取决于个体案例和个体申请者。提交的信息包括人类健康和环境危害信息以及潜在的生物蓄积性和持久性。申请者应当提交所有的相关信息。关于动物实验，申请者可以参考数据要求的章节。生态毒性或环境归宿性质的评估应当给予所有可得信息，包括先前实施的研究或（Q）SAR 信息。

2.12 数据共享

ECHA 没有单独公布 BPR 下数据共享的指南，我们需要参照 REACH 法规中的数据共享原则和方法。BPR 第 63 章（1）和（4）中指明，申请者应该尽所有努力与数据持有者达成关于数据共享的协议，且数据共享的经济补偿应该在公平、透明、无歧视的情况下达成。具体的操作内容可以参考 ECHA 颁布的关于 Regulation 1907/2006（REACH）的数据共享指南文件。为了清晰 BPR 与 REACH 的相关章节，ECHA 特别公布了参照指南相关性对比文件，如表 2-8 所示。

表 2-8 参照指南相关性与文件对比表

REACH 章节		页码	与 BPR 相关性	
1	介绍			
1.2.5	注册前的询问	15	是	与第 62 章类似
1.2.8	数据共享的争论	17	部分是	第 27 章（5）类似于 BPR63 章（3）
1.3	数据共享的关键原则	18	是	适用于 BPR
2	法律框架：相关法律条款			
2.5	竞争规则	23	是	还需考虑其他的法规
3	分阶段物质的数据共享			部分相关
3.3.1	数据共享的整体方法	43	部分是	
3.3.3	数据收集路线	45	部分是	
3.3.3.1	步骤 1：个体数据的收集	48	部分是	
3.3.3.2	步骤 2：合作形式和费用机制的协定	48	部分是	

表 2-8（续）

REACH 章节		页码	与 BPR 相关性	
3.3.3.3	步骤 3：对于潜在申请者来说可得信息的收集及目录整理	49	部分是	
3.3.3.4	步骤 4：SIEF 内可得信息的评估	49	部分是	
3.3.3.5	步骤 5：信息要求的考虑	51	部分是	
3.3.3.6	步骤 6：数据缺口的确认及其他可得信息的收集	52	部分是	
3.3.3.8	步骤 8：数据费用的平摊	54	是	
3.3.5	数据共享：个体路线（撤出）	61	部分是	部分相关
3.4.3	如何开展协商以避免数据共享中的争议	73	是	
4	请求过程	78	部分是	
4.1	请求过程的目的	78	是	目的和原则是相类似的；因此，部分相关
4.2	跟随请求过程是强制的吗？	78	是	
4.6	请求过程的结果	81	部分是	
4.7	请求中注册者之间的数据共享	84	部分是	
4.9	数据共享请求后的争论	91	是	
4.9.1	第 27 章（5）中的数据共享争论，包括 F12	91	是	
4.9.2	如何开展协商以避免数据共享中的争论？	93	是	
5	数据共享的费用			
5.1	引言	96	是	

表 2-8（续）

REACH 章节		页码	与 BPR 相关性	
5.2	数据质量	96	是	
5.3	研究评估	100	是	
5.4	费用的确定和补偿	103	是	
5.5	影响费用的其他因素	105	是	
5.6	数据共享费用的案例	107	是	
7	竞争规则下的信息共享	127	部分是	部分相关
8	合作形式	132	部分是	部分相关
9	保密商业信息	140	部分是	部分相关

在阅读 REACH 法规关于数据共享的内容时，还需参考的术语对应信息如表 2-9 所示

表 2-9

REACH	BPR
潜在注册者	预期申请者
SIEF 内的先前/现存注册者	数据提交者/持有者
注册	申请
联合提交	无
第 27 章和第 30 章	第 63 章
第 26 章	第 62 章
研究综述	实验和研究

第3章 BPR的应对

中国生物杀灭相关产品制造业虽然没有直接的欧盟生物杀灭产品法规（BPR）符合义务，但由于供应链下游欧盟采购商的要求，我们有责任了解法规并做出对应。要完整地符合 BPR 要求，我们首先需要对以下几个方面的基本信息进行确认整理。

3.1 判断产品是否受 BPR 管控的原则

判断产品是否受 BPR 管控的一般原则有：

（1）被生物杀灭产品处理过的物品应当属于 BPR 的管控范围。

（2）已被欧盟其他法规完整覆盖的产品不受 BPR 的管制，如食品与饲料、食品与饲料的添加剂、过程助剂等。

（3）根据“船舶压载水和沉积物管理控制国际公约”完成批准的生物杀灭产品被视为已经获得了 BPR 的授权。

当一款产品有特殊的双重功效时（如既可用作植物保护产品又可用作生物杀灭产品时），其必须同时根据这两部法规进行分别各自的应对。抗菌皂、驱虫的防晒产品、杀虫漆等这几类产品都是具有双重功效且同时进入两部法规（化妆品、油漆）的管控范围的，所以它们必须同时按照两部法规的要求进行具体的应对。

新生物杀灭产品法规理应适用于被生物杀灭产品处理过的玩具。然而，由于玩具类产品已经被其他法规体系所覆盖，而且这些法规中也列出了类似 BPR 的要求条款，另外，欧盟标准化委员会公布的玩具安全标准中的 EN71-5 和 EN71-7 清晰地要求玩具制造商使用特定的食品和化妆品防腐剂以符合欧盟玩具指令 Directive 2009/48/EC，所以玩具类产品不在欧盟新生物杀灭产品法规的管控范围内。也就是说，中国的玩具制造商无需为 BPR 做出应对。

综上所述，我国出口企业在做出 BPR 应对之前应结合采购商要求，判断是否有符合 BPR 法规的责任和义务。如果无法自行判断，可以咨询国内外的法规服务公司。

3.2 生物杀灭产品应对 BPR 的方法

当出口产品经确认符合生物杀灭产品的定义时，需要在该产品出口欧盟之前获得欧盟的授权。法规规定生物杀灭产品的授权申请人和持有人必须是欧盟境内的法人或自然人，所以如果企业在欧盟境内没有法人代表，且采购商又必须要求产品获得授权，那么我们需要委派一家位于欧盟境内的服务机构作为相关法律代表，进行生物杀灭产品的授权申请和维护。

在进行正式的授权申请之前，我们需要根据生物杀灭产品中活性物质的状态信息，确定产品是否有获得授权的资格。因为法规规定只有活性物质的某种用途类别获得欧盟的批准，另外这种活性物质的该类别的生物杀灭产品才有资格获得授权。活性物质的状态共分 4 种：

（1）新活性物质。含有此类活性物质的生物杀灭产品制造商需要在进行产品授权前，提交活性物质的相关数据，进行活性物质的批准申请。在提交该活性物质的批准申请后，还需要参照目标成员国其他相关的当地法规，在完成符合后方可将产品投放该国市场。如果该活性物质通过欧盟的评审，那么就需要立刻对产品进行授权申请。如果该活性物质未通过欧盟的评审，那么就应当着手将产品撤离欧盟市场。

（2）已获得批准的活性物质。对于包含已获得批准的活性物质的生物杀灭产品，需要立刻开展授权申请。首先申请者应通过 IUCLID 和 R4BP 向 ECHA 申请进行物质技术性等同的认定。其次，需要从 ECHA 里得知该活性物质的数据持有者信息。在商议并购买到活性物质和生物杀灭产品的数据 LoA 且完成技术卷宗的制作后，企业需要指定一个主要出口目标国的主管当局来进行申请的评估。授权的类型可分为简化授权、联盟授权和国家授权—多国互认。

（3）正在评审中的活性物质。包含正在评审中的活性物质的生物杀灭产品，需要先参照出口目标成员国其他相关的当地法规，在完成符合后方可将产品投放市场。如果该活性物质通过欧盟的评审，那么就需要立刻对产品进行授权申请。如果该活性物质未通过欧盟的评审，那么就应当着手将产品撤离欧盟市场。

（4）已被拒绝的活性物质。包含已经被拒绝的活性物质的生物杀灭产品不得投放欧盟市场。

另外，已经根据 BPD 指令获得授权的产品，可以继续投放市场。已根据 BPD 指令提交申请，但结果还未公布的产品，需继续按照 BPD 的要求进行评估后，方可决定是否可以在欧盟市场流通。

最后，对于那些已经存在于欧盟市场，在 BPR 的管控范围却不在 BPD 的管控范围内的生物杀灭产品，有着一个到 2017 年 9 月 1 日的过渡期。即该类产品只有在 2017 年 9 月 1 日之前提交了授权申请方可继续投放市场。如果授权申请的结果是否定的，那么其应当在决议日 180 天后撤离欧盟市场。如果该类产品没有在 2017 年 9 月 1 日之前提交授权申请，那么必须在 2017 年 9 月 1 日后 180 天内撤离欧盟市场。

当然，在获得授权后，生物杀灭产品还应当满足法规中其他细节的要求，比如标签。其中活性物质的供应商也应当积极加入活性物质的供应商白名单中。

3.3 处理物品应该如何应对 BPR 的方法

对于处理物品来说，就法规符合方面有两个问题的判断十分重要：

（1）产品究竟属于处理物品还是生物杀灭产品？

（2）产品投放欧盟市场的时间是在 2013 年 9 月 1 日之前还是之后？

如果确定产品属于处理物品，且已经在 2013 年 9 月 1 日之前存在于欧盟市场，那么这类产品将会有一个到 2016 年 9 月 1 日的过渡期。即该类产品中的活性物质如果在 2016 年 9 月 1 日之前进行了活性物质的审批申请，假设批准申请的结果是否定的，那么其应当在决议日 180 天后或 2016 年 9 月 1 日后（取两者中时间较迟者）撤离欧盟市场。如果该物质成功获得了批准，那么该处理物品可以继续投放欧盟市场。

如果确定产品属于处理物品，但该处理物品是在 2013 年 9 月 1 日之后投放欧盟市场，那么用于处理该物品的生物杀灭产品中的活性物质必须获得批准，否则不得进入欧盟市场。

第 4 章 经典案例

4.1 常见的生物杀灭产品

常见的生物杀灭产品，如表 4-1 所示。

表 4-1 常见的生物杀灭产品

手部消毒液、消毒皂、抗菌皂、抗细菌或抗微生物皂、抗细菌或抗微生物的清洁胶、抗细菌或抗微生物的清洁溶液	人体卫生（PT1） 如果用于食品工业避免交叉感染
有一般消毒声明的清洁毛巾	人体卫生（PT1）
清洁剂和清洁产品（包含有意的生物杀灭功能，如控制微生物）	人体卫生（PT1）
消毒的口腔溶液、抗菌的口腔溶液（有非医药的声明）	人体卫生（PT1）
食品或饲料区域外使用的消毒洗涤剂（在家中使用）	不直接用于人体或动物的消毒剂和杀藻剂（PT2）
包含水垢去除剂的厕所清洁剂，且有意含有生物杀灭功能	不直接用于人体或动物的消毒剂和杀藻剂（PT2）
卫生产品和其他包含一个或多个活性物质并展现出生物杀灭功能的厕所用品	不直接用于人体或动物的消毒剂和杀藻剂（PT2）

表 4-1（续）

动物使用的一般消毒剂（新生幼崽用的消毒碘酒）	兽医卫生（PT3）
动物脚盆中使用的一般消毒剂，用于预防交叉感染	兽医卫生（PT3）
动物运输，存储，圈养空间的消毒剂	兽医卫生（PT3）
控制鱼体外寄生虫的产品，用于养鱼的水中且没有医药声明	兽医卫生（PT3）
有生物杀灭功能的洗碗产品	食品和饲料领域（PT4）
用于食品生产，摆放，存储或提供销售区域表面的消毒产品	食品和饲料领域（PT4）
用于与人肌肤接触的纺织物的卫生防护产品	纤维、皮革、橡胶和聚合材料防腐剂（PT9）
用于与人肌肤接触的纺织物和 PUR 镀层的纺织物的抗微生物处理产品	纤维、皮革、橡胶和聚合材料防腐剂（PT9）
用于纺织物的防霉处理和防腐处理产品	纤维、皮革、橡胶和聚合材料防腐剂（PT9）
包含驱虫剂，但没有致命效果的产品，如衣领、领带、耳环等	驱虫剂和引诱剂（PT19）
直接用于人类和动物肌肤的驱虫剂（没有致命效果且没有医药声明）	驱虫剂和引诱剂（PT19）
直接用于马匹意于杀灭苍蝇的产品，且没有医药声明	杀虫剂，杀螨剂和控制其他节肢动物的产品（PT18）
用于人类肌肤的小虫趋避剂（没有致命效果）	驱虫剂和引诱剂（PT19）
含有驱虫剂的捕蚊网	驱虫剂和引诱剂（PT19）
经过驱虫剂处理的睡袋	驱虫剂和引诱剂（PT19）
抗跳蚤的衣领	驱虫剂和引诱剂（PT19）

4.2 常见的非生物杀灭产品

常见的非生物杀灭产品，如表 4-2 所示。

表 4-2 常见的非生物杀灭产品

用于人类或动物，含有活性物质且对体外寄生虫有致命作用的产品，包含医药声明	人兽医药类产品
去屑洗发水	化妆品
去虱洗发水	人类医药产品
驱鸽贴纸（使表面光滑以达到驱鸽目的）	用物理手段驱鸽，所以不在 BPR 的管控范围

第 5 章 关于BPR的常见问题解答

5.1 关于生物杀灭产品的常见问题

1. 某企业在欧盟市场销售用于森林中保护种床或树苗的杀鼠剂。该产品是否被 BPR 覆盖？如果是，那么其产品类别是什么？

答：一般情况下，施用于植物产品的杀鼠剂的主要用途是为了人类卫生，而不是保护植物产品本身。因为实际上，植物产品被鼠类粪便污染的情况要远远多于被其直接吞噬。所以，所有的杀鼠剂都应当被视为是生物杀灭产品而被 BPR 管控，但除了那些在植物生长环境中使用为保护植物本身的产品。考虑到如果不在植物生长环境使用杀鼠剂，鼠类会大量繁殖进而进入到人类居住环境中，所以这类目的的杀鼠剂会被认为是生物杀灭产品。

在植物生长环境之外使用的鼠类控制产品，例如在牧场、城市、工业园区和在植物生长环境使用但不是为了保护植物本身。这些产品都应当被视为生物杀灭产品。

在植物生长环境使用的，用于保护植物本身或暂时存放在植物生长环境的植物产品的杀鼠剂被认为是植物保护产品。

如果一个产品可以被认为既是生物杀灭产品又是植物保护产品，那么它需要同时获得与其用途相关的两份授权。

如问题中的描述，该产品是用于植物生长环境为了保护植物本身的植物保护产品，所以其不被 BPR 覆盖。

2. 某企业用一个产品来处理空着的植物产品（如谷类和面粉）存储空间，那么产品受植物保护产品指令管控。当该存储空间存放有面粉时，且该面粉即将用来制作面包，这时相同或类似的产品被用来防止蟑螂，那么该产品是否受 BPR 管控？如果是，其产品类别为 PT18，还是 PT19？

答：在生物杀灭产品和植物保护产品中，如果植物产品处于未处理阶段或只经过类似碾磨、干燥、压制或从植物中提取等“简单处理”的，则受植物保护产品指令管控。如果目标有机体对植物或植物保护产品来说是有害的，无论其是直接应用于植物、植物产品还是非直接地应用于空的结构，以控制植物或植物产品的害虫，该产品都应该被认为是植物保护产品。

用于一般生物杀灭目的的产品则被认为是生物杀灭产品，包括一般卫生消毒产品，当其被使用于还不知将要存储什么种类的物品的储存空间。

面粉是小麦通过“简单处理”——研磨得来的。然而，如果脱离研磨车间，经历过进一步的处理，如运输等，则就不应当被视为是“简单处理”。

因此，用于处理研磨车间或类似的“简单处理”的设备及空间的产品是植物保护产品。当一个产品用于处理除此之外的非“简单处理”的设备及空间时，其应当被视为是生物杀灭产品。如果该产品是杀虫剂，那么其产品类别应该是 PT18；如果该产品是驱虫剂，那么其产品类别应该是 PT19。

3. 农户们经常会使用地表水、雨水或地下水来配制植物保护产品溶液。这些水可能会被病原体污染。为了保证在植物保护产品喷洒时，病原体不会被传播到作物上，这些水会在使用之前被加入消毒剂进行消毒。这种经过处理的水可以以喷洒、浇注、水滴等方式作为植物供水，也可以用来产品的处理（谷物的清洗）。

那么用于处理水的产品应当被视为是生物杀灭产品，还是植物保护产品？如果是生物杀灭产品，那么它的产品类别是什么？

答：如果处理水的产品除了防止水体被细菌、真菌或其他种类的病原体污染，而起到的一般消毒作用以外，没有其他的有意目的，则该产品应被视为是生物杀灭产品。

尽管这样，经过处理的水可能会被用于配制植物保护产品溶液，用于对水进行生物杀灭处理的物质也不应当被认为是一个植物保护产品。因为农户很难可以判断出水在处理之前究竟有哪些植物病原体，而使得处理显得有目的性。消毒剂的主要目的是对抗水中的有害生物体（包括植物病原体，当他们存在时）以使得水在配制植物保护产品之前是“干净的”。同样，消毒剂处理过的水也可用于其他目的，如灌溉、清洗等。所以为了避免相同的物质为相同的目的申请两个授权，它们应当被认为是生物杀灭产品，且其产品类别应当为 PT2 或 PT4。

4. 某企业开发出一系列用于控制鼹鼠生长的产品以保护人类或其他动物免受鼹鼠洞带来的危害，其施用区域没有任何农作物生长。这种区域包括操场、小路、网球场、跑场、机场跑道。还有一些产品是用来保护这些区域的建筑免受洞群的破坏。那么这些产品是生物杀灭产品还是植物保护产品？

答：产品用于控制鼹鼠以保护人类或马匹免受鼹鼠洞带来的潜在受伤风险，或为了美观等。这类产品应当属于生物杀灭产品。这些产品的使用目的很明显不是用于保护植物或植物产品。

5. 用于杀灭狗体外寄生虫的产品应属于兽医药品还是生物杀灭产品？

答：含有对体外寄生虫有杀灭作用的活性物质的产品的分类取决于该产品的有意使用目的和其产品声明。一般来说，当其拥有明确的医药暗示时，这类被施用与动物的产品应当被视为兽医药品。

6. 某洗发水中含有植物提炼油，被用于人体除虱。虱子的侵扰通常被认为是一种疾病。该产品的使用目的是通过阻断虱子的呼吸作用来治疗疾病，产品中不包含任何药用成分。该企业还有另外一个类似产品在欧盟成员国作为医药设备销售。这样的产品属于医药设备还是生物杀灭产品？

答：含有对体外寄生虫有杀灭作用的活性物质的产品，如果其被施用在人类或动物，且有明确的医药声明的话，在一般情况下被视为人类或兽类医药。

医药设备是指“任何设备、装置、应用、材料或其他物品，无论其是单独施用还是和组合后施用，包括必须的软件在内，用于诊断、预防、监管、处理或缓解疾病用途。”

因此，除虱洗发水由于是防止虱病，所以应当被认为是医药设备。

7. 碘酒被用于新生牛犊。其目的是一般性的消毒作用，而并非为了消除某种特殊的牛类病原体。那么这类产品是否属于 BPR 的管控范围？

答：施用与人类和动物表皮的消毒剂被认为是兽医卫生类生物杀灭产品(PT3)。但是这种判断仅在其产品没有医药效果声明的前提下。

8. 某产品含有松针油和百里酚，被喷洒在蜂巢内，用于控制蜂螨。该产品是为了防止蜜蜂感染蜂螨。另有一相同目的的产品含有草酸，降低蜜蜂的pH以控制蜂螨的生长，该产品被欧盟医药评估局认定为兽医药品。那么第一类产品是受BPR管控还是一个兽医药品呢？

答：题目中的两个产品都是为了防止蜜蜂被蜂螨感染，那么这两个产品的使用都是带有医疗目的的。所以两个产品都是受Directive 2001/82/EC兽医药品指令管控。

9. 某产品含有活性物质乙醇、丙醇或异丙醇，其销售目的是外科性的或一般性的手部及前臂卫生消毒。该产品也会被用于乙肝病毒的预防。产品预期目的的不同，会导致其施用量和施用时间的变化。这类产品应该被视为是生物杀灭产品吗？当这类产品被用于乙肝病毒的预防时，能被认为是人类医药产品吗？如果是，它可以同时作为人类医药产品和生物杀灭产品投放市场吗？

答：当产品的使用目的是一般性的卫生消毒，且没有医药声明的条件下，可以被认为是人体卫生类的生物杀灭产品消毒剂。

题目中产品的使用目的是手部“外科消毒”和手部“一般性消毒”，特殊情况下会被用于预防乙肝病毒。原则上来说，一般性的生物杀灭声明不包括产品对特定病原体的作用功效。因此，如果没有医药效力声明的话，该产品可以被认为是人体卫生类生物杀灭产品（PT1）且被BPR管控。

然而，“乙肝病毒的预防”意味着药物针对某种疾病的防护，该产品在这种情况下应当被视为医药产品。此类产品应当和用于一般卫生目的的生物杀灭产品有着不同名称和声明。如果在无法自行分析判断的情况下，企业应当咨询生物杀灭产品和医药产品的官方机构来获得最终的意见。

10. 某企业计划将含有活性物质的产品投放市场用于控制城市内的鸽子数量，该产品通过a和b两种方式干扰鸽子蛋的孵化率，以达到控制数量的目的：

a. 有物质破坏包裹蛋黄的膜结构，以阻止胚胎的发育；

b. 有物质阻止胆固醇和卵黄蛋白原结合进入蛋黄，以限制胚胎发育所需的能量。

如果蛋黄不提供足够的能量，胚胎则不会发育成型，蛋也不会孵化。这样的产品应该属于生物杀灭产品还是医药产品？

答：由于该产品的使用目的已经被清晰地描述为控制不期望的鸽子数量，那么它应该是一个生物杀灭产品，且产品类别为 PT15（建议的）。然而，同样的活性物质会被在其他产品中发现，且该产品是鸽子饲养者为进行生殖力优选而使用的。那么这类特殊用途产品的使用必须获得兽医药类产品的授权。

11. 某企业计划将一个直接施用于人体且对苍蝇有致命效果的产品投放市场。产品上的声明是“杀灭苍蝇”，而且它同样可以被应用于处理家具和桌子等。那么这个产品是生物杀灭产品还是兽医药类产品？

答：对于兽医药类产品来说，只有证明了其预防和治疗某种疾病的效力时，才能做出医药诊断的声明。所以，“杀灭苍蝇”不属于医药声明。然而，如果声明中指出防止某种疾病通过苍蝇进行传播，那么这类的声明便属于医药声明。但这跟生物杀灭产品声明中的效力证明有些不同。“杀灭苍蝇”可以表示该产品杀灭苍蝇的效力，但是却没有表示出其阻断疾病传播的能力。只有当一个产品有精确的医药声明（如诊断、预防、治疗）时，我们才能认定该产品属于兽医药类产品。由于问题中的产品没有满足此条件，所以应当被视为生物杀灭产品。

12. 一个活性物质根据 Regulation 1896 / 2000 已经进行了身份确认和通报。该活性物质在通报之前有被用于某种化妆产品以达到驱虫的目的。那么该化妆产品可以被认为是 BPR 下的一种驱虫剂吗？

答：如果某产品在含有活性物质的情况下，依然符合化妆品指令对化妆品的定义，那么其可以被排除在 BPR 范围之外。如果它不再符合化妆品的定义，那么它将被认为是生物杀灭产品。判断的关键核心在于生物杀灭功能是否可以被认为是次于化妆功能的次要功能。如果是，那么该产品应当属于化妆品。化妆品指令中也指出了一些例子（如去屑洗发水和抗菌肥皂）。然而，对于上述的产品来说，其生物杀灭功能不能被认为是次要功能，所以其可以被视为是生物杀灭产品。

13. 一些欧盟成员国发现：有些一般消毒剂被用作医院墙体、房间和桌椅的消毒，且被贴上了 CE 标志作为医疗设备被 Directive 93/42/EEC 管控。BPR 不管控那些被 Directive 93/42/EEC 覆盖的产品。然而，对于那些没有说明用于特殊设备，但是张贴了 CE 标志的一般消毒产品，会进入 Directive 93 / 42 /EEC 管控范围吗？成员国对这类产品应当采取什么措施？

答：根据法规内容，如果一个产品符合医疗设备的定义，那么它不受生物杀灭法规管控。

医疗设备是指那些为了医疗目的而使用的物品。制造商会通过标签、使用说明或宣传资料对产品的医疗目的进行说明。由于医疗设备的目的在于保护病人或使用者，所以医疗目的一般来说与最终产品有关，而跟其是否被单独使用无关。故医疗设备指令也将那些与医疗设备同时使用的配件视为医疗设备产品，例如医疗环境中的灭菌器。

如果同时满足 a 和 b 两个条件，我们可以认为该产品是医疗设备：

a. 产品的设计目的及出现方式；

b. 产品设计目的的实施方法，例如作用方式。

然而，一般用途的消毒剂通常不被认为是医疗设备。它们受到生物杀灭产品法规的管控。而且如果产品有着多于一种的一般消毒目的，也不应该受到医疗设备指令的管控。

CE 标志对于判断一个产品是否属于医疗设备来说是不够的。根据法规要求，凡是医疗设备都需要加贴 CE 标志，但是加贴了 CE 标志的产品并不一定是医疗设备。医疗设备指令第 18 章同样给出了关于印有 CE 标志的医疗设备。它的零配件不属于医疗设备范畴的条款。根据医疗设备指令第 18 章，如果成员国发现 CE 标志被错误地加贴或加印，将产品投放市场的企业需要根据成员国的意见修改错误。当这种错误没有被即使改正时，成员国有责任采取所有可能的措施限制或禁止这类产品投放市场，或将其从市场撤出。错误张贴 CE 标志产品的识别工作有成员国在其监管项目中承担。

14. 某种物质可能被作为防腐剂用于一些体外诊断设备中，例如用于血糖仪校准的溶液的防腐剂。那么物质的使用时是被生物杀灭产品法规管控，作为 PT6 防腐剂，还是被医疗设备指令管控，作为体外诊疗设备?

答：体外诊疗设备专门的防腐剂是不被生物杀灭产品法规管控的。在题目中的例子里，它们应当被认为是医疗设备。需要注意的是，当该物质用于其他被 BPR 覆盖的防腐目的的话，应当被视为受生物杀灭产品法规管控。

15. 含有活性物质的洗涤剂产品应当按照生物杀灭产品法规来进行标签还是按照洗涤剂法规 Regulation（EC）No 648 /2004?

答：根据洗涤剂法规 Regulation（EC）No 648/2004 序言的说法，该法规与其他欧盟的法律文件平行而施，不互相冲突。也就是说，如果一个产品同时进入洗涤剂法规和生物杀灭产品法规，那么它需要同时满足这两部法规的要求。

洗涤剂法规第 3 章（1）中表示，所有含有表面活性剂的洗涤剂，需要确认其在 BPR 法规下的相关责任。另外，作为生物杀灭产品活性物质的表面活性剂也只是在洗涤剂法规下有部分条款的豁免，并不是完全不受洗涤剂法规管控。

关于洗涤剂和表面活性剂的标签，根据第 3 章（1），当表面活性物质同时也是生物杀灭产品法规下的活性物质时，那么含有该表面活性剂的洗涤剂应当按照洗涤剂法规的附件Ⅶ A 进行标签。例如，附件Ⅶ A 应当被认为是洗涤剂的附加性的标签要求条款，而不违背其他法规对其的标签要求。法规第 11 章也同样证实了，洗涤剂的标签不能违背 Directives 67/548 /EC 和 1999/45 /EC。

因此，当含有表面活性剂的洗涤剂被投放欧盟市场，且同时进入题目中的两部法规的管控范围时，那么该表面活性剂应当被根据 Directives 67/548/EC 和 1999/45/EC 的相关条款来分类和标签，且参考 BPR 和 Regulation 648/2004 的条款作为其附加性的标签要求。

16. 管理过氧化氢消毒食品包装材料的法规有哪些？

答：Regulation（EC）No 1935/2004 为所有制造食品接触材料的物质指定一般性的要求。然而，问题涉及用于消毒最终产品的物质。它与食品接触材料的制作原料无关，所以不受 Regulation（EC）No 1935/2004 的管控。但是，该物质会对有害生物体有对抗作用。所以其应当被视为生物杀灭产品法规中的活性物质，并且被用作食品包装材料的消毒，这方面的引用也应当被认为是 PT4——食品和饲料领域消毒剂。

17. 某公司计划将一种冰箱衬里和厨房台布投放市场。这两个产品中都含有杀生作用的活性物质。这两个产品被生物杀灭产品法规管控吗？如果是，其产品类别是什么？

答：含有杀生作用的活性物质的冰箱衬里和厨房台布，应当受到 Regulation（EC）No 1935/2004 的管控，因为它们被认为是可以接触到食品的。

生物杀灭产品法规中规定了一些其他不相冲突的欧盟法规和指令，也就是说产品如果属于诸如 Regulation（EC）No 1935/2004 这样的法规的管控，那么它对于 BPR 来说就是豁免的。

所以，含有杀生作用的活性物质的冰箱衬里和厨房台布不受 BPR 的管控。然而，这些材料中活性物质的使用必须遵循食品接触材料法规中的相关条款和成员国地方的一些相关法令。

18. 某公司向市场供应含有过氧辛酸（一种脂肪酸）的产品，该过氧辛酸由辛酸制成，其作为组分之一被添加到 POAA（过氧乙酸）的配制品中。辛酸被作为组分加入到 POAA 的配制品中的目的是减少铝和不锈钢的腐蚀作用。辛酸与 POAA 中作为基础成分的过氧化氢发生反应，在 7～10 天内会生成少量的过氧辛酸。

该过氧辛酸可能被认为是 POAA 中的杂质，因为：

a. 它的作用是减少铝和钢设备的腐蚀；

b. 它的形成不是有意的；

c. 它的浓度低于 0.5%。

另一方面，根据该企业的说法，过氧辛酸的抗菌性质是公认的。过氧辛酸的作用方式类似于其他强氧化剂，如过氧化氢和过氧乙酸。像 POAA 和过氧辛酸这种有机酸和过氧酸的混合物被认为有着更高的生物杀灭活性。效力研究的结果显示，当过氧辛酸的浓度大于 0.5%时，会为混合物体系贡献出非常显著的功效。

那么过氧辛酸在这个例子中是活性物质还是应该被认为是杂质?

答：当判断一个物质是否是活性物质时，判断的关键在于该物质的添加目的和该物质的作用方式。考虑到当该物质的浓度大于 0.5%时，其对体系会贡献出更显著的效力。且过氧辛酸的原材料辛酸是被“有意”添加到 POAA 的配制品中。所以，过氧辛酸在此例子中应当被视为一种活性物质而不是杂质。

19. 根据某公司的描述，他们将一些钙盐产品投放市场，这些钙盐产品将以粉末形式被喷洒到牛圈马圈中，起到卫生，干燥，为植物提供硫元素的作用。该产品由很多种不同的钙盐组成。钙盐混合物为氢氧化钙、氧化钙、硫酸钙和亚硫酸钙。该公司解释，产品的卫生功效来源于氧化钙和氢氧化钙与水接触后 pH 的提升，所以作为结果，氧化钙和氢氧化钙应该被视为活性物质。根据企业对亚硫酸钙功能的解释，其主要作用是，当其在和牛马粪便一起被施用于植物时，作为对植物硫元素的补充。如此的话，亚硫酸钙不能被视为活性物质。那么下列这些结论正确吗?

①氧化钙和氢氧化钙由于高 pH 的贡献而被视为活性物质，那么这类 pH 的贡献有高低限制吗?

②亚硫酸钙的主要作用是硫元素的补充，但是根据其他信息，它也是一个活性物质。

③该产品类别应当是 PT3。

答：该钙盐产品由多种含硫化合物组成，这意味着它是烟脱硫过程的废弃产物。那么它应当被认为是有害废弃物，不能被投放市场，另外还需要根据相关有害废弃物的法规进行合理的废弃处置。所以为了弄清这一点，企业必须说明和提供该产品的来源信息。

产品以粉末形式施用于牛羊圈中，因为氧化钙和氢氧化钙与水接触所产生的高 pH 使其可以起到一定的卫生作用。这样看起来会对该产品的施用者和圈内动物都会造成风险。该产品会对人类或动物肌肤、眼睛和呼吸器官造成腐蚀和刺激。

由于现存活性物质清单和被批准活性物质清单中都没有这两个物质，所以其不能作为生物杀灭产品的活性物质被使用或投放市场。

如果亚硫酸钙有杀生功效，但是由于其浓度限值，无法表现出一定的效力，而且该产品在无亚硫酸盐的情况下可以表现出同样的功能，那么亚硫酸盐则被认为是产品中的关注物质而不是活性物质。如果亚硫酸盐的浓度大到可以使其表现出一定的生物杀灭功效，那么它可以被认为是活性物质。

如果该产品不被认为是有害废弃物，且对人类和动物健康来说是可以接受的，那么它将被认为是产品类别 PT3 的产品。

20. 某公司为一个防污塞产品做了授权申请，该防污塞产品的活性物质是 90∶10 的铜镍粉末。它的作用机理是在物体表面形成一个包含氧化铜和氯化铜的混合物薄膜。该薄膜通过铜离子和外层氯化亚铜的脱离对污塞物产生毒性以达到控制目的。该公司声明，镍的角色是保持铜的稳定性，即防止铜过快地腐蚀。同样，铜的浸洗率也被减少了。但镍的角色与生物杀灭功能并无关联。问题是，我们应该认为镍在铜的生物杀灭功能中的作用是添加剂还是保护性的非活性成分？

答：没有信息表明镍或镍的化合物在这类生物杀灭产品中被用作活性物质，而且也没有镍的化合物在活性物质排查阶段被作为现存活性物质确认和通报。所以，在这个特例中，镍应当不被认为是活性物质而是该生物杀灭产品中的一个普通组分。

然而需要注意的是，很多镍化合物被其他法规认为是有毒或对水生环境有高毒性的。这使得镍化合物成为关注物质。因此，在产品授权申请的同时，也需要提交这些物质的毒理数据和生态毒理数据。

21. 增效醚（PBO）经常会作为增效剂加入到杀虫剂当中。该物质会延长杀虫剂在昆虫体内的降解时间，从而发挥出更有效的功能。那么，需要对PBO向欧盟进行通报吗？

答：根据生物杀灭产品法规的定义，活性物质是指针对有害生物有一般或特殊对抗作用的物质或微生物（包括病毒和真菌）。

如果PBO自身能够展现出这种一般或特殊对抗有害生物的作用，且可以单独在生物杀灭产品中展现出充分的效力，那么它应当被认为是活性物质，所以需要根据法规进行确认和通报。然而，根据成员国的经验，PBO本身并不被单独用作活性物质，而是与其他活性物质混合后被使用。生物杀灭产品在申请授权时，需要提交所有相关关注物质，如PBO的相关数据。因为其特殊作用，法规关于增效剂的数据要求要比其他关注物质更加广泛。考虑到增效剂会使活性物质更加有效，所以申请者需要提交可以对其进行完整风险评估的完整卷宗。

22. PBO在生物杀灭产品中的状态如何？特别是在被PT19拒绝之后的状态如何？

答：PBO最初被作为活性物质通报的产品类别是PT18（杀虫剂）和PT19（趋避剂和引诱剂）。2008年，欧盟委员会决定将PBO的产品类别PT19排除在批准物质清单外。这意味着产品类别PT19的生物杀灭产品，如果含有PBO作为活性物质，那么其必须在2009年8月21日前撤离欧盟市场。

任何产品类别为PT19的新产品，如果含有PBO作为活性物质，需要在其投放市场前获得该产品的授权。授权申请应当按照法规要求提交，且需要重新申请PBO的批准。然而，PBO却可以在其他产品类别的生物杀灭产品中使用，或是在 PT19 类的产品中作为其他目的时使用，例如作为非活性物质（需要提供可靠信息证实物质没有生物杀灭相关活动）。

PBO 是否作为活性物质的判断，需要具体问题具体分析，详细的效力数据说明是证实 PBO 作为非活性物质的关键。同样重要的是，当 PBO 在生物杀灭产品中不作为活性物质存在时，其仍然会扮演关注物质的角色，所以在产品卷宗中应当包含 PBO 的相关毒理数据和生态毒性数据。

23. 仅仅由食物或饲料构成并用于产品类别为 PT19 的活性物质在法规中的豁免条款是怎样的？

答：食物或饲料提取物不被法规豁免，除非它们可以被认为只有食物本身的性质。

24. 某公司计划将添加有抗菌剂的面巾纸投放市场。该抗菌剂的活性物质已经在 BPD 下进行了通报。该公司同样希望做出“阻止流感病毒的扩散”的声明。产品的抗菌功效已经在很多种类的病毒上得到了验证。该公司认为他们的面巾纸应当被认为是产品类别 PT2 的产品。产品的设计目的并不是杀灭人体表面或内部的病毒。通过杀灭沉积在面巾纸表面的病毒，可以起到预防病毒扩散到空气或周边环境中。以上说法正确吗？

答：实际上有两个问题需要回答：

①该面巾纸是生物杀灭产品还是处理物品？

②如果是生物杀灭产品，其产品类别是什么？

如果该面巾纸不会释放活性物质，且活性物质在面巾纸之外也没有明显的暴露可能，那么可以认为该面巾纸不是生物杀灭产品，其中的活性物质也只是被用于浸透面巾纸。如果这样的话，该活性物质可以被认为是产品类别 PT2 的生物杀灭产品。而面巾纸本身则不可以被认为是生物杀灭产品。

然而，考虑到法规对产品类别 PT2 的描述（用于房间、家具、物理、设备、衣服、医疗废弃物的消毒剂等），没有条款可以覆盖题目中的情况，即消毒剂在处理目标体后有长时间的持久的作用。

另外，因为活性物质的使用目的并不是为了控制面巾纸自身的有害生物，所以该面巾纸应当为视为一个生物杀灭产品，且其产品类别应当为 PT1。

尽管该面巾纸产品在被使用时，并没有有意地作用于人类肌肤，但人类会暴露于活性物质下，且被其影响。

最后，该公司想要做出的声明也有些问题。当他们不是医药产品指令下的医药声明时，做出“阻止流感病毒的扩散”的声明是不合适的。而且，当纸巾作为病毒的惟一传播途径时，这样的声明是无可厚非的。但是，实际情况往往不是这样，因为人与人的接触可以通过很多其他方式。使用该纸巾预防流感病毒传播的效果并不比使用一般纸巾明显。所以，该公司需要限制这样的声明。

25. 某产品用于室内，喷洒到瓷砖或其他硬表面，声明可以去除或预防霉菌的生长。该产品应该是什么类别?

答：考虑到该产品在实际使用过程中没有长期的保护效果，即在施用后很快蒸发，所以产品类别 PT2 是最合适的。

26. 一种抑菌剂被作为杀鼠诱饵的防腐剂投放市场。那么这种抑菌剂属于产品类别 PT6，罐内防腐剂吗?

答：该产品应当算作产品类别 PT6，罐内防腐剂。

27. 某公司计划将一种用于潮湿空间（如浴室）的防霉漆投放市场。该防霉漆含有杀真菌的活性物质。其标签上标明“……一种基于水的室内抗真菌墙漆……”，“适用于保持（墙面和吊顶）表面无霉”。该公司认为由于防霉作用是针对油漆本身，防霉活性物质的作用仅仅是内部作用，所以该产品不应当被认为是生物杀灭产品。然而，人们同样可以认为该油漆可以使浴室和厨房这类潮湿空间保持无霉，那么这意味着这种产品具有外部功效。如此的话，该防霉漆就应当被认为是生物杀灭产品，且产品类别为 PT10。那么，这类油漆究竟是不是生物杀灭产品?

答：这个问题看起来非常复杂，因为该公司做出了“适用于保持（墙面和吊顶）表面无霉”这样的声明。它会给我们以该油漆可以防止墙体和吊顶被霉菌污染的印象。如果是这样的话，那么这个油漆产品将会被认为是生物杀灭产品，因为该油漆本身仅仅作为活性物质的“传递工具”，而整个功效的实施是作用于墙体表面或墙体内部的。但是，这并不是实际情况。

实际上，活性物质最可能的作用是防止油漆本身上霉菌的生长。霉菌往往会以油漆中的有机成分为食。因为墙体或吊顶由无机材料制成，所以为霉菌提供成长所需的养分可能性极小。所以，最后活性物质保护的是油漆薄膜（同时保护了墙体）。这显然符合附件Ⅴ中关于产品类别 PT7 薄膜防腐剂的定义。那么，同样的情况也适用于密封剂防腐。

所以，油漆本身并不被认为是生物杀灭产品，然而其中被作为防腐剂使用的活性物质确是产品类别 PT7 的生物杀灭产品，且需要在获得该用途的授权的条件下，才能被使用。最后，为了避免一些争论，该产品的声明应当稍作修改，如“防霉”或“抗霉”，“抗真菌”漆，这类的声明就不会导致人们将其生物杀灭功能错误地判断为外部功能。

28. 木材防腐剂的施用方法有很多种。一些传统的施用，如将防腐剂用压力渗透到木材当中以防止木材的腐败或变色，那么在这种用途条件下，这类防腐剂将会被很确定地认为是产品类别 PT8 的生物杀灭产品。然而，其他种类的应用，如浸渍、刷、喷洒，或有限地渗透到木材中，这使得防腐剂仅仅存在于木材表面。那么，有帮助判断木材防腐剂产品类别，区分 PT8 和 PT7 的实验标准吗？

答：尽管关于该问题的信息量不充分，但如果活性物质的使用目的是保护木材（不是保护油漆本身），那么该产品就应当是产品类别 PT8 的木材防腐剂。也就是说，该物质是否渗透到木材当中是无关紧要的。判断的关键在于活性物质的目标是对抗那些对木材有害的生物体还是对油漆薄膜有害的生物体。另外，还需要考虑 PT7 和 PT8 的施放场景文件。

例如，在 PT7 的施放场景文件中，薄膜防腐剂是施用于室外设备的表面油漆的防腐剂，其通过控制油漆薄膜的中的微生物到大防腐的功效。用于处理木质产品的生物杀灭产品，对于那些主要功能是保护木材免受微生物侵蚀的，应当被认为是产品类别 PT8 的木材防腐剂。

29. 下列 4 种产品属于生物杀灭产品么？其活性物质被认为是 BPR 相关的活性物质吗？

①某产品用于直接与人体肌肤接触的纺织物，目的在于卫生防护，包含卤代苯氧基化合物；

②某产品用于直接与人体肌肤接触的纺织物，目的在于纺织物最终的无菌处理，包含卤代苯氧基和异噻唑啉酮的衍生物；

③某产品用于纺织物，目的在于纺织物最终的无霉无菌处理，包含有机锌化合物和异噻唑啉酮的衍生物；

④某产品用于 PUR 纺织物的抗菌处理，包含有机锌化合物和卤代苯氧基

的甲基乙基酮衍生物。

答：①～④中的产品应当被认为是产品类别为PT9的生物杀灭产品。

30. 某公司询问下列2种产品在生物杀灭产品法规中应当归属哪种产品类别。

①户外用途的塑料膜在生产过程中所使用的塑料材料防腐剂：

该塑料膜用于覆盖建筑或建筑材料。生物杀灭产品在原材料（塑料）的制造过程中被添加，且有意用途是保护膜免受真菌的污染以达到保证在其服务周期内表面功能的完整。该膜仅仅有毫米级的厚度。相关的产品类别可能为PT7，PT9，PT10。

②室内塑料材料防腐剂，如乙烯基地板砖：

生物杀灭产品在原材料的制造过程中被添加，且有意用途是在其使用服务周期内保护塑料薄膜的功能性质。相关的产品类别可能为PT7或PT9。

答：这些产品应当被认为是PT9。

31. 某公司询问下列2种产品在生物杀灭产品法规中应当归属哪种产品类别。

①室外建筑物的表面材料防腐剂（如水泥层，塑料等室外用材料）：

经过生物杀灭产品处理的材料，以薄膜或层状物施用于建筑物表面。处理的目的在于保护薄膜在服务周期内免受真菌的破坏继而保护该表面的原始性质，相关的产品类别可能为PT7或PT10。

②建筑材料的防腐剂（如瓷砖接缝填料等室内用材料）：

与①类似，区别建筑材料在于用于室内。相关的产品类别可能为PT7或PT10。

答：这些产品应当被认为是PT10。

32. 在北方海域进行采油作业时，海水会被注入到储油体中。在这个过程，一些细菌可以将硫酸盐降解生成硫化氢。硫化氢的毒性非常大，并对钢有高度的腐蚀性，且有爆炸的可能，所以它会在水回流到石油平台时呈现出严重的危害。它的存在同样可以减少输出气体的价值。产品THPS被用于控制这类细菌。那么，哪种产品类别才是正确的？PT11还是PT12？

答：THPS被注射到储油体中控制硫降解细菌。由于PT12中的产品是用于控制材料、设备和结构表面粘液的生长，所以THPS的产品类别应该被认为是PT11。

33. THPS在造纸工业中被用作颜料浆液、淀粉溶液和涂料混合物中的防腐剂。THPS的功能是防止这些浆液或溶液在用于纸张印染以前被微生物破坏。THPS只提供短期的保护。在那之后，它会被生物降解或水解。当印刷浆液被施用于纸张后，THPS则会失去对印刷浆液的保护。保护期间包括运输、混合、短期存储。在功能期间，THPS不会接触任何纸纤维。那么，其产品类别应该是PT6还是PT9?

答：THPS在颜料浆液运输、混合和存储的过程中保护其免受微生物的破坏，而且其功能期间是在接触纸张之前。PT9中的产品是用于纺织或高分子材料，在此不适用。因此，含有THPS的产品类别应当被认为是PT6。

34. 润滑剂常在玻璃切割或研磨的过程中被使用。它的作用是润滑、冷却以及乳化在此过程中形成的小微粒，并将他们运送到过滤系统中被弃置。

润滑剂的组分中存在着生物杀灭产品。玻璃切割液中润滑剂的应用非常类似于金属切割液中使用的润滑剂，惟一的不同是一个作用于玻璃，一个作用于金属。而且玻璃切割液也非常类似于金属切割液。惟一的不同是金属切割液的浓度要远低于玻璃切割液。对于人类和环境暴露来说，两者是类似的。从成分组成的角度来说，两者也是类似的。那么，对于玻璃切割润滑剂中的生物杀灭产品来说，其类别是什么?

答：产品类别为PT13。

35. 某公司计划将一款杀鼠剂投放市场，杀鼠剂含有石膏（$CaSO_4 \cdot 2H_2O$）作为活性物质。根据该公司的说法，老鼠啃咬含糖和可可的饵料，并在吞咽后会因石膏导致的饥饿和口渴致死。该公司声明，产品的作用方式为物理手段，因为在小鼠致死过程中没有任何化学或生物作用被产品本身直接触发。那么，这类产品属于BPR的管控范围吗?

答：与含有纤维素的杀鼠剂类似，这类产品属于BPR的管控范围，而且需要在市场中撤回。根据法规要求，对脊椎动物带来不需要的痛苦和疼痛的产品，不能被给予授权。

36. 含有鸟粪的化肥通常有趋避野兔的功能。橡胶胶乳被用于儿童操场趋避猫类和狗类。含有合成类似合成臭鼬麝香的产品被用于趋避猫狗。上述这些产品属于生物杀灭产品法规管控吗?

答：该类产品既属于生物杀灭产品的管控范围又属于植物保护产品指令的管控范围。根据生物杀灭产品与植物保护产品的区别指南文件，用于植物生长区域以保护植物为目的的产品受 PPPR 管控。所以用于趋避野兔的产品属于 PPPR 的管控范围，而用于趋避猫狗的则不属于 PPPR 的管控范围。因此，他们是生物杀灭产品。

37. ①以次氯酸钠为活性物质的消毒剂中含有氢氧化钠，那么氢氧化钠应该被认为是活性杀菌物质吗？

②以清洁为主要目的的产品但有时也会由于其过高或过低的 pH 表现出抗菌能力，比如含有乳酸、柠檬酸、氢氧化钠、氢氧化钾等，这类产品可以被认为是生物杀灭产品吗？

③一种颗粒状的玻璃被用于调节溶液的 pH，它由氧化硅、氧化磷、氧化钠、氧化钙组成。该物质的作用是通过将 pH 提升到 9～12 之间，通过玻璃与环境之间的离子交换，达到调节 pH 的作用。但是 pH 在 9～12 之间时，该溶液具有杀菌性质。那么这类产品属于生物杀灭产品吗？

④酸或碱可以被认为是 BPR 范围内的活性物质吗？

答：①尽管高/低 pH 赋予了产品杀菌功能，但并不是所有的酸或碱都能被认为是活性物质，应为其都放市场的目的并不一定是生物杀灭目的，而且标签也不会都这样标明。例如，如果某种酸/碱的目的是通过化学反应调节溶液的 pH，那么此类酸或碱就不能被认为是生物杀灭的活性物质。

②欧盟委员会和成员国认为含有少量氢氧根的次氯酸钠消毒剂中，氢氧根应该被认为是起到体系稳定作用的添加剂。然而，当氢氧根的浓度相对较高时（0.5%～1%），且其施用目的是为了控制特殊生物，那么它应当被认为有生物杀灭功能。区分这一概念的浓度值为 0.1 mol/L 或 pH 大于 13。

③该方法同样适用于其他抗菌剂，如四氨基盐。如果氢氧根的浓度比较低，它们应当被认为是首要清洁功能的添加剂。如果氢氧根的浓度大于 0.1mol/L 或 pH 大于 13，它们应当被认为是首要杀菌功能的活性物质。

④氢氧化钠、氢氧化钾和许多其他的酸或碱都有资格成为潜在的基础物质，因为它们当中的绝大多数在工业应用中被使用，只有少部分被用作生物杀灭产品。

38. 杉木油被用于控制纺织物的害虫（布蛾）。因为杉木油可以作为害虫的食欲减退剂，所以该物质可以去除织布上原有的害虫，也可趋避周围环境中的害虫。作为趋避剂的杉木油不被直接用于人类和动物肌肤。

杉木油是在多种杉木中提取的物质。杉木油产品是杉木油（活性物质）精炼后的产品。该产品在售卖时常被少剂量的用于卡通纸片。微小量的杉木油会持续的进入空气中，以此来提供对产品的保护。该杉木油产品被放置在衣柜中发挥其活性作用，有效期一般为3个月。杉木油是直接用于人体肌肤的洗液中的一般性成分。它被美国FDA列入食品添加剂清单。在欧洲，和美国类似，杉木油也是一种化妆品的标准成分。

和杉木油类似，薰衣草油也被用于纺织物的害虫控制，在美国，它被作为化妆品组分和食品添加剂。薰衣草油产品的配制、包装和使用与杉木油产品非常类似。

丁香油和香茅油以粉末状被用于生物废弃物容器，因为它们有家蝇和青蝇的趋避功效。另外，丁香油还有着轻微的杀菌功能，可以防止废弃物上霉菌的生长。

这些产品属于BPR的管控范围吗？对于这类活性物质来说什么样的数据是豁免的？

答：如果产品仅仅对目标体有趋避作用而没有杀灭功能，它完全符合生物杀灭产品的定义，因此它应当被认为是产品类别为PT19的生物杀灭产品。趋避的目标体中无脊椎的有苍蝇、蚊子，脊椎动物有鸟类、猫和狗。另外，含有这种趋避剂的产品同样被认为是PT19类别的生物杀灭产品，如衣领、领带和耳环。

原则上，活性物质是否是天然产品、天然产品提取物，还是被用于其他产品如化妆品、食物的天然产品提取物，都不影响它的数据要求。数据的豁免只有下列条件满足时才会发生，即实验被证实在技术上不可行或因为科学原因不需要。关于卷宗数据是否豁免需由成员国主管当局讨论给予结论。

5.2 关于处理物品的常见问题

1. 什么是处理物品？

答：处理物品是指被一种或多种生物杀灭产品处理，或有意包含一种或多种生物杀灭产品的任何物质、混合物或物品。

2. 如何区分“被处理”和“有意包含”?

答:“被处理”指生物杀灭产品被应用于一个物品或混合物以及它的部件。生物杀灭产品在处理过程后可能残留在物品中,也可能不残留在物品中。

“有意包含”指生物杀灭产品在某物品的制造过程中被作为其组分添加到该物品中,并有一定的用途。

实际上,对于 BPR 第 58 章的要求来说,两种处理物品的区别是微小的,他们都需要使用被批准的活性物质,且在有生物杀灭功能的声明时或活性物质批准条件中有标签要求时,需要满足法规中的标签要求。

3. 什么是生物杀灭产品?

答:BPR 第 3 章(1)(a)中描述生物杀灭产品是:

①提供给用户的物质或混合物,该物质或混合物要么由一种或多种活性物质组成,要么含有或可生成一种或多种活性物质,其可用除物理和机械以外的方法有意破坏、阻止、使无害化、预防或控制有害生物体;

②物质或混合物,其由非上述的物质或混合物产生(即由两种或两种以上不能独自生成活性物质的物质或混合物反应产生),可用除物理和机械的方法有意破坏、阻止、使无害化、预防或控制有害生物体。

当处理物品有一个生物杀灭的首要功能时,应被认为是生物杀灭产品。

4. 什么是活性物质?

答:BPR 第 3 章(1)(c)和(g)中描述活性物质是,物质或微生物,其可作用于或对抗有害生物和病原体。

5. 什么是现存活性物质?

答:现存活性物是 2000 年 5 月 14 日之前,已经作为市场上的某种生物杀灭产品的活性物质存在,且正在评审项目中接受评估的活性物质。活性物质只有当与其在评审项目中进行评估的产品类别联系在一起时才可以被认为是现存活性物质。所以,当分析一活性物质的状态时,需要将其与它的产品类别一同考虑。

6. 什么是新活性物质?

答:2000 年 5 月 14 日以后,才作为某种生物杀灭产品的活性物质投放市场,或没有被包括进评审项目的活性物质。当活性物质的某种产品类别正在评审项目中接受评估，那么当该活性物质与此种产品类别联系在一起时可以被认为是现存活性物质。然而当该活性物质与其他产品类别联系在一起时，如果该产品类别没有在评审项目中接受评估的话，则其应该被认为是新活性物质。

7. 什么是目标体的性质？

答：目标体的性质是指目标体的特征描述。

8. 什么是物品的生物杀灭性质？

答：物品的生物杀灭性质意味着其经过生物杀灭产品的处理或有意包含生物杀灭产品。尽管有生物杀灭功能的处理物品总是拥有生物杀灭性质的，然而，没有生物杀灭功能的物品有时也会有生物杀灭性质。例如，对该物品本身起作用的生物杀灭性质。

9. 什么是处理物品的功能？

答：处理物品的功能是指该物品为实现其设计目的而表现出的行为能力。

10. 什么是生物杀灭功能？

答：生物杀灭功能可以类比于生物杀灭产品，即可用除物理和机械以外的方法有意破坏、阻止、使无害化、预防或控制有害生物体的功能。

11. 什么是处理物品的生物杀灭功能？

答：处理物品的生物杀灭功能是指该处理物品可以用除物理和机械以外的方法有意破坏、阻止、使无害化、预防或控制有害生物体。处理物品的生物杀灭功能特指对其本身以外有害生物体的作用。

当处理物品的生物杀灭产品类别如表 5-1 所示时，可以认为该处理物品有可能拥有对外的生物杀灭功能。

表 5-1 生物杀灭产品类别

产品类别	名称
PT2	不直接用于人体或动物的消毒剂和杀藻剂
PT4	食品和饲料领域
PT18	杀虫剂、杀螨剂和控制其他节肢动物的产品
PT19	驱虫剂和引诱剂

当一个消毒剂被包含进纺织物、纸巾、面具、油漆或其他物品材料，并用于制造有消毒性质的物理物品时，我们认为该消毒剂扮演的不是处理物品防腐剂的角色，而是为处理物品贡献了一个生物杀灭功能。

当生物杀灭产品类别为 PT18，PT19 时，该杀虫剂或驱虫剂既可以保护处理物品本身，也可以为处理物品贡献生物杀灭功能。

12. 如何判断一个处理物品是否具有生物杀灭功能?

答：首先，处理物品有有意控制有害生物的目的。其次，活性物质为此目的做出了贡献。符合以上两者，我们可以认为该处理物品具有生物杀灭功能。

有些处理物品有专有的生物杀灭功能，且活性物质为此功能做出了贡献。这种处理物品根据定义来说应当被认为是生物杀灭产品（需要履行授权责任）。例如，厕所里被消毒剂处理过的消毒湿巾和经过杀虫剂处理过的灭蚊网等。这些物品都仅有一个有意目的，且该目的不能被物理和机械行为所完成。

有些处理物品没有生物杀灭功能，即使他们的目的是为了控制有害生物，但活性物质却没有任何此目的的贡献，这种情况下的控制有害生物的作用通常是通过物理或机械手段完成的。例如，经过防腐剂处理的木质老鼠夹，或经过纺织品防腐剂处理的灭蚊网等。根据 BPR，这类处理物品不应当被视为生物杀灭产品，而应当被视为是处理物品。

第三种情况是，处理物品有着一种或多种功能，而生物杀灭功能只是其中的一种。例如，包含消毒剂的衣物。这类衣物拥有两种有意目的，即保暖和杀菌。那么判断该衣物属于生物杀灭产品还是处理物品取决于其生物杀灭功能是否是其首要功能。

13. 什么是首要的生物杀灭功能?

答：首要生物杀灭功能仅在 BPR 第 3 章（1）（a）中被使用，且在法规中并没有被定义，但是我们可以认为，首要生物杀灭功能是指该生物杀灭功能是在产品的所有功能中最重要的，最有价值的。

14. 什么是处理物品拥有首要的生物杀灭功能?

答：它意味着一个处理物品拥有一个或多个功能，在这些功能当中，生物杀灭功能是最重要的，最有价值的。

15. 有没有标准来判断一个处理物品的生物杀灭功能是否是首要功能，即最重要，最有价值的功能？

答：判断一个处理物品的生物杀灭功能是否为其首要功能，应当具体问题具体分析，且考虑所有包括目的用途的性质和功能。

当处理物品有且仅有一个功能，且该功能为生物杀灭功能时，那么该处理物品默认拥有首要的生物杀灭功能。对于那些拥有多个功能的处理物品来说，有下列几项可用于判断首要生物杀灭功能的标准：

a. 处理物品中活性物质的浓度；

b. 处理物品或活性物质的作用方式，尤其是可以对比已有的生物杀灭产品的情况下；

c. 处理物品的有意用途；

d. 处理物品为其功能做出的声明，尤其是可以对比已有的生物杀灭产品的情况下；

e. 目标物种，尤其是可以对比已有的生物杀灭产品的情况下。

当一个处理物品在没有生物杀灭功能的情况下，可以在市场上以同样的目的销售时（如被防腐剂处理过的木质家具和没有被防腐剂处理过的木质家具），那么该处理物品的生物杀灭功能不是首要生物杀灭功能。

根据BPR第3章（3），成员国可以要求欧盟委员会来确定一个产品是处理物品还是生物杀灭产品。

16. 判断处理物品是否具有首要生物杀灭功能时，生物杀灭声明的意义是什么？

答：判断处理物品是否具有首要生物杀灭功能时，生物杀灭声明的影响力取决于下面两个方面：

①生物杀灭声明的突出性。当声明中生物杀灭功能的描述明显比其他性质或功能突出时，那么该处理物品被视为有首要的生物杀灭功能，且因此被视为是一种生物杀灭产品。

②生物杀灭声明是否与公众健康有关。当声明关乎公众健康时，那么该处理物品被视为有首要的生物杀灭功能，且因此被视为是一种生物杀灭产品。

我们需要重视的是，BPR的目标不仅是为了公众健康和环境而防护来自生物杀灭产品和处理物品的不良影响，也是为了防护来自那些不像其声明中那么充分有效的产品或物品对公众健康和环境带来的伤害。当生物杀灭性的声明关乎公众健康时，它应当被认为是判断“首要生物杀灭功能”的重要因素。尽管根据 BPR 第 58 章，处理物品的声明应当是有根据的，且应对比于生物杀灭产品，然而，处理物品在投放市场之前是无需申请授权的，且他们的效力也是无需经过权威机构的评估的。因此，当一般消费者意识到一款处理物品有关于公众健康的生物杀灭功能时，为了在产品授权层面上对该处理物品进行效力评估，且该生物杀灭功能被认为是首要生物杀灭功能时，这个处理物品应当被视为是生物杀灭产品。

17. 管理经过处理且有生物杀灭功能的物质或混合物的规则是什么？判断其被该规则管控的依据是否跟生物杀灭功能的首要性有关？

答：如果一个物质或混合物，它被供应给使用者时有着有意的生物杀灭功能，且根据 BPR 第 2 章 2，没有任何其他的法规管控，那么它将被 BPR 中生物杀灭产品的定义覆盖。所以与其生物杀灭功能是否是首要功能无关。

如图 5-1 所示。

下面的判断树是用来帮助决定一个被生物杀灭产品处理过的物品或包含一种或多种生物杀灭产品的物品是一种处理物品还是一种生物杀灭产品。

作为第一步，判断目标体是“物质或混合物”还是“物品”非常重要。根据 BPR 第 3 章（1）（a），“物质或混合物”只要有有意的生物杀灭功能，即满足了生物杀灭产品的定义，不管其生物杀灭功能是首要的还是非首要的。相反，“物品”只有当其拥有首要的生物杀灭功能时，才会被认为是一个生物杀灭产品。

关于“物质或混合物”和“物品”的定义，BPR 让我们参考 REACH 法规。根据 REACH 法规：

物质是指在自然状态下或通过任何制造过程获得的化学元素及其化合物，包括为保持其稳定性而有必要的任何添加剂和加工过程中产生的任何杂质，但不包括任何不会影响物质稳定性或不会改变其成分的可分离的溶剂。

混合物是指由两种或两种以上物质组成的混合物或溶液。

物品是指一在制造过程中获得特定形状、外观或设计的物体，这些形状、外观和设计比其化学成分更能决定其功能。

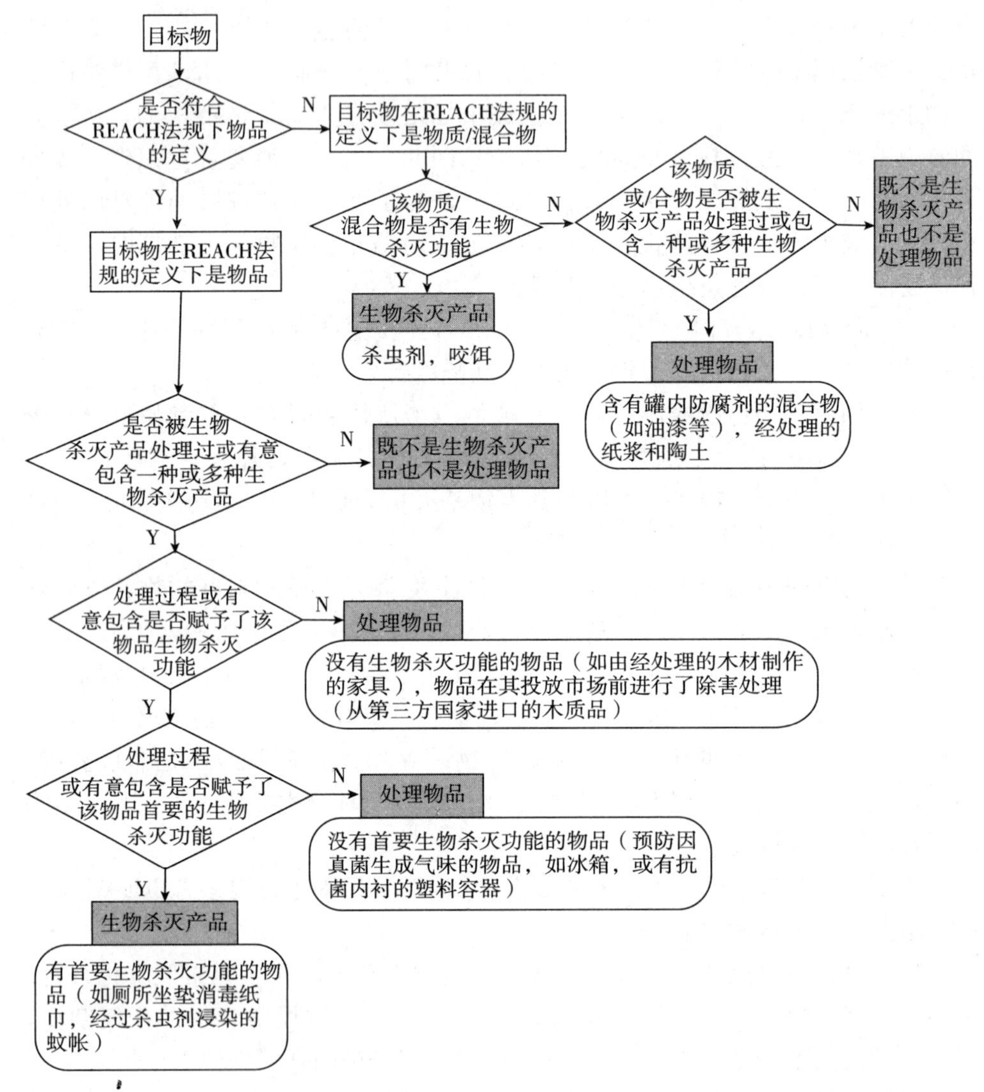

图 5-1　判断树

18. BPR 第 58 章 2 中，“生物杀灭产品中所有的活性物质”指什么？

答：应当理解为包括处理物品的生物杀灭产品中所有的活性物质，包括那些为处理物品贡献出生物杀灭功能的活性物质，也包括那些没有贡献出生物杀灭功能的活性物质。

存在于活性物质产品中却没有贡献出生物杀灭功能的活性物质通常指的是该生物杀灭产品的罐内防腐剂。也就是说，用于处理物品的生物杀灭产品中的所有活性物质，不论其是否为生物杀灭功能做出贡献，其用途都需要被欧盟委员会批准。因此，如果一件被防腐剂处理过的木材产品，不仅该防腐剂的活性物质需要被批准，而且为该防腐剂产品而添加入其中的罐内防腐剂也需要被批准。

19. BPR 第 58 章 3（c），“生物杀灭产品中所有的活性物质”指什么？

答：应当理解为包括为处理物品声明中的生物杀灭功能贡献出生物杀灭功能的所有活性物质。例如，经处理的木材如果做出了关于生物杀灭性质的声明（长效的木材防虫保护），那么处理该木材的生物杀灭产品中起到木材防腐作用的活性物质的名称应该出现在处理物品的标签上。另外，处理该木材的生物杀灭产品中的罐内防腐剂的名称则无需出现在处理物品的标签上。

20. 如果一个物品中包含一个物质，该物质据了解有某方面的生物杀灭行为（比如 Regulation（EC）No 1451/2007 附件Ⅰ中的物质），但是由于某些原因与该物品的生物杀灭行为无关（例如精油、薰衣草油，用于某些物品的芳香处理），这类物质是否需要在该处理物品投放欧盟市场前被欧盟委员会批准？

答：不需要。BPR 第 58 章只应用于那些被生物杀灭产品处理过的物品。这意味着，生物杀灭产品和其活性物质必须按照其原有计划的生物杀灭性质和功能被应用。然而，如果成员国主管当局参与控制的话，将处理物品投放欧盟市场的负责人需要提供证明，来说明没有被欧盟委员会批准的活性物质的生物杀灭行为是为了其他特殊的目的，与该物品的生物杀灭行为无关。

21. 如果处理物品的生物杀灭产品中的活性物质没有在该处理物品中残留，法规如何管控？

答：生物杀灭产品中的活性物质是否在处理物品中残留与否是不相关的，无需考虑。第 58 章中应用于那些被处理过的物品或有意包含生物杀灭产品的物品，与其中是否有活性物质残留无关。惟一的豁免情况是，物品存放保存在除菌容器中的情况，且存放过后没有活性物质残留。

22. “相关用途”包括的内容有哪些？在活性物质的批准内容中缺乏除适

当的产品类别PT外其他使用途径的指示。如，对于PT9来说（纤维、皮革、橡胶、聚合材料的防腐剂），以下这些使用条件应当被包含进该活性物质的批准内容中：

a. 所有的，除了那些在评估中被确认有问题的使用条件；

b. 在纺织品中的使用；

c. 在面、毛、丝、聚酯织物中的使用；

d. 在用于制造布、毛毯、软装家具、玻璃叶窗、毛巾的纺织物中的使用，这些纺织物是用来覆盖桌子，床和其他平面的。

其实，生物杀灭产品的用途越特殊其影响就越大；用途越不特殊，就越难考虑其风险。

答：活性物质的评估工作都是基于一个代表产品完成的。所以，作为基本原则，评估的结果并不表示该活性物质的所有用途都被批准。

现行的处理方法根据产品类别的不同而不同。例如对木材防腐剂来说，由于其用途的分级已经被很好地编辑过，所以在该活性物质评估时会将用途的分级作为考虑因素一并评估的。对于其他产品类别来说，如杀虫剂和消毒剂，就没有上述的用途分级进入活性物质的批准内容。

在BPR关于处理物品的条款中，活性物质的批准总是基于一个代表产品这一点基本原则并没有改变。而且在活性物质批准时，去评估在处理物品中所有可能的使用是不实际的，因为它的用途是多种多样的，而且申请者也没有责任去提交其他产品类别的相关信息。

考虑到活性物质评估时，其他相关用途评审的局限性，这些“其他相关用途”只有在一个已经很好地建立和编辑的实践下才能被包括进活性物质的评估，如木材防腐剂。

对于其他产品类别来说，活性物质的批准内容应当也包括其在处理物品中的使用。然而，一些限制和条件可以在活性物质关于处理物品方面应用的批准内容中提出。关于活性物质在处理物品中使用的批准条款的限制内容，下面列出了具体的限制方法：

①关于活性物质在处理物品中的使用限制，只有当其使用方式被确认有较大风险方面的担忧时，才能被列出。

②在①的情况下，批准内容中应当指示该活性物质在哪种处理物品中不

能被使用。

③较大风险方面的担忧是指活性物质满足第 5 章（1）中的排除条款，但是根据第 5 章（2）又对其豁免；由于临界效应导致的较大风险方面的担忧，该临界效应与可预期的未来用途联系在一起时可能会对人类健康、环境等造成风险。

在个案评估的情况下，如果较大风险方面的担忧已经被确认，同样的，在批准内容中也应当提出其在处理物品中使用时的标签要求。

23. 产品类别 PT 范围的严格度如何？例如，纺织工业提到他们会经常使用生物杀灭产品保护纺织物本身，也会用来防止不好的气味。

答：活性物质在某种产品类别上被批准，该产品类别一定会展现出在处理物品中的生物杀灭功能。例如，如果一个纺织物经过生物杀灭产品处理，该生物杀灭产品既对该纺织物起到防腐作用，也能防止不好气味的生成。活性物质应当在产品类别 PT9 中被批准。因为产品类别 PT9 覆盖了纤维防腐作用的产品和组织微生物生长以达到控制气味产生的产品。

然而，如果一个纺织物被一个既能赋予该物品防腐功能，又使其具备杀菌性质，那么该活性物质应当在产品类别 PT2 和产品类别 PT9 下同时被批准。因为产品类别 PT2 覆盖了那些被添加到纺织物中，能使其具有杀菌性质的生物杀灭产品。同时，产品类别 PT9 覆盖了那些为了纤维防腐的生物杀灭产品。

24. 关于处理物品的要求只覆盖那些最终物品，还是也覆盖那些在供应链中被处理的零部件？如果是，那么怎么定义在供应链中？例如，一个在欧盟境外由复合板制造的桌子，复合板由含有防腐剂（也在欧盟境外制造）的胶水粘接而成，那么如果该桌子将要投放欧盟市场，其防腐剂中的活性物质是否需要先被批准？或者，电视机中的一个电子零部件被生物杀灭产品处理过后有杀菌性质（电视机中没有其他零部件被处理），那么杀菌剂中的活性物质是否需要先被批准？

答：BPR 中定义处理物品为“被一种或多种生物杀灭产品处理，或有意包含一种或多种生物杀灭产品的任何物质、混合物或物品。”所以，上述问题应当理解为覆盖包括物品中任何在供应链上被处理的零部件。因此，如汽车、轮船、飞机的复杂物品也应当遵循 BPR 第 58 章。然后，辨认这些零件的前期处理是十分困难的，特别对于比较复杂的物品来说。所以，法规条款的实际实施还是针对那些会对人类或环境有暴露风险的经处理零部件。

25. 如果仅有一个微小部件被处理或包含生物杀灭产品的物品，就法规来说如何管控?

答：BPR没有关于这类的区分。所以，无论是不是一个微小部件，只要其被处理或包含生物杀灭产品，它都进入了法规第58章的管控。

26. 是否可以根据REACH，仅当处理物品中的活性物质在整个产品中的浓度大于0.1%时，才被认为是处理物品?

答：REACH法规中规定，当SVHC的浓度大于0.1%时，供应商有责任在供应链上传递物质信息。然而，BPR中并没有规定如0.1%这样的阈值。BPR中关于处理物品的条款是为了确保没有被批准的活性物质不会出现在欧盟境内，活性物质的浓度却与此无关。

27. 一物品的某些零部件在其生产过程中经过生物杀灭产品处理，且最终留有残留物。这个处理过程没有应用于该物品本身。如果这件物品出口到欧盟地区，其残留的活性物质需要先被批准吗? 例如，纸张上残留有印刷机使用的消毒剂。

答：不需要。处理的物品是指“被处理或有意含有”。在这个例子中，消毒剂不是用来处理纸张的，且纸张也没有有意含有消毒剂。因此，这类物品在投放欧盟市场前，其中的活性物质无需被批准。

28. 当一个处理物品有着首要生物杀灭功能，且被当认为是一件生物杀灭产品时，其产品类别PT该如何判断?

答：这应当根据该处理物品的功能和其声明，逐一进行分析判断，具体问题具体对待。

然而，大多数情况下，当一个物品有首要生物杀灭功能是，其通常有意含有产品类别PT为2，18或19的生物杀灭产品，所以该处理物品作为一个生物杀灭产品时的产品类别也应当是2，18或19。

PT 1，当某种有首要生物杀灭功能的物品有意包含一种产品类别为PT2的生物杀灭产品，且该物品会接触人类皮肤或头皮，那么该处理物品作为一个生物杀灭产品的产品类别为PT 1。

PT 2，当某种有首要生物杀灭功能的物品有意包含一种产品类别为PT2

的生物杀灭产品，且该物品不会接触人类皮肤或头皮，那么该处理物品作为一个生物杀灭产品的产品类别为 PT 2。

PT 18，当某种有首要生物杀灭功能的物品有意包含一种产品类别为 PT18 的生物杀灭产品时，那么该处理物品作为一个生物杀灭产品的产品类别为 PT18。

PT 19，当某种有首要生物杀灭功能的物品有意包含一种产品类别为 PT18 的生物杀灭产品时，那么该处理物品作为一个生物杀灭产品的产品类别为 PT18。

如果当处理物品作为一个生物杀灭产品的产品类别与原始的生物杀灭产品的产品类别不同时，那么该处理物品授权申请时，活性物质的这类处理物品的产品类别也需要获得批准。

29. 如何理解 BPR 第 58 章（1）中的豁免范围?

答：BPR 第 58 章（1）的内容是豁免那些存储于事先经过杀菌消毒唯一处理的空间或容器内，且事后没有残留物的所有物品。该条款适用于那些从第三方国家进口到欧盟地区的，根据国际贸易协定需要进行杀菌消毒处理以保护人类和动物健康的物品。

30. 上述豁免包括所有存储于事先经过杀菌消毒唯一处理的空间或容器内，且事后没有残留物的所有物品吗?

答：该豁免覆盖所有的存储于事先经过杀菌消毒唯一处理的空间或容器内，且事后没有残留物的所有物品。

31. 如何认定“事后没有残留”?

答：进口商有责任来评估生物杀灭产品在处理过后是否有残留。如果有残留，那么 BPR 第 58 章将会完全应用，如果没有残留，那么该物品是豁免的。

32. 美国如何规范处理物品?

答：美国联邦杀虫剂、杀菌剂、杀鼠剂法案（FIFRA）要求任何目的于预防、破坏、抵制或缓和害虫的任何物质和经过这些物质处理的物品的注册。然而，美国联邦法案（CFR）却为某些处理物品和物质描述了一些豁免条款。

如果用来处理的生物杀灭产品被注册了此类用途，豁免条款针对那些仅仅通过生物杀灭处理来保护自身的处理物品，例如用于保护油漆涂层，经过杀虫剂处理的油漆；用于保护木材免受害虫和真菌的破坏，经过防腐剂处理的木材。

享受法规豁免条款的物品做出的声明将限制于“该物品含有防腐剂（如杀菌剂和杀虫剂），或包含或作为涂层应用于保护该产品本身”。

处理物品的豁免条款将只应用于那些为保护产品本身的物品，对于那些为了公众健康目的的物品不在豁免范围。

33. 什么是关于生物杀灭性质的声明?

答：根据BPR第58章（3）中的描述，声明是指对如下内容的指示：

①处理物品对有害生物有一定的杀灭功效。这表示该处理物品有生物杀灭功能。

②处理物品对有害生物有一定的防护功能。这表示该处理物品有生物杀灭性质。

如果处理物品做出了类似声明，那么该声明中的功效应当被证实是可靠的。

34. 一个处理物品在投放市场时声明其仅仅为了保护自身的目的包含了一种生物杀灭产品。这类处理物品需要贴标签吗?

答：该声明是处理物品关于生物杀灭性质的声明。像这样的声明，根据法规第58章（3）是需要进行加贴标签的。

类似的生物杀灭性质的声明会在表5-2中给出。

表5-2 生物杀灭性质的声明

PT 6 产品存储防腐剂	包含防腐剂，用于控制微生物恶化
PT 7 薄膜防腐剂	包含防腐剂，用于控制微生物恶化 包含防腐剂，用于控制藻类生长 包含防腐剂，用于保护处理物品的初始性质
PT 8 木材防腐剂	包含防腐剂，用于控制破坏木材的生物，包括害虫

表 5-2（续）

PT 9　纤维，皮革，橡胶和聚合材料防腐剂	包含防腐剂，用于控制微生物恶化 包含防腐剂，用于对抗微生物在处理物品表面的生存 包含防腐剂，用于阻碍或防止处理物品中气味的生成
PT 10　建筑材料防腐剂	包含防腐剂，用于控制微生物恶化 包含防腐剂，用于控制藻类生长
PT 11　液体冷却处理系统防腐剂	包含防腐剂，用于控制有害生物，如细菌、藻类和贻贝类
PT 12　除黏菌剂	包含防腐剂，用于控制黏菌生长
PT 13　工作液，切割液防腐剂	包含防腐剂，用于控制金属，玻璃或其他材料的工作液或切割液中的微生物恶化
PT 18　杀虫剂，杀螨剂和控制其他节肢动物的产品	包含杀虫剂，用于控制害虫 包含杀虫剂 包含杀螨剂
PT 19　驱避剂和引诱剂	包含驱虫剂

35. 怎么理解 BPR 第 58 章（3）（b）中提到的处理物品的生物杀灭性质是被“证实的”?

答：被“证实的”可以被理解为“有证据支持的”。换句话说，当进口商或制造商不能用适当的数据来证实处理物品的生物杀灭性质时，其不能再标签中提及“生物杀灭”。当这种生物杀灭性质为生物杀灭功能时，声明的证实就显得更加重要了。根据 Directive 2005/29/EC，供应商任何声明都被要求是清晰的、被证实的。

36. 什么是公众健康声明?

答：公众健康声明是指声明处理物品可为相关公众健康提供某种益处以对抗病原生物体。

公众健康声明包括那些声明处理物品可保护使用者免受特殊致病菌、病毒、真菌或其他生物体，诸如大肠杆菌、金黄色葡萄球菌、沙门氏菌、链球菌、H1N1 流感病毒和病毒载体如虱子和蚊子。

然而，对于那些未明确的声明，如下述内容，可以被认为是公众健康声明：

- 对抗细菌
- 杀灭 99%的细菌
- 提供抗菌保护
- 抗菌
- 控制真菌

公众健康声明必须受到针对其对公众健康潜在可能影响的更高等级的审查。因此，当处理物品做出这类声明时，应当结合其他所有的个别性质和功能来判断处理物品是否有首要的生物杀灭功能（见问题 16 和问题 17）。

37. 如果一个物品被含有多种活性物质的生物杀灭产品处理，那么标签应当提及所有的活性物质，还是针对那些导致声明的活性物质，还是仅针对那些批准条件中有标签要求的活性物质？

答：当一个物品被含有多种活性物质的生物杀灭产品处理时，标签只需要提及那些贡献出生物杀灭性质的活性物质，或者提及那些批准条件中有标签要求的活性物质。

38. 如果 BPR 第 58 章（3）第一段的条件没有全部满足，但是生物杀灭产品含有纳米材料，那么需要在标签中提及吗？

答：只有当声明是关于处理物品生物杀灭性质或当处理物品包含那些批准条件中有标签要求的活性物质时，才有责任在声明中表明处理物品包含着纳米材料。

39. 供应链下游企业的责任是什么？处理物品的标签需要在其整个生命周期内都存在吗？

答：供应链下游企业除了需要根据法规第 58 章（5），在消费者要求后的 45 天内向其提供处理物品进行生物杀灭产品处理的相关信息外没有相关 BPR 的责任。然而，如果处理物品被包含进了一个新的产品中，且该新产品也符合处理物品的定义，那么将其投放市场的人有责任遵守 BPR 第 58 章（3）的标签条款。

40. 标签中的生物杀灭声明应当在哪里做出？

答：BPR 没有要求具体的声明位置。因此，如果一个物品的技术规格中包括了生物杀灭声明，那么其需要对其进行标签标示。

41. 标签应该放置在处理物品的什么地方？必须附在物品上还是可以写入说明书或包装中？

答：标签的放置位置应当根据具体产品的情况来决定。法规第 58 章（6）提出，如果可能的话，标签需要附在物品上，但是又指出“当由于处理物品的尺寸或功能限制时，标签可以印刷在其包装，使用说明书或相关保证书上，除非成员国有具体要求”。

42. BPR 第 58 章的第三段和第四段之间的关系如何？谁来决定保护人类和环境的标签是否需要制作？

答：这是将处理物品投放市场的人的责任，考虑到处理物品可能对人类，动物健康或环境会带来的风险，任何相关的说明都需要提供给最终用户以最小化这类风险。这同样符合一般产品安全指令（Directive 2001/95）的条款。

43. 经过处理或有意含有一种生物杀灭产品的中间体和原材料是否需要加贴标签？

答：如果这类中间体和原材料符合处理物品的定义且最终投放欧盟市场，那么法规第 58 章将会对其生效。这意味着，不仅标签要求需要满足，且其中的活性物质也需要被批准。

44. 如果其他行业法规的标签要求同样存在，那么应如何处置？

答：将处理物品投放市场的人有责任依据其他行业的法规要求证明处理物品的标签要求已经按照法规内容控制实施。

45. BPR 第 58 章（6）中关于由特定订单而设计和生产的处理物品的条款应当如何理解？

答：该条款只针对那些没有被作为一系列产品生产的处理物品。它仅给予信息传递方式一定的灵活性，但不针对这些信息的内容。

46. 处理物品生物杀灭功能的失效日期有没有必要在标签中给出？

答：法规中没有要求需要显示处理物品的失效日期。物品的制造商如果认为失效日期是必要的，当然也可将其显示给最终用户。

47. BPR 第 94 章关于处理物品过渡期的条款没有包括处理物品标签要求的过渡，那么处理物品满足第 58 章（3）关于处理物品标签的要求是否有截止期限？

答：对于处理物品的标签来说，法规中没有可预期的过渡条款。这意味着所有市场上的处理物品在 2013 年 9 月 1 日起，都必须满足法规 58 章（3）中的标签要求。需要注意的是，第 58 章（3）的标签条款是关于“投放市场”，而不是针对后来的供给，另外，不是所有在 2013 年 9 月 1 日已经存在于供应链上的处理物品都有强制的标签要求。

48. 在处理物品标签上标明“抗菌”是否可行？

答：这类关于处理物品生物杀灭功能的声明可以被认为是关于公众健康的声明。因此，该处理物品需要进行关于生物杀灭性质和功能的评估。如果认定其生物杀灭功能是首要的生物杀灭功能，那么它可以被认为是一个生物杀灭产品，且需要根据法规进行授权申请。

另一方面来说，类似“包含对抗微生物恶化的防腐剂”的声明可以被认为是关于处理物品生物杀灭性质的声明，但是与处理物品的生物杀灭功能无关。

49. 处理物品中分别包含现存或新活性物质，其法规结果的区别是什么？

答：处理包含现存活性物质还是新活性物质，法规结果有着绝对的区别。对于那些已经在 2013 年 9 月 1 日已经存在于欧盟市场，且被一个含有新活性物质的生物杀灭产品处理过，该活性物质暂时还未就其这种产品类别获得法规下的批准，那么这类处理物品在 2016 年 9 月 1 日之后便不能投放欧盟市场，除非该活性物质的批准申请在 2016 年 9 月 1 日之前提交。

相反的，如果 2013 年 9 月 1 日已经存在于欧盟市场，且被一个含有正在评审项目中接受评估的现存活性物质的生物杀灭产品处理过，评估还未结束，那么 2016 年 9 月 1 日之后，该处理物品可以投放市场的日期取决于评估结束，活性物质获得批准的日期。

50. 一个物品，已经在 2013 年 9 月 1 日被投放于欧盟市场，并被含有正在评审项目中接受评估的现存活性物质的生物杀灭产品处理过。那么这类物品可以在评审结果（无论是批准还是否决）出来之前继续投放欧盟市场吗？

答：是的。BPR 第 94 章提到，如果该物品在 2013 年 9 月 1 日已经存在于欧盟市场，那么如果活性物质的批准申请已经在 2016 年 9 月 1 日之前提交，该物品就可以继续投放欧盟市场。

51. 一个物品，被含有现存活性物质的生物杀灭产品处理过，且该活性物质是被欧盟委员会否决的，也不会有新的申请来支持该活性物质的重审。那么，这类处理物品他们撤离市场的时间是怎么的？

答：BPR 第 94 章提到，如果活性物质已经被欧盟委员会否决使用，那么处理物品应该在否决决议生效后 180 天内，或 2016 年 9 月 1 日（以较晚者为准）撤离欧盟市场。所以，问题中的处理物品应当在 2016 年 9 月 1 日撤离欧盟市场。

52. 如果一个包含新活性物质的全新的处理物品（即 2013 年 9 月 1 日之后）投放欧盟市场，法规是如何规定的？它可以在活性物质被评估期间投放欧盟市场吗？还是需要等到评审获批之后再投放市场？

答：在 2013 年 9 月 1 日之后，包含新活性物质的新处理物品必须等到活性物质评审获批之后才能投放欧盟市场。

53. 如果进口商打算进口一种包含审核获批的活性物质的处理物品，但是该活性物质获批的产品用途不是在该处理物品中的用途，那么这类物品可以被投放市场吗？

答：活性物质新用途的批准申请必须在这种情况下被提交。如果该物品在 2013 年 9 月 1 日之前投放欧盟市场的，那么 BPR 第 94 章的过渡条款将适用。如果该物品计划在 2013 年 9 月 1 日之后再投放欧盟市场，那么其中的活性物质的这类用途需要首先获得批准才能投放欧盟市场。

54. 一个已经在 2013 年 9 月 1 日之前投放市场的物品，其被一个含有目前还未被包含进评审项目中的活性物质处理过，且该处理物品的制造商或其他人将会在 2016 年 9 月 1 日之前为活性物质的批准做出申请。那么这类处理物品可以在市场上继续销售吗？

答：该物品在 2013 年 9 月 1 日已经存在于欧盟市场，所以它可以继续在市场销售直到 2016 年 9 月 1 日。如果活性物质的申请在那一天之前提交，该物品可以继续在市场销售直到活性物质的评审结果出来。如果评审结果是未被批准，那么该物品需要在结果出来之后 180 天内撤离欧盟市场。

55. 一个处理物品包含一个没有进入评审项目中的活性物质，该活性物质从没有被确认过或通报过（以前从未在欧盟境内使用过）。目前为止，没有人计划为这类活性物质的批准进行申请。那么这类物品撤离欧盟市场的时间是何时？

答：BPR允许这类物品存在于欧盟市场直到2016年9月1日。因为该活性物质没有进入评审项目，也不会有否决决议，所以，根据第94章（2），这类物品必须在2016年9月1日前撤离欧盟市场。

56. 对于在2013年9月1日之前已经存在于欧盟市场的处理物品，在2013年9月1日之后，仅仅产品设计方面有了一些改变，但处理其的生物杀灭产品和活性物质均没有发生变化，那么这类产品是否被允许投放欧盟市场？

答：考虑到仅仅是产品设计方面的改变，不会影响到生物杀灭产品可预期的暴露风险。所以，对于仅仅产品设计方面做出改变（颜色、形状、大小等）的处理物品来说是允许其投放欧盟市场的。

57. 一个新的处理物品被引入一个处理物品系列中，该处理物品系列已经在2013年9月1日存在于欧盟市场，这个新的处理物品将会包含同样的生物杀灭产品。这种情况被允许吗？

答：考虑到新的处理物品包含与系列中其他处理物品相同的生物杀灭产品，而且可续期的暴露风险与系列中生物杀灭产品类似。所以，现存处理物品中这类新成员的加入是被允许的。

附 录 1

BPR 原文翻译

法规（EU）No 528/2012，欧洲议会和理事会 2012 年 5 月 22 日，关于生物杀灭产品的投放市场和使用（欧洲经济区相关）

官方公报 *L 167 ，27/06/2012 P. 0001-0123*

法规（EU）No 528/2012，欧洲议会和理事会 2012 年 5 月 22 日，关于生物杀灭产品的投放市场和使用（欧洲经济区相关）

欧洲议会与欧盟理事会，

鉴于欧洲联盟运作的条例（特别是第 114 章），鉴于欧盟委员会的提议，鉴于欧盟经济与社会委员会的意见，根据一般立法条例制定，

鉴于：

（1）生物杀灭产品对于控制有害于人类或动物健康的生物来说是必须的，而且其还可以用于控制那些对天然或人造材料有危害的生物体。然而，生物杀灭产品由于它们内在的性质和使用方式，其也可以对人类、动物和环境造成一定的风险。

（2）根据这部法规，生物杀灭产品除非被授权，否则不得投放市场或使用。经过生物杀灭产品处理过的物品不得被投放市场，除非处理其的生物杀灭产品中所含的所有活性物质都根据本法规获得了批准。

（3）本法规的目的在于促进欧盟内部生物杀灭产品的自由流通，同时确保对人类和动物健康以及环境的高度保护。特别是对孕妇和儿童这类弱势群体的保护，应当被投入更多的关注。本法规应当基于预防原则来确保活性物质和生物杀灭产品的制造和流通不会导致其对人类或动物健康以及环境造成不可接受的影响。为了尽快消除生物杀灭产品的贸易障碍，应当制定活性物质批准，生物杀灭产品投放市场和使用的规则，包括平行贸易和授权多国互认的规则。

（4）为了确保对人类健康、动物健康以及环境的高度保护，本法规不应与欧盟其他工作环境和消费者保护的法规相冲突。

（5）欧洲议会与欧盟理事会指令 98/8/EC 制定了生物杀灭产品在欧盟内部投放市场的规则。有必要采取这些经验，特别是委员会提交给欧洲议会和理事会关于指令实施 7 年以来的缺点问题分析。

（6）关于对现存规则的变更，一部新的法规将会替代指令 98/8/EC 来澄清和细节化可实施的规则。另外，新的法规还将确保法规要求在整个欧盟层面同时、同等地被执行。

（7）关于现存活性物质（即在指令 98/8/EC 中设定的日期之前就存在于欧盟市场的活性物质）与新活性物质的区别应当被澄清。正在进行的对现存活性物质的评审项目中，成员国应当继续允许含有这些正在进行评估的活性物质的生物杀灭产品继续在市场流通，但需要符合其自身国家的其他相关法规，直到该活性物质的评审结果最终公布。所以，成员国或者委员会（如果合适的话）应当在适当的时候给予、取消或更改产品的授权。新的活性物质需要在包含其的生物杀灭产品投放市场之前被评估，以使得新产品的投放符合本法规的要求。然而，为了促进新活性物质的开发，只要活性物质和生物杀灭产品的关于法规要求的安全条件卷宗被完整地提交，新活性物质的评估过程将不会阻碍成员国或委员会对生物杀灭产品的授权。

（8）为了确保将活性物质投放市场的每一个人的公平性，他们每人都应当被要求拥有一份关于他们制造或进口并用于生物杀灭产品制造的活性物质的卷宗，或者拥有这份卷宗的授权信，或者拥有卷宗中的相关数据。没有符合这些要求的制造商或进口商的活性物质的生物杀灭产品不应当被允许投放市场。如果这样的话，应当有一个合适的退出期。

（9）本法规应当施用于由一种或多种活性物质构成或包含一种或多种活性物质的生物杀灭产品，且这类产品是以生物杀灭产品的形式销售给使用者的。

（10）为了确保法规的准确性，有必要建立一份联盟的批准用于生物杀灭产品的活性物质清单。评估活性物质是否能进入该清单的标准也同样需要确立。支持活性物质审批申请的相关信息应当由各利益相关方来出具。

（11）本法规的实施不得违背法规（EC）No 1907/2006 即 REACH 法规。在某些条件下，生物杀灭活性物质可以豁免与该法规的相关条款。

（12）为了达到对人类健康、动物健康和环境的高度保护的目的，除了一些特殊的情况外，拥有有害档案的活性物质不应当被批准用于制作生物杀灭产品。特殊的情况是指，人类健康、动物健康，环境暴露在该物质下的风险可忽略不计，或对社会来说有着不成比例的负面影响。当决定一个活性物质是否应当被批准时，该活性物质是否拥有充分有效的替代物质也应当被予以考虑。

（13）在联盟清单中的活性物质需要根据科学和技术的进步定期检查。如果有充分的证据证明使用于生物杀灭产品或处理物品中的活性物质不能满足本法规的要求，委员会应当重审对该活性物质的批准。

（14）如果活性物质拥有某些内在的有害性质，那么它们应当被视为替换候选物质。为了对替换候选身份完成检查，这类物质的批准有效期不应当超过 7 年，即使是在批准更新的情况下。

（15）在给予或更新一个含有替换候选活性物质的生物杀灭产品的授权时，应当将其与其他已授权的生物杀灭产品进行对比，即对比他们呈现出的风险及益处的非化学控制手段和预防方法。所以，作为结果的“比较评估”中，如果有其他对人类健康、动物健康和环境危害更小的替换产品，且已经被授权了的，那么含有替换候选活性物质的生物杀灭产品应当被禁止或限制。在该情况下，需要给予合适的退出期限。

（16）为了避免给工业和主管当局带来不必要的行政和财政负担，只有主管当局在最初的评估中根据可得信息得出有必要进行全方面深度评估的时候，那么对该活性物质和生物杀灭产品的全方面深度评估才需要在授权重审及更新的时候进行。

（17）有必要确保本法规在欧盟层面、技术、科学和行政方面的有效协调和管理。ECHA 应当担任实施活性物质评估和生物杀灭产品联盟授权的责任。在 ECHA 内部应当建立一个生物杀灭产品委员会来实施法规中具体的任务。

（18）某些生物杀灭产品和处理物品也会受到其他联盟法规的管控。所以需要给予他们之间清晰的界限以保证法律的准确性。本法规覆盖的产品类别清单应该作为法规附件完成并列出。

（19）如果生物杀灭产品的使用目的不仅是本法规中提及的那些，其另外还和医疗设备有关联，例如在医院或医疗设备中使用的表面消毒剂，那么这类产品可能会呈现出其他风险。因此生物杀灭产品需要符合指令 90/385/EEC

附件Ⅰ，指令 93/42EEC，指令 98/79/EC 的要求以及本法规的相关要求。

（20）如果一个产品的生物杀灭功能为其化妆功能的内在属性，或该产品的生物杀灭功能为化妆品的次要功能，那么它需要受到法规（EC）No 1223/2009 的管控。

（21）食品与饲料的安全性是有联盟立法的，特别是法规（EC）No 178/2002 列出了一般原则并确定了食品安全有关的程序。因此，本法规不应该施用于制作趋避剂和引诱剂的食品及饲料。

（22）加工助剂被现存的联盟法规所覆盖，特别是法规（EC）No 1831/2003 。因此，本法规不应该施用于食品添加剂。

（23）因为用于食品与饲料防腐剂的产品类别 PT－20 已经被法规（EC）No 1831/2003 和法规（EC）No 1333/2008，所以新的法规中将不再出现该产品类别。

（24）由于国际船舶压载水和沉积物控制和管理公约已经提供了对压载水管理体系呈现出的风险有效的评估，所以其最终的批准和对这类体系的跟随类型的批准应当被认为等同于本法规下的产品授权。

（25）为了避免可能造成的对环境的负面影响，那些在市场上流通的且没有符合法规要求的生物杀灭产品应当被当做是废弃物来处理，特别应遵循指令 2008/98/EC。

（26）为了促进在所有成员国有着类似使用条件的生物杀灭产品在整个欧盟市场流通，需要为这类产品提供联盟授权。为了给予 ECHA 充分的时间建立必须的能力和这类程序的经验，联盟授权申请的产品类别需要有步进式的节奏，一批一批地完成联盟授权的申请。

（27）委员会需要检查联盟授权的条款并在 2017 年 12 月 31 日向欧洲议会和理事会提交报告，如有需要还应提交对不合适条款修改的提议。

（28）为了确保只有符合本法规相关条款的生物杀灭产品才能投放市场，所有的生物杀灭产品都需要被成员国主管当局、委员会等授予产品授权之后才能投放相应地区的市场。

（29）为了鼓励那些对环境或人类动物健康更加友好的生物杀灭产品的使用，需要为这类生物杀灭产品提供更简化的授权流程。即在某些条件下，一旦这类产品获得了至少一个成员国授权，那么其即可以在不进行多国互认的情况下在所有成员国市场流通。

（30）为了鉴别那些可以进行简化授权的生物杀灭产品，有需要建立一份特殊的这类产品所含的活性物质清单。这份清单需要包含那些在法规（EC）No 1907/2006 或指令 98/8/EC 中被确认为是食品添加剂、信息素和其他被认为是低毒的物质，如弱酸、酒精和用于化妆品和食品的植物油。

（31）为了确保各个主管当局的流程统一，有需要为生物杀灭产品的授权和评估提供统一的基本原则。

（32）为了评估生物杀灭产品使用时的潜在风险，申请者应当提交包含所需信息的卷宗。建立活性物质和生物杀灭产品的数据模板卷宗对申请者搜集数据和主管当局实施评估并最终得出授权决定会有一定的帮助。

（33）考虑到活性物质和不符合简化授权条件的生物杀灭产品的多样性，数据模板卷宗和测试应当适合单个的环境和允许整体的风险评估。因此，申请者应当被允许要求数据要求的变更，包括不必要或因为物质天然属性或产品的潜在使用方式导致的不可能收集的数据。申请者也应当提供适当的技术与科学证据来支持他们的请求。

（34）为了帮助中小企业申请者符合法规的要求，成员国应当提供咨询建议，例如建立帮助咨询台等。这些咨询建议应该是除了 ECHA 提供的操作指南文件和其他建议及帮助之外的附加咨询和建议。

（35）为了确保申请者可以有效地形式数据要求变更的请求，成员国应当提供数据变更申请的支持和建议。

（36）为了促进市场流通，有需要授权一组生物杀灭产品作为一个生物杀灭产品族。生物杀灭产品族中的生物杀灭产品应当拥有类似的使用方式和相同的活性物质。成分上的差异和非活性物质的替换变更是被允许的，但是不能使产品呈现出不同级别的风险和对产品功效的显著减小。

（37）在授权生物杀灭产品时，有需要确保当其被用作设计用途时，他们是充分有效的，且对于目标基团没有不可接受的影响，如抵抗力，或者对于脊椎动物来说，不必须的痛苦和疼痛。另外，在现存科学技术知识的条件下，他们也不可以拥有任何对人类健康、动物健康和环境不可接受的影响。如果合适的话，为了保护人类和动物健康，还需给予生物杀灭产品中活性物质在食品和饲料中的最大残留限度。当这些条件有不满足的时候，生物杀灭产品不应该被授权，除非它们的不授权会给社会带来不成比例的负面影响。

(38) 适当的时候，应当采取合适的预防措施避免有害基团的出现，如合适的货物仓储，符合相关的卫生标准和废弃物立即弃置标准。那些对人类动物及环境低风险的生物杀灭产品应当被尽量利用，不管其是否会呈现出有效的作用，另外，那些有意伤害、杀害或损毁动物或给动物带来痛苦的生物杀灭产品应作为最后的手段。

(39) 一些已授权的生物杀灭产品在被一般大众用户使用时会呈现出一定的风险。所以这些生物杀灭产品不应该被授权投放市场而给大众用户带来危害。

(40) 为了避免评估程序的重复和确保生物杀灭产品在联盟内的自由流通，评估程序应确保一个成员国的授权可以被其他成员国所接收并认可。

(41) 为了确保对于生物杀灭产品的评估，各个成员国之间能有更紧密的合作，为了促进并提升生物杀灭产品的市场接受度，应当在第一次国家授权后开始多国互认的程序。

(42) 为了解决多国互认中可能产生的分歧并减少解决的延迟，有必要建立国家授权后申请多国互认的程序。如果一个主管当局拒绝承认或提议限制一个已有的授权，那么协调小组应该努力使他们达成共识。如果协调小组没能使他们达成共识，那么委员会应当被赋予给予最终决定的权力。如果是技术和科学问题，委员会应当在给予决定之前咨询 ECHA。

(43) 然而，考虑到公共政策或公共安全、环境、人类和动物健康，为了国有资产的保护和标靶生物的缺乏可能会在与申请者达成共识后，成员国会拒绝授予或调整授权内容。如果没有在申请者之间达成共识，那么委员会应当被授予做出最终决定的权力。

(44) 有些产品类别的生物杀灭产品的使用可能会提升对动物保护的担忧。因此，成员国应该被允许对这类产品类别的生物杀灭产品在多国互认的原则上有所违背，但是这类违背不能有违本法规的基本目的，即对内部市场的适当保护。

(45) 为了促进授权和多国互认程序的功能化过程，有必要建立一个多国互相交换信息的平台。为了完成这样一个平台，R4BP 应当被筹建。成员国、委员会和 ECHA 应当使用 R4BP 来共享科学文献和申请资料。

(46) 如果使用某种生物杀灭产品对该成员国有益处的，但没有申请者有兴趣在这个成员国市场进行该产品的投放，那么官方或科学机构可以作为申请者进行申请。如果他们获得了授权，他们可以拥有像其他授权持有者一样的权力和责任。

(47) 考虑到科学技术的发展和授权持有者的需求，有需要明确在什么情况下可以取消、重审和修正授权内容。同样的通报和授权后的信息交换，也应当被允许成员国主管当局和委员会采取适当的措施。

(48) 如果有不可预知的危险威胁公共健康或环境，且这些危害不能被用其他手段所清除，那么成员国可以允许不符合本法规要求的生物杀灭产品在一段有限的时间内投放市场。

(49) 为了鼓励活性物质和生物杀灭产品的研究和开发，有需要建立关于用于科学研究目的的非授权生物杀灭产品和未批准活性物质的使用和投放市场的规则。

(50) 考虑到给内部市场和消费者带来的益处，有需要建立在不同成员国获得授权的同一生物杀灭产品的平行贸易规则。

(51) 为了决定活性物质的同一性，有必要建立关于技术性等同的规则。

(52) 为了保护人类健康、动物健康和环境，为了避免存在于欧盟产处理物品和第三国产处理物品之间的歧视，所有投放内部市场的处理物品都应当只能含有被批准的活性物质。

(53) 为了确保消费者的知晓权，为了促进法规实施，为了提供给消费者产品使用的整体信息，处理物品应当被合理地进行标签。

(54) 那些投资支持本法规中或指令 98/8/EC 中活性物质批准和生物杀灭产品授权的申请者，每当他们提交的数据被后续的申请者引用时应当通过要求一定的补偿来弥补他们在获取活性物质原始数据时的投资。

(55) 为了保证支持活性物质审批和生物杀灭产品授权的所有信息都从提交之日开始获得保护，为了确保对所有数据的保护，数据保护期应该也应用于目的为 98/8EC 的所有信息数据。

(56) 为了促进新活性物质和含有这些新活性物质的生物杀灭产品的开发，有需要为这类活性物质的申请而提交的专利数据卷宗提供一个相对于现存活性物质和产品更长的数据保护期。

（57）减少活体动物实验是非常必要的，无论是活性物质的动物实验还是生物杀灭产品的动物实验。申请者应当通过分担费用的方式共享而不是重复对脊椎动物的研究实验。如果数据持有者和申请者之间没有达成关于费用分担的协议，ECHA应当在不违背国际法庭任何补偿决议下，允许申请者使用这些研究结果。主管当局和ECHA应当通过R4BP使得申请者获得数据持有者的联系信息。

（58）现存活性物质的市场中，由于考虑到需要减少不必要的实验和费用，避免垄断，维持经营者之间的自由竞争和数据持有者平等的数据费用补偿，有必要去建立一个平等的竞争环境。

（59）那些来自非实验性的，但等同于实验模式的模拟数据也应当被鼓励。另外，数据要求的修正也应该遵循降低不必要成本的原则来进行。

（60）为了确保已授权的生物杀灭产品在其市场上流通时是安全有效的，成员国应当采取一定措施进行控制和监管，制造商也应当维护一个合适的质量控制体系。

（61）在本法规建立的体系中，生物杀灭产品导致的风险信息和风险管理手段的有效交流是重要的组成部分之一。为了促进信息的共享，成员国主管当局，ECHA和委员会应当遵循保密原则，尽量避免有损于商业机密的信息公开，除非是为了保护人类健康安全或环境所必须的。

（62）为了增强监管和控制的有效性，为了提供生物杀灭产品相关风险的信息，授权持有者应当记录保存其产品投放市场的情况。

（63）法规（EC）No 1907/2006中要求ECHA应当按照法规文献中关于生物杀灭产品和活性物质的内容来操作。所以本法规中应当明确ECHA的任务和功能。

（64）法规实施过程中产生的行政费用应当由将生物杀灭产品投放市场的企业来承担。为了促进内部市场的平稳实施，有需要建立ECHA和成员国主管当局的行政费用计算的基本原则，包括中小企业的特殊需求等。

（65）有必要允许申请者对ECHA的决议提出上诉。法规（EC）No 1907/2006下ECHA内部建立的申诉小组应当接受并处理本法规下的申诉请求。

（66）因为纳米材料对人类健康、动物健康和环境的影响在科学上尚未明确。为了确保对消费者的高度保护和货品的自由运输以及制造商的法律确定性，有必要给予关于纳米材料统一的定义，如果可能的话，该定义应该基于国际论坛并说明被批准的活性物质不包括其纳米形态，除明确说明以外。委员会还应当根据科学的发展定期对纳米材料的条款进行修正。

（67）为了确保法规平滑的过渡，可以提供给那些在本法规实施之前提交活性物质批准申请或生物杀灭产品授权申请的申请者一个延期的许可或其他特殊的方法。

（68）ECHA 应当负责协调和促进新的活性物质批准申请。然而，考虑到历史卷宗庞大的数量，可以允许 ECHA 通过一段时间来准备处理关于指令 98/8/EC 下提交的数据卷宗。

（69）那些按照指令 98/8/EC 的要求将低风险的生物杀灭产品在完成注册后投放市场的企业应当被允许在新法规实施后继续将其产品投放市场直到该产品的注册有效期失效。

（70）考虑到有一些产品之前并没有被生物杀灭产品的联盟法规所覆盖，所以应当为这些产品提供一个过渡期，如处理物品。

（71）本法规应当考虑到其他关于物质和产品的审查和授权的工作项目，或其他国际公约。特别是它应当满足 2006 年 2 月 6 日迪拜的《国际化学品管理战略的方针》内的要求。

（72）为了补充或修正本法规，欧盟功能条约中第 290 章规定的行动应当被赋予委员会来执行。在准备工作中，开展实施适当的专家咨询会对于委员会来说非常重要。当设计草案时，委员会应当确保将文件及时传递于欧洲议会和理事会。

（73）委员会应当立即采取适当措施，当有关于附件 I 中活性物质的限制条款变更或附件 I 中活性物质删除的紧急申请发生时。

（74）为了确保本法规有着统一的实施条件，法规实施的权力应当被赋予委员会。权力授予应当遵循法规（EU）No 182/2011 中给出的关于成员国对于委员会法规实施权力的控制机制的基本原则和规范。

（75）委员会应当立即采取适当措施，当关于活性物质批准或批准取消的申请发生时。

（76）本法规的目标是促进欧盟内部生物杀灭产品市场的功能的提升，同时确保对人类和动物健康、环境的高度保护，但这一目标由于成员国的规模和能力，不能有效地达成，所以，根据欧盟公约第五章的辅助性原则，本法规有必要通过欧盟层面采取适当措施。另外，根据第五章的均衡原则，本法规不能有超出达成设计目标外其他的行为。

采用了本法规：

第 1 篇　适用范围和定义

第 1 章　目的和目标

1. 本法规的目的在于通过和谐统一的规则规范生物杀灭产品的使用与投放市场，以此来改善欧盟内部市场的运作机能，同时确保对人类、动物健康以及环境的高度保护。同样以此为目的的预防原则正是 BPR 各条款的基石。对于易受伤害的弱势群体的保护也应当受到更多的重视。

2. 本法规为以下内容制定规则：

(a) 在欧盟层面，建立允许在生物杀灭产品中使用的活性物质的清单

(b) 生物杀灭产品的授权

(c) 在欧盟内，产品授权的多国互认

(d) 在一个或多个成员国或整个欧盟，生物杀灭产品的使用和投放市场

(e) 处理物品投放市场

第 2 章　适用范围

1. 本法规适用于生物杀灭产品和处理物品。本法规覆盖的生物杀灭产品类型和对他们的描述将在附件 V 中列出。

2. 为不与欧盟其他法规冲突，本法规不适用于以下法规管控范围内的生物杀灭产品及处理物品：

(a) 指令 90/167/EEC 含药饲料的制备，投放市场及使用指令

(b) 指令 90/385/EEC 体外诊断医疗器械指令

　　指令 93/42/EEC 医疗器械指令

　　指令 98/79/EC 体外诊断医疗器械指令

(c) 指令 2001/82/EC 兽药产品指令

指令 2001/83/EC 人用医药产品指令

法规（EC）No 726/2004 欧洲药品局的建立及供人类兽类使用药品的授权与监管法

（d）法规（EC）No 1831/2003 饲料添加剂法

（e）法规（EC）No 852/2004 食品卫生法

法规（EC）No 853/2004 原始饲料卫生法

（f）法规（EC）No 1333/2008 食品添加剂法

（g）法规（EC）No 1334/2008 食品调味剂法

（h）法规（EC）No 767/2009 饲料的使用及投放市场法

（i）法规（EC）No 767/2009 植保产品投放市场法

（j）法规（EC）No 1223/2009 化妆品产品法

（k）指令 2009/48/EC 玩具安全法

当一个生物杀灭产品在上述法规或指令的管控范围内，但其使用目的却不在上述法规或指令的内，那么 BPR 将适用。

3. BPR 不得与以下法规或指令冲突：

（a）指令 67/548/EEC 危险物质的分类，包装和标签指令

（b）指令 89/391/EEC 工人工作安全健康促进办法指令

（c）指令 98/24/EC 对工人来自工作中化学品风险的健康安全保护指令

（d）指令 98/83/EC 人类饮用水质量指令

（e）指令 1999/45/EC 危险配制品的分类，包装和标签指令

（f）指令 2000/54/EC 对工人来自工作中暴露于生物制剂的风险的保护指令

（g）指令 2000/60/EC 水政策框架指令

（h）指令 2004/37/EC 对工人来自工作中暴露于致癌致突变的风险的保护指令

（i）法规（EC）850/2004 POPs

（j）法规（EC）1907/2006 REACH

（k）指令 2006/114/EC 误导性及对比性的广告指令

（l）法规（EC）No 689/2008 危险化学品的进出口法

（m）法规（EC）No 1272/2008 物质及混合物的分类，标签和包装法

（n）指令 2009/128/EC 杀虫剂可持续使用框架指令

（o）法规（EC）No 1005/2009 破坏臭氧层物质法

（p）指令 2010/63/EU 用于科学目的的动物的保护指令

（q）指令 2010/75/EU 工业排放指令

4. 生物杀灭产品的分类，包装及标签要求不得应用于产品通过铁路、公路、水路、海陆和空运等手段的运输。

5. 本法规不得施用于：

（a）用作趋避剂或引诱剂的食品与饲料；

（b）用作加工助剂的生物杀灭产品。

6. 对于 BWM（船只压载水和沉积物管理控制国际公约）最终认可的生物杀灭产品可被视为已经获得了联盟授权，并需要进行相应的通报、记录和报告。

7. 本法规不得对成员国使用生物杀灭产品进行公共饮用水供给造成限制或禁止。

8. 成员国可以根据国防的需求，允许特殊种类的生物杀灭产品及处理物品在本法规下豁免。

9. 活性物质和生物杀灭产品的废弃处置应当按照联盟或成员国的废弃物法执行。

第 3 章　术语定义

1. 为了本法规的目的，下列定义应当被应用：

（a）生物杀灭产品

1）生物杀灭产品是任何物质或混合物，以包含或可生成一种或多种活性物质的形式供应给使用者，目的是以除物理或机械外的方式破坏、阻止、使无害化、预防、控制任何有害生物体。

2）生物杀灭产品是任何物质或混合物，由非上述 1）中的物质或混合物生成，但目的也是以除物理或机械外的方式破坏、阻止、使无害化、预防、控制任何有害生物体。当处理物品的生物杀灭功能为其首要功能时，该产品应当视为生物杀灭产品。

（b）微生物

任何由细胞或非细胞构成，有能力繁殖或传递遗传物质的微观生物体，包括低等真菌、病毒、细菌、酵母、霉菌、藻类、原生动物和微小寄生虫。

(c) 活性物质

对有害生物体起对抗作用的物质或微生物。

(d) 现存活性物质

在2000年5月14日之前就已经作为生物杀灭产品的活性物质，且该生物杀灭产品的目的为非科学或过程导向的研究与开发。

(e) 新活性物质

在2000年5月14日之前没有被作为生物杀灭产品的活性物质，该生物杀灭产品的目的为非科学或过程导向的研究与开发。

(f) 关注物质

除活性物质以外，任何以其固有能力可立即或在更远的将来对人类，特别是弱势群体、动物或环境的造成负面影响的物质，并且在生物杀灭产品中存在或生成，且足以呈现出风险。

除非有其他的关注理由，否则关注物质应该是：

1) 指令67/548/EEC下被分类为危险的物质，且在生物杀灭产品中的浓度足以使其满足指令1999/45/EC对“危险”的认定。

2) 法规（EC）No 1272/2008下被分类为有害的物质，且在生物杀灭产品中的浓度足以使其满足该法规对“有害”的认定。

3) 符合法规（EC）No 850/2004下对持久性有机污染物定义标准的物质，或者符合法规（EC）No 1907/2006附件III对PBT，vPvB的定义标准的物质。

(g) 有害生物体

包括病原体在内，对人类、人类活动或人类使用制造的产品及动物、环境有害的生物体。

(h) 残留物

因为生物杀灭产品的使用，才出现在植物或动物产品、水源、饮用水、食品、饲料或环境中的物质，包括该物质的代谢物、分解或反应产物。

(i) 市场流通

在商业活动过程中，任何生物杀灭产品或处理物品在商业活动中的配送及使用，无论其是否收取费用。

(j) 投放市场

首次使一个生物杀灭产品或处理物品在市场流通。

(k) 使用

用生物杀灭产品进行的所有操作，包括存储、处理、混合和应用，除以出口生物杀灭产品或处理物品到欧盟境外为目的的上述操作外。

(l) 处理物品

被一种或多种生物杀灭产品处理过，或有意含有一种或多种生物杀灭产品的任何物质、混合物或物品。

(m) 国家授权

欧盟成员国的主管当局授权一个生物杀灭产品（族）在整个国内或部分地区市场流通和使用的行政行为。

(n) 联盟授权

欧盟委员会授权一个生物杀灭产品（族）在整个欧盟境内或其部分成员国内市场流通和使用的行政行为。

(o) 授权

国家授权，联盟授权，简化授权。

(p) 授权持有者

在欧盟境内，授权中指出需对生物杀灭产品在特定成员国或整个欧盟投放市场负责的人。

(q) 产品类别

生物杀灭产品的种类。

(r) 单个生物杀灭产品

组成中活性物质或非活性物质的百分比没有有意变化的生物杀灭产品。

(s) 生物杀灭产品族

一组拥有相同用途的生物杀灭产品，其活性物质有相同的规格，但组成成分会呈现出既定的变化，该变化不会影响到产品的风险与效力。

(t) 授权信 LoA

被数据持有者或其代表签署的原始文件，声明了该数据可被主管当局、ECHA 或欧盟委员会，用于使得第三方在本法规方面获利的行为。

(u) 食品与饲料

参照法规（EC）No178/2002 中定义的食品与饲料。

（v）加工助剂

参照法规（EC）No 1333/2008 或法规（EC）No 1831/2003 中定义的加工助剂。

（w）技术性等同

化学组成及有害属性的相同，且要么仅与参照物质的来源不同，要么来源相同仅仅制造过程或制造地点发生了改变。

（x）ECHA

欧洲化学品管理署。

（y）广告

通过印刷、电子或其他媒体促进生物杀灭产品销售或使用的行为。

（z）纳米材料

天然或人造包含微粒的活性物质或非活性物质、游离、聚集或凝聚态，50％以上的微粒在一个或多个三维尺寸在 1～100nm 之间。

富勒烯，石墨烯片，单壁的碳纳米管，如果在一个或多个三维尺寸上低于 1nm，则应被视为纳米材料。

微粒——有清晰物理边界的小件物质。

凝聚——弱联合力的粒子集合或最终外表面区域类似单独个体的聚集体。

聚集——包含强力联合的或熔合的微粒的粒子。

（aa）行政变更

对现存的授权做出的纯行政性质的变更，即对除生物杀灭产品（族）的性质及效力的以外其他的变更。

（bb）小变更

对现存的授权做出的非纯行政性质的变更，且仅需要进行有限的针对生物杀灭产品（族）性质和效力的重新评估。

（cc）大变更

对现存的授权做出既非行政变更也非小变更的变更。

（dd）易受伤害的群体

当评估生物杀灭产品的急性及慢性影响时，需要特殊考虑的人群。包括孕妇、哺乳期妇女、胎儿、婴儿、儿童、老年人，及长时间高度暴露于生物杀灭产品的工人和居民。

(ee) 小中型企业 SME

即委员会建议指令 2003/361/EC 定义的微型，小型，中型企业。

2. 法规（EC）No 1906/2007 中定义的“物质”、“混合物”、“物品”、“产品及过程导向的研究与开发”，“科学研究与开发”在本法规中同样适用。

3. 欧盟委员会会实施相关行为来帮助判断确定纳米材料及生物杀灭产品或处理物品且有权力修改关于纳米材料的定义。

第 2 篇　活性物质的批准

第 4 章　批准条件

1. 一般情况下，活性物质首次被批准的时间期限不得超过 10 年，如果该活性物质符合排除标准，那么这个期限不得超过 5 年。

2. 活性物质的批准必须限制于那些已经提交了数据的产品类别。

3. 批准应当说明以下条件：

(a) 活性物质的最小纯度

(b) 杂质的一般浓度和最大浓度

(c) 产品类别

(d) 使用区域和使用方法（如果相关，还要说明在处理物品时的使用方法）

(e) 设计使用者类别

(f) 化学成分特性描述，包括同分异构体

(g) 其他基于活性物质信息评估的特别条件

(h) 活性物质的批准给予时间与批准失效时间

4. 除非明确地指出，否则活性物质的批准不包括其纳米形态。

第 5 章　排除标准

1. 以下活性物质不得被批准：

(a) 被 CLP 法规分类为致癌 1A 或 1B 的物质。

(b) 被 CLP 法规分类为致突变 1A 或 1B 的物质。

（c）被 CLP 法规分类为生殖毒性 1A 或 1B 的物质。

（d）被 REACH 法规第 57、59 章确认为有内分泌干扰性能的物质。

（e）被 REACH 法规附件 XIII 确认为 PBT 或者 vPvB 的物质。

2. 如果活性物质在上述不被批准的范围内，当它符合至少一条下列条件时，则可以获得批准：

（a）在实际最坏的使用条件下，人类、动物及环境暴露在生物杀灭产品的活性物质下的风险可以忽略，特别是该产品是使用在一个封闭的系统中，或在其他能避免与人类接触或排入环境中的条件下。

（b）有证据显示，该活性物质是预防和控制对人类健康、动物健康及环境严重危害的必需品。

（c）对比对人类健康、动物健康及环境的风险，活性物质的使用没有被证明对社会有着不成比例的负面影响。

当决定是否批准一个活性物质时，合适的可替代活性物质与技术是否可得，应该成为一个关键考虑要素。

使用含有根据本节原则批准的活性物质的生物杀灭产品时应当施用适当的风险缓和措施来确保最小化人类，动物及环境在那些活性物质前的暴露。使用含有关注物质的生物杀灭产品应当在成员国中符合至少一条本节中的条件。

3. 委员会应当根据内分泌干扰性能的科学标准在 2013 年 12 月 13 日之前采取一定措施。

在这些科学标准的采纳期间，CLP 法规下的致癌 2 类和生殖毒性 2 类的物质应当被视为有内分泌干扰性能。

CLP 法规下的生殖毒性 2 类和对内分泌器官有毒性影响的物质，应当被视为有内分泌干扰性能。

第 6 章　数据要求

1. 活性物质的批准申请，应当至少包含下列信息：

（a）活性物质满足本法规附件 Ⅱ 数据要求的卷宗。

（b）包含该活性物质的至少一个代表生物杀灭产品满足本法规附件 Ⅲ 数据要求的卷宗。

（c）如果活性物质满足至少一条排除条款，那么支持其可以获得批准的证据。

2. 如果有下列条件满足时，申请人则不需要提供完整的上述要求：

（a）考虑到使用的暴露场景，数据非必需。

（b）科学上，数据非必需。

（c）技术上，获取数据不可行。

然而，如果评估主管当局要求，为判断活性物质是否符合排除标准或候选替换物质标准，则申请者需要提供完整的数据信息。

3. 申请者可以根据本法规附件Ⅳ，提议修改本节提出的数据要求。申请应当依据附件Ⅳ清晰地陈述对数据要求的调整。

4. 委员会有权采纳授权行为来指出哪些是构成修改数据要求的充分理由。

第7章　申请的提交与生效

1. 申请者应当向ECHA提交活性物质的批准申请或活性物质批准条件的后续修改申请，并告知ECHA后期进行申请评估的成员国主管当局的名称，以及该主管当局的书面同意书。该主管当局即为评估主管当局。

2. ECHA应向申请者告知所需费用，并有权拒绝该申请，如果申请者在30天内未缴费，则ECHA也需向申请者和评估主管当局进行通报。

在接收到申请者的费用后，ECHA应当接受该申请，并通知申请者和评估主管当局，表明申请接受日期和其唯一的标识码。

3. 在ECHA接受申请的30天内，如果数据卷宗满足要求，且对数据要求的修改理由也已经提交，那么评估主管当局应当使该申请生效。

在该生效的内容中，评估主管当局不应当对数据和修改理由的质量和充分性进行评估。评估主管当局应当，在ECHA接受申请后尽快通知申请者所需费用，并有权拒绝该申请，如果申请者在30天内未缴费，则该评估主管当局也需向申请者进行通报。

4. 当评估主管当局认为申请是不完整的，其应当通知申请者，为该申请的生效，哪些附加信息是必需的，且应当设立一个合理的提交补充信息的期限。通常情况下，该时间不超过90天。

评估主管当局应在收到附加信息30天内，且该附加信息充分符合了要求的情况下使其生效。如果申请者在期限内未提交被要求的附加信息，那么评估主管当局需要拒绝该申请，并向申请者和 ECHA 通报。如果这样，已缴费用应当被归还。

5. 评审主管当局在使申请生效方面，不得在告知申请者，ECHA 和其他相关主管当局申请生效日期上有延迟。

6. 本节可以被申诉。

第 8 章　申请的评估

1. 评估主管当局应当在申请生效 365 天内，根据批准条件和排除标准来评估，并将评估报告及评估结论发送至 ECHA。

在发送评估结论至 ECHA 之前，评估主管当局应在 30 天内给予申请者提供关于评估报告和评估结论书面意见的机会。评估主管当局在最终的评估结果中应充分考虑这些书面意见。

2. 当进行评估时需要附加信息，评估主管当局应当向申请者要求在一定期限内提交相关信息，并对 ECHA 进行通报。评估主管当局应当要求申请者提供充分的数据来支持判断活性物质是否满足被批准的条件。第一段中提到的 365 天的时间应当在提出本段中信息需求的那天起暂停。该暂停总的时间不得超过 180 天，除非因为被要求的数据的本性或特殊情况。

3. 当评估主管当局考虑到有关人类健康、动物健康及环境会受到含有相同或不同活性物质的生物杀灭产品的使用带来蓄积作用的影响时，该主管当局应当记录这种影响。

4. 在接收到主管当局的评估结论后 270 天内，ECHA 在参考评估主管当局的结论的情况下，应当准备并提交给欧盟委员会一份关于活性物质批准的建议。

第 9 章　活性物质的批准

1. 委员会应当在接收到 ECHA 的建议后：

(a) 如果该物质被批准，则需采纳一部包括该活性物质被批准日期和批准失效日期的实施法规。

(b) 如果该物质不符合活性物质批准的条件，或者也没有满足排除标准的豁免，或者需要的信息和数据没有在预期的时间内提交，则申请者需接受活性物质被拒绝的决议。这些实施行为应当根据委员会的检查程序来进行。

2. 被批准的活性物质应当被包括进一个联盟被批准活性物质清单中。委员会应当保持该清单的时效性及电子途径公众可得性。

第10章　候选替换的活性物质

1. 满足以下条件的活性物质应当被认为是候选替换活性物质：

(a) 满足至少一条排除标准，但由于排除标准豁免条款的缘故获得了批准的活性物质。

(b) 被CLP分类为呼吸敏感。

(c) 它的每日摄取允许量，急性参考剂量或者可接受的操作者暴露水平，显著低于那些其他被批准的相同产品类别和使用场景的活性物质。

(d) 满足2条REACH法规附件XIII对PBT分类要求的物质。

(e) 通常情况下有合理的关于该物质对自然界危急影响的顾虑，且即使考虑到使用方法和用量仍然会带来此类顾虑的，比如，在高度限制风险管理方法下仍然对地下水的高度风险的物质。

(f) 含有显著比例的非活性异构体或杂质。

2. 当准备一个活性物质的批准建议及续期建议时，ECHA应该检查该活性物质和是否符合上段中的任何一条，并记录在该意见中。

3. 在向委员会提交关于活性物质的批准建议或续期建议时，ECHA应当向公众公布关于潜在替补候选物质的信息，且公布时间不超过60天，其中，有兴趣的第三方组织可以提交关于替换物质的附加信息。ECHA应当在其做出最终建议的时候充分考虑这类信息。

4. 候选替换物质的批准时间和续期时间不应超过7年。

5. 候选替换物质的批准应该在其被批准的法规中表明候选替换身份。

第11章　技术指南

委员会应该起草技术性指南文件，特别是关于本篇中第5章（2）和第10章（1），用以促进本篇法规的实施。

第 3 篇　活性物质批准的续期与复审

第 12 章　续期的条件

1. 如果活性物质在批准失效时仍然满足批准条件和排除豁免条款，那么委员会应当为其批准续期。

2. 随着科学和技术的进步，委员会应当适当调整批准的条件内容。

3. 活性物质的续期 15 年有效，除非在复审该时发现在其批准实施法规中有特别声明。

第 13 章　申请的提交与接受

1. 申请者需要在批准失效前 550 天向 ECHA 提交活性物质一种或几种产品类别批准的续期申请。当不同的产品类别有不同的有效时间时，申请应当在最早批准失效日期前 550 天提交。

2. 申请活性物质批准的续期时，申请者需要提交：

(a) 从该活性物质首次被批准或先前的续期开始，其产品申请授权时所有相关数据。

(b) 该活性物质初始或先前评估依然有效的评估或任何支持文件。

3. 申请者也应当提交他提议的成员国主管当局的名称，以及该主管当局的书面同意书，该主管当局就是评估主管当局。

ECHA 应当通知申请者缴费，并拒绝未在 30 天内缴费的申请。如此，则 ECHA 也需向申请者和评估主管当局进行通报。

4. 本节可以被申诉。

第 14 章　续期申请的评估

1. 基于对可得信息的评估与最初批准评估结论的重审，评估主管当局应当根据当前的科学知识，考虑续期需求的全部产品类别，在 ECHA 接受申请 90 天内决定是否需要进行申请续期的全评估。

2. 当评估主管当局决定需要进行申请的全评估时，则评估的流程将按照活性物质评审的原始程序实施。

当评估主管当局认为不需要进行全评估时，其应当在 ECHA 接受申请 180 天内，准备并向 ECHA 提交关于活性物质批准续期的建议。如此，则需向申请者也提供复印件。评估主管当局应当尽快在 ECHA 接受申请之后，通知申请者费用，并拒绝未在 30 天内缴费的申请，如此，需要通知申请者。

3. 在接受评估主管当局的建议 270 天内（实施全评估），或者 90 天（不实施全评估），ECHA 需要准备并向委员会提交活性物质批准续期的建议。

4. 委员会需要在接收到 ECHA 建议后，采取以下行为：

(a) 执行该活性物质被批准的法规，该法规中需提供活性物质被续期的一种或多种产品类别和条件。

(b) 执行该活性物质被拒绝续期的决议。

这些执行行为应当按照委员会的检查程序进行。

5. 当原因超出申请者的控制时，活性物质的批准在续期的决议出来之前就将要到期的，委员会应该将该物质的原有效时间推迟，并使其能完成批准续期的申请。该行为应当按照委员会的建议程序进行。

6. 当委员会决定不给予续期或修正活性物质一种或多种产品类的批准时，成员国（在联盟授权的情况下）或者委员会应当取消或修正已经由此批准获得了的生物杀灭产品的授权。

第 15 章　活性物质批准的复审

1. 委员会一旦发现被批准的活性物质不符合批准条件或排除标准的豁免条款时，就应当对该活性物质的批准进行复审。如果该成员国发现在生物杀灭产品中或处理物品中使用的活性物质会对环境的安全性带来显著的危害。委员会也可根据成员国的要求对活性物质进行复审，委员会应当公布复审的相关信息，并提供给申请人提交意见的机会。委员会应当在其复审中充分考虑这些意见。

当上述信息得到确认后，委员会应当发布修正活性物质批准条款或者取消该批准的法规。该执行行为应当按照委员会检查程序来进行，并相应地通知最初的申请者。紧急情况下，委员会应当立即采取上述措施。

2. 委员会可以就有关活性物质批准复审的科学和技术问题咨询 ECHA。ECHA 应当在收到请求 270 天内，准备并提交回复给委员会。

3. 当委员会决定取消或修正一个活性物质的批准时，成员国（在联盟授权的情况下）或者委员会应当取消或修正已经由此批准获得了的生物杀灭产品的授权。

第 16 章　实施方法

委员会应当公布以上三篇细节的执行方案

第 4 篇　生物杀灭产品授权的一般规则

第 17 章　生物杀灭产品的使用与投放市场

1. 除非获得了 BPR 授权，否则生物杀灭产品不得流通于市场或被使用。

2. 授权的申请应当由预期授权持有者提交。

成员国的国家授权申请，应当被提交给该国的主管当局（接收主管当局）。

联盟授权的申请，应当被提交给 ECHA。

3. 授权应被赋予单个生物杀灭产品或一个生物杀灭产品族。

4. 授权的有效期不得超过 10 年。

5. 生物杀灭产品应当按照授权规定的条件来使用，且需要按照本法规规定的要求进行标签与包装。

适当的使用条件包括物理、生物、化学或其他方法的合理组合，且应当遵循“最小必需”和“适当预防”的原则。

成员国应该采取适当的措施为公众提供关于生物杀灭产品使用益处和误用风险的相关信息。

6. 授权持有者应当通报每个主管当局其获得一个生物杀灭产品族中任意一个产品的授权，且不得晚于将其投放市场前 30 天，除非特别其授权中特别声明，或该产品族中仅颜料、香味、染料在允许的范围内变化。该通报应当显示准确的成分、交易名、授权号的后缀。在联盟授权中，授权持有者应当通报 ECHA 和委员会。

7. 委员会应当明确相同或不同企业在相同条件下的相同产品的授权过程。该行为需要根据委员会的检查程序进行。

第 18 章　生物杀灭产品可持续利用的措施

到 2015 年 6 月 18 日，委员会应当依据本法规实施的经验，提交给欧洲议会和理事会一份关于本法规对生物杀灭产品可持续使用的贡献报告，其中应包括采取额外措施去减少生物杀灭产品带来的人类健康，动物健康和环境的风险的必要性，特别是对于专业使用者来说。该报告应当检查：

（a）最小化生物杀灭产品使用的最佳实践方法的提升。

（b）最佳的生物杀灭产品使用监管方式。

（c）与生物杀灭产品使用相关的病虫害综合治理方针的开发和应用。

（d）生物杀灭产品在特殊区域如学校、工作场所、幼儿园、公共区域、敬老院或地表水及地下水周边使用带来的风险，以及为了解决这些风险是否需要采取其他额外措施。

基于那份报告，委员会应当根据普通立法程序提交一份采纳建议。

第 19 章　给予授权的条件

1. 除了符合简化授权的生物杀灭产品外，所有生物杀灭产品应当在下列条件都满足的情况下，才能获得授权：

（a）活性物质被批准，且被批准的产品类别或条件都满足。

（b）当产品被作为授权产品使用时满足以下标准：

（i）该生物杀灭产品充分有效。

（ii）该生物杀灭产品没有对目标生物体有不可接受的作用，特别是对脊椎动物来说没有不可接受的抗性或交互抗性，或者不必须的痛苦和疼痛。

（iii）该生物杀灭产品自身没有立刻的或延迟的不可接受的影响，或者其残留物对人类健康，包括弱势群体、动物、直接或通过饮用水、食物、饲料、空气或通过其他非直接的方法没有不可接受的影响。

（iv）该生物杀灭产品自身没有不可接受的作用，或者其残留物对环境，有下列特别考虑因素：

■该生物杀灭产品在环境中的结局和分布。

■地表水包括海水和入海口、地下水、饮用水、空气、土壤的污染，包括经过大范围环境流动在远距离地的污染。

■生物杀灭产品对非目标生物体的影响。

■生物杀灭产品对生物多样性及生态系统的影响。

（c）生物杀灭产品中活性物质的身份、数量和技术等同性及有显著毒理性质及生态毒理性质的相关杂质和非活性物质，及由使用导致的残留物，以上根据本法规附件Ⅱ和附件Ⅲ的要求来决定。

（d）生物杀灭产品的理化性质被认为是适合产品使用和运输的。

（e）依照以下法规建立了生物杀灭产品中的活性物质残留物在食品和饲料中的最大残留限：

■法规（EEC）No 315/93 食品污染物法。

■法规（EEC）No 1935/2004 食品接触材料法。

■法规（EEC）No 396/2005 食品饲料杀虫剂最大残留限法。

■法规（EEC）No 470/2009 食品中活性物质残留的药理极限。

■指令 2002/32/EC 饲料中不期望物质指令。

（f）产品中使用纳米材料的，对人类健康、动物健康和环境的风险已经被独立评估。

2. 对生物杀灭产品是否符合上述（b）的判断应考虑以下因素：

（a）生物杀灭产品现实被使用最差的条件。

（b）处理物品被生物杀灭产品处理或包含生物杀灭产品的方法途径。

（c）生物杀灭产品的使用结果与弃置。

（d）蓄积作用。

（e）协同作用。

3. 生物杀灭产品应当只针对提交了相关信息的用途进行授权。

4. 当满足以下条件时，生物杀灭产品不应当被授权投放市场：

（a）满足指令 1999/45/EC 的条件被分类为：

■有毒或极毒的。

■致癌 1 类或 2 类。

■致突变 1 类或 2 类。

■生殖毒性 1 类或 2 类。

（b）满足法规（EC）No 1272/2008 的条件被分类为：

■急性口服毒性 1 类或 2 类或 3 类。

■急性皮肤毒性1类或2类或3类。

■急性呼吸毒性（气体和微粒）1类或2类或3类。

■急性呼吸毒性（蒸汽）1类或2类。

■致癌1A类或1B类。

■致突变1A类或1B类。

■生殖毒性1A类或1B类。

（c）满足法规（EC）No 1907/2006附件13的条件被分类为PBT或vPvB类的物质。

（d）有内分泌干扰的特性。

（e）有发展性的神经毒性或免疫毒性。

5. 当生物杀灭产品没有完全符合第一段（b）中第3条和第4条的条件时，其也是可以获得授权的。另外如果即使一个生物杀灭产品完全符合上述条件，在某些情况下其依然能够获得授权，比如当不给予该生物杀灭产品的授权而造成的负面影响远远大于其在授权条件下的使用给人类健康、动物健康或环境带来的风险水平时。

依照本段原则获得授权的生物杀灭产品应当遵循适当风险消减的原则以确保人类和环境的暴露风险得以最小化。依照本段原则获得授权的生物杀灭产品还应当被成员国限制在上一小节中说明的条件内使用。

6. 如果考虑到生物杀灭产品族的情况，一种或多种活性物质的含量百分比的减少应当被允许，另外非活性成分含量百分比的变更和被其他特殊的低风险物质所替代也应当是被允许的。同一生物杀灭产品族中的生物杀灭产品的分类、有害性质和预防声明应当是相同的（包括专业用途的浓缩态或可以通过稀释的获得产品）。

只有当一个生物杀灭产品族中的所有生物杀灭产品都符合第一段中所述的条件，该生物杀灭产品族才能获得授权。

7. 如果适当的话，预期的授权持有者或其授权代表应当根据法规（EEC）No 315/93，法规（EC）No 1935/2004，法规（EC）No 396/2005，法规（EC）No 470/2009，指令2002/32/EC申请建立生物杀灭产品中活性物质的最大残留限度。

8. 对于法规（EC）No 470/2009第10章（1）（a）中提到的活性物质，

如果在其批准文档中没有任何最大残留限度或需要根据该法规第 9 章对其最大残留限度进行修改时，应当参考其第 10 章（1）（b）中的程序。

9. 如果一种生物杀灭产品是直接用于人类外部组织（表皮、头发、指甲、嘴唇和外生殖器），或者牙齿和口腔黏膜，那么它不应该含有任何在化妆品法规中排除的非活性物质。

第 20 章　授权申请的要求

1. 申请者需要提交以下文档：

（a）不满足第 25 章中条件的生物杀灭产品需要提交：

（i）生物杀灭产品满足附件 III 要求的卷宗或授权信。

（ii）生物杀灭产品性质摘要，包括第 22 章（2）中的（a），（b）和（e）～（q），如果适用的话。

（iii）生物杀灭产品中活性物质满足附件 II 要求的卷宗或授权信。

（b）申请者认为满足第 25 章中条件的生物杀灭产品需要提交：

（i）生物杀灭产品关于本节（a）（ii）的性质总结。

（ii）效力数据。

（iii）其他支持生物杀灭产品满足第 25 章中条件的相关证据。

2. 受理主管当局可以要求生物杀灭产品国家授权的申请以该国的一种或多种官方语言的形式提交。

3. 根据第 43 章提交的联盟授权，申请者应当以欧盟接受的评审主管当局的官方语言提交本章第 1 段（a）（ii）关于生物杀灭性质总结的文件。

第 21 章　数据要求的豁免

1. 作为对第 20 章的减损，申请者可以在下列情况发生时不需提供数据：

（a）由于设计使用和暴露的缘故，不需要提供数据。

（b）科学上不必需提供数据。

（c）技术上不可行。

2. 申请者可以根据附件Ⅳ提议调整第 20 章的数据要求。该提议应当按照附件Ⅳ的规则被清晰的公正。

3. 为了确保本章第 1 节（a）的实施，委员会应当根据第 83 章的内容采取适当措施来说明什么情况下的设计用途和暴露可以去申请数据调整。

第22章　授权内容

1. 授权应当规定关于生物杀灭产品或生物杀灭产品族投放市场和使用的条款和条件，包括生物杀灭产品性质的总结。

2. 在不与第66章和第67章冲突的条件下，对于单个生物杀灭产品性质的总结，或生物杀灭产品族中的某种生物杀灭产品，应当包括以下信息：

(a) 生物杀灭产品的贸易名。

(b) 授权持有者的名称和地址。

(c) 授权生效的日期和失效日期。

(d) 生物杀灭产品的授权号，如果是生物杀灭产品族，则应包括适用于该族中每一个生物杀灭产品的后缀号。

(e) 活性物质和非活性物质定性和定量的组成，生物杀灭产品适当使用的必备知识；对于生物杀灭产品族，定量组分应该给出每个活性物质或非活性物质的最大、最小百分含量，某些物质的最小含量可以为零。

(f) 生物杀灭产品的制造商（名称、地址、制造工厂地址）。

(g) 活性物质的制造商（名称、地址、制造工厂地址）。

(h) 生物杀灭产品的剂型。

(i) 危害和预防的声明。

(j) 产品类别和授权使用的精确描述。

(k) 目标有害物。

(l) 施用剂量和使用说明。

(m) 使用者类别。

(n) 直接或间接不良反应的细节，急救说明和包括环境的紧急措施。

(o) 产品的安全弃置和包装的说明。

(p) 仓储的条件及生物杀灭产品在普通仓储条件下的贮藏寿命。

(q) 其他生物杀灭产品的相关信息。

第23章　生物杀灭产品的比较评估

1. 受理主管当局或者评估主管当局应当对含有候选替换物质作为活性物

质的生物杀灭产品执行比较评估，并将其作为授权申请评估和授权重审评估的一部分。

2. 比较评估的结果应当立即提交其他成员国主管当局和 ECHA，如果是联盟授权的情况，则还应提交给委员会。

3. 受理主管当局或委员会（联盟授权的情况下）应当禁止或限制比较评估的结果满足以下标准的含有候选替换物质的生物杀灭产品的使用或投放市场：

(a) 市场上已有其他已授权的生物杀灭产品，或存在一种非化学方法控制或阻断有害生物体，且其呈现出对于人类健康、动物健康及环境更低的风险，并充分有效，且也没有其他的经济上的显著不利。

(b) 活性物质的化学多样性足以最小化有害基团对生物杀灭产品抗性的发生概率。

4. 作为对于第 1 段的减损，含有候选替换物质作为活性物质的生物杀灭产品可以被给予一个不超过 4 年的授权，且在需要先进行使用实践并获得经验后的情况下，可以不先进行比较评估。

5. 如果因为规模和结果的原因，比较评估包括的问题应当在欧盟层面被陈述，如它涉及到两个或多个主管当局，那么受理成员国应当将问题提交给委员会做决定。委员会应当通过实施第 82 章（3）中的检查程序要采纳最终的决议。

根据第 83 章，委员会应当被赋予权力来建立将比较评估的问题递交给欧盟层面的标准。

6. 给予含有候选替换物质作为活性物质的生物杀灭产品的授权有效期不得超过 5 年，且授权续期也不得超过 5 年。

7. 如果根据第 3 段决定不予某生物杀灭产品的授权或使用，那么该否决的取消或修证应该在否决条款生效后 4 年生效。然而，当替换候选物质作为活性物质的批准在一个比较早的日期失效，那么其授权的取消也应当在那个较早的日期生效。

第 24 章　技术指南文件

委员会应当起草用于促进本篇实施的指南文件，尤其针对第 22 章（2）

和第23章（3）。

第5篇　简化授权程序

第25章　简化授权的资格

对于一个合格的生物杀灭产品，其授权申请可以在一个简化的授权程序下被执行。如果一个生物杀灭产品满足下列条件，那么该产品就可以认为是有简化授权申请的资格：

（a）生物杀灭产品中包含的所有活性物质都出现在附件Ⅰ中且满足该附件的所有限制条件。

（b）生物杀灭产品不含任何关注物质。

（c）生物杀灭产品不含任何纳米材料。

（d）生物杀灭产品充分有效。

（e）生物杀灭产品的处理和设计使用时无需个人防护设备。

第26章　申请程序

1. 满足第25章要求的活性物质的授权申请者应当向ECHA提交授权申请，并告之其提议评估申请的成员国主管当局，还要提供该主管当局统一受理申请评估的书面证明。该主管当局应当作为评估主管当局。

2. 评估主管当局应当通知申请者第82章（2）下要缴纳的费用，并在申请者30天内未付款的情况下，拒绝申请并通知申请者。

在收到第82章（2）下要缴纳的费用后，评估主管当局应当接受申请并通知申请者，且说明接受日期。

3. 在接受申请90天内，评估主管当局在该生物杀灭产品满足第25章条件的情况下给予产品授权。

4. 如果评估主管当局认为申请不完整，那么它可以通知申请者还需要哪些附加信息，且应当设立一个提交信息的合理的时间限制。该时间限制不应超过90天。

评估主管当局应当在接受到附加信息90天内，给予符合条件的生物杀灭产品授权。

评估主管当局应当在申请者没有在截止日期之前提交附加信息的情况下拒绝申请，并通知申请者。如果这样，那么已经按照第 80 章（2）收取的费用应当被退回。

第 27 章　根据简化授权程序获得产品授权的生物杀灭产品的市场流通

1. 根据第 26 章获得授权的生物杀灭产品可以在所有成员国市场流通，而无需进行多国互认。然而，授权持有者应当在将产品投放目标市场前 30 天通知每一个相关成员国，且应当在产品标签上使用该国官方语言，除非该国有特殊声明。

2. 当非评估主管当局认为生物杀灭产品根据第 26 章获得的授权没有被通报或者标签没有符合第 25 章的要求，它可以根据第 35 章（1）将此事提交给协调小组。第 35 章（3）和第 36 章应当加上必要的变更。

当一个成员国有正当的原因认为根据第 26 章获得授权的生物杀灭产品不满足第 25 章中所列的标准，且按照第 35 章和第 36 章的决议还未出台，那么该成员国可以临时限制或禁止该生物杀灭产品在其领土市场上的流通或使用。

第 28 章　附件Ⅰ的修正

1. 为了将那些依据本章第二段的标准，没有关注风险的活性物质收录入附件Ⅰ，在收到 ECHA 的意见后，委员会有权利根据第 83 章对附件Ⅰ进行修正。

2. 当满足下列条件时，活性物质被认为是有关注风险的：

(a) 他们满足法规（EC）No 1272/2008 的分类标准：

■爆炸性的/高度易燃的。

■有机过氧化物。

■剧烈毒性类别 1，2 或 3。

■腐蚀性类别 1A，1B 或 1C。

■引起呼吸敏感的。

■引起皮肤敏感的。

■引起生殖细胞突变类别 1 或 2。

■致癌物质类别 1 或 2。

■人类生殖毒性类别 1 或 2 或影响作用于或通过哺乳期。

■通过单次或重复暴露有特殊标靶生物毒性的。

■严重的水生生物毒性类别 1。

（b）满足任何第 10 章的替换标准。

（c）有神经毒性或免疫毒性。

即使活性物质不满足上述任何标准，但当其可能引起的风险关注等同于上述标准时，也可以被认为是有关注风险的。

3. 为了限制或禁止那些在某种环境下不满足第 25 章第 1 段中条件的生物杀灭产品中的活性物质被录入附件Ⅰ，委员会有权利对根据第 83 章，在收到 ECHA 的意见后，采取适当的措施修正附件Ⅰ。当紧急情况发生时，第 84 章提供的程序可以为了本段的目的而实施。

4. 委员会根据上述段落中证据可自发地也可在相关企业，成员国的要求下实施第 1 段或第 3 段。

无论何时，在委员会修正附件Ⅰ的过程中，其必须就每一个物质采取单独的行为措施。

5. 委员会还可以对关于附件Ⅰ修正的程序内容进行特殊的解释。这些解释应当根据第 82 章（3）的检查程序被采纳。

第 6 篇　生物杀灭产品的国家授权

第 29 章　授权的提交和生效

1. 意于申请第 17 章中国家授权的申请者应当向受理主管当局提交申请。受理主管当局应当根据第 80 章（2）通知申请者应缴费用，如果申请者在 30 天内未成功缴费，受理主管当局有权拒绝申请，并通知申请者。一旦收到第 80 章（2）中的相关款项，受理主管当局应当接受申请并通知申请者，告之申请被接受的日期。

2. 在接受申请 30 天内，受理主管当局应当在申请满足下列条件时使之生效：

（a）第 20 章中的相关信息被提交。

（b）申请者申明没有向其他主管当局提交相同生物杀灭产品相同用途的国家授权申请。在第一段的生效文件中，受理主管当局不应当对数据或证据的质量和完整性做任何评估。

3. 当受理主管当局认为申请是不完整时，其应该通知申请者应当补充哪些信息以使申请生效，且应设定一个合理的提交附加信息的时间限制。该时间限制不应超过 90 天。

如果附加信息满足第 2 段中所列的要求，受理主管当局应当在接收到附加信息后 30 天内使申请生效。

4. 第 71 章中提到的 R4BP 中显示的主管当局（并非受理主管当局）会检查评估关于相同生物杀灭产品或已授权的相同生物杀灭产品的申请，受理主管当局有权拒绝评估申请。如果这样，受理主管当局应当通知申请者根据第 33 章或第 34 章寻求多国互认的可能性。

5. 如果第 3 段没有实施，且受理主管当局应当认为申请时完整的，那么它应当使申请生效并立即通知申请者，告之申请生效的时间。

第 30 章　申请的评估

1. 受理主管当局应当在申请生效后 365 天内决定是否根据第 19 章给予生物杀灭产品授权。如果适用，其应当参考第 23 章中比较评估的结果。

2. 当需要附加信息进行产品评估时，受理主管当局应当向申请者要求，在一定的时间限制内提交所需信息。第 1 段中所说的 365 天的周期应当从附加信息追加开始的时间暂停，直到收到追加的信息为止。暂停总时间不应超过 180 天除非有因为数据本身的自然属性或其他例外情况。

受理主管当局在申请者未能在规定的期限内提交所需信息的情况下有权拒绝其申请，且应当通知申请者。

3. 第 1 段中所提到的 365 天的周期，受理主管当局应当：

（a）起草一份报告，总结其评估和授权生物杀灭产品的理由或者拒绝授权生物杀灭产品的理由（即评估报告）。

（b）向申请者发送这份评估报告草案的电子拷贝文档，并提供申请者在 30 天内提交相关评论的机会。

（c）在最终评估时充分考虑那些评论。

第 31 章　国家授权的续期

1. 意于为一个或多种产品类别的生物杀灭产品申请授权续期的授权持有者应当在授权失效前 550 天，向受理主管当局提交续期申请。当申请者是为多于一种产品类别的产品申请续期时，其应该在其中最早的一个失效日期前 550 天提出申请。

2. 如果某产品依然满足第 19 章所述的条件，那么受理主管当局应当为其国家授权进行续期。如果适用，还应考虑第 23 章中提及的比较评估的结果。

3. 在申请续期时，申请者应当提交：

(a) 在不违背第 21 章（1）的情况下，首次申请时（或上一次续期时）生成的第 20 章要求的所有相关数据。

(b) 关于生物杀灭产品最初或先前评估是否仍然有效的评估和任何其他支持信息。

4. 受理主管当局应当通知第 80 章（2）中申请应缴的费用，并在申请者未在 30 天内完成缴费的情况下拒绝申请，告之申请者。

在收到申请者缴纳的第 80 章（2）中款项后，受理主管当局应当接受申请并通知申请者，告之生效时间。

5. 给予对可得信息的评估和对授权申请最初评估的结论的重审，受理主管当局应当在 90 天内根据第 4 段接受申请，并根据当前科学知识和所关联的所有产品类别，决定是否对续期申请进行完整评估。

6. 当受理主管当局决定需要进行对申请的完整评估时，它应当根据第 30 章第 1，2，3 段的内容在实施对申请的评估后决定是否给予授权续期。

当受理主管当局认为没有必要进行完整评估时，它应当根据本章第 4 段的内容在 180 天内决定是否给予授权续期。

7. 因为国家授权持有者控制能力以外的原因，在授权失效前没能产生任何关于授权续期的决议，那么受理主管当局应当需要给予其一定的过渡时间以完成评估。

第 7 篇　多国互认的程序

第 32 章　授权的多国互认

1. 国家授权多国互认的申请应当遵循第 33 章（跟随互认）或第 34 章（平行互认）中给出的程序进行。

2. 所有收到生物杀灭产品国家授权多国互认申请的成员国应当根据本篇列出的程序，在相同条款和条件下给予生物杀灭产品授权。

第 33 章　跟随互认

1. 对于申请跟随互认的申请者来说，他的生物杀灭产品在其他一个或多个成员国已经根据第 17 章的内容获得了授权，那么其应当向所有相关成员国的主管当局提交申请，并提交相应国家官方语言版本的原始国家授权信的翻译件。

相关成员国主管当局应当通知申请者关于第 80 章所列的相关费用，并且可以在 30 天内未收到相应款项的情况下拒绝申请，并通知申请者和其他成员国主管当局。一旦收到申请者关于第 80 章所列的相关费用，相关成员国主管当局应当接受申请并通知申请者接受日期。

2. 在接受申请 30 天内，相关成员国应当使申请生效，并通知申请者，告之申请生效的日期。

在申请生效 90 天内，根据第 35 章、36 章和 37 章的内容，相关成员国应当就第 22 章（2）对生物杀灭产品特性的摘要达成一致并接受，并在 R4BP 中记录。

3. 在达成一致意见后 30 天内，相关的每一个成员国应当根据生物杀灭产品特性摘要的一致意见给予产品授权。

4. 如果在 90 天内，相关成员国之间没有达成第 2 段中所谓的一致意见，那么仅接受生物杀灭产品特性摘要的成员国可以赋予产品授权。

第 34 章　平行多国互认

1. 对于申请平行互认的申请者来说，他的生物杀灭产品还未获得第 17 章在其他任何一个成员国中获得产品授权，那么其应当向他选择的参考成员国主管当局提交申请，申请应包含以下内容：

（a）第 20 章中要求的信息。

（b）申请者产品正在申请国家授权的所属成员国清单。

参考成员国应当为申请的评估负责。

2. 申请者应当在根据第 1 段向参考成员国提交申请的同时，向每一个授权多国互认的相关成员国主管当局提交该申请。这份申请应当包括：

（a）参考成员国和相关成员国的名称。

（b）第 20 章（1）（a）（ii）中提到的生物杀灭产品特性摘要，以各相关成员国官方语言的形式。

3. 参考成员国和相关成员国应当根据第 80 章的内容通知申请者的应缴费用，如果在 30 天未收到该费用，那么有权拒绝受理该申请并通知申请者和其他主管当局。一旦收到申请者关于第 80 章的费用后，参考成员国和相关成员国的主管当局应当接受申请，并通知申请者，告之申请受理日期。

4. 参考成员国应当根据第 29 章（2）使申请生效，并通知申请者和相关成员国。

在申请生效后 365 天内，参考成员国应当评估申请，并根据第 30 章（3）起草一份评估报告，还应将其评估报告和生物杀灭产品的特性摘要发送至相关成员国和申请者。

5. 在收到第 4 段中提到的相关文件后 90 天内，根据第 35 章、36 章、37 章，相关成员国应当在生物杀灭产品的特性摘要上达成一致，并在 R4BP 上记录。参考成员国应当在 R4BP 中录入生物杀灭产品的特性摘要，最终的评估报告，以及任何一致条款和生物杀灭产品使用和流通的条件。

6. 在达成一致后 30 天内，参考成员国和其他每一个相关成员国应当根据对生物杀灭产品特性摘要的一致认同，给予产品授权。

7. 如果在 90 天内，未能达成第 5 段中所述的一致意见，那么每一个认同生物杀灭产品特性摘要的国家可以单独给予产品授权。

第 35 章　将争议提交协调小组

1. 应该成立一个协调小组来检查除第 37 章以外的问题，如关于生物杀灭产品多国互认的申请是否满足第 19 章列出的赋予授权的条件。

所有的成员国和委员会都有权参与协调小组的工作，ECHA 应当提供建立协调小组秘书处的资源。协调小组应当建立自己行为的准则。

2. 如果任何相关成员国认为被参考成员国评估的生物杀灭产品不能满足第 19 章所列的条件，它应当向参考成员国发送详细的不同意见和原因。这份不同意见应当被立即提交给协调小组。

3. 在协调小组内部，第 2 段中提到的所有成员国应当努力达成一致意见，还应给予申请者知晓其观点的机会。如果在 60 天内，协调小组在关于第 2 段中提交的不同意见上达成了一致的最终处理意见，那么参考成员国应当在 R4BP 中记录。这样的话，整个程序应当被关闭，最终参考成员国和每一个相关成员国应当根据第 33 章（4）或第 34 章（6）的内容授权生物杀灭产品。

第 36 章　将未解决的争议提交委员会

1. 如果第 35 章（2）中提到的成员国未能在 60 天内达成一致，那么参考成员国应当立即通知委员会，并且提供未达成一致的成员国清单和具体原因。该文件也应当被提交给相关成员国、申请者和授权持有者（如果适用）。

2. 委员会可以就成员国提出的科学技术问题咨询 ECHA。如果委员会不问询 ECHA 意见时，其应当提供申请者或授权持有者在 30 天内提供评论的机会。

3. 委员会应当以执行法案的方式采纳决议。该执行法案应当根据第 82 章（3）的检查程序建立。

4. 第 3 段中的决议应当向所有成员国通报并告之申请者和授权持有者。相关成员国及参考成员国应当在该决议通报后 30 天内，赋予或拒绝或取消授权，或者根据决议变更原有授权的条款和条件。

第 37 章　多国互认的减损

1. 任何一个相关成员国都可以拒绝或赋予生物杀灭产品的授权，也可以调整授权的条款和条件，如果有以下理由作为依据：

（a）保护环境。

（b）公共政策或公共安全。

（c）人类健康和声明的保护，特别是弱势群体（人、动物和植物）。

（d）对于国家宝藏的保护，如艺术品、古董或由考古价值的文物。

（e）标靶生物未形成有害数量的。

任何一个相关成员国都可以根据第 1 段的内容拒绝给予授权或调整以第 5 章（2）或第 10 章（1）中的物质为活性物质的生物杀灭产品的授权条款或条件。

2. 相关成员国如果根据第 1 段采纳了一种决议，那么其应当向申请者提供一份详细的减损说明，并应努力在减损决议上与申请者达成一致。

如果相关成员国未能与申请者达成一致，或在 60 天内未能收到回复，那么其应通知委员会。如果这样，委员会：

（a）可以就申请者或相关成员国提出的科学技术问题征求 ECHA 的意见。

（b）应该根据第 82 章（3）中的检查程序采纳关于减损的决议。

委员会的决议应当向相关成员国通报并告之申请者。

相关成员国应当在收到通报后 30 天内采取适当措施以符合委员会决议。

3. 如果委员会没有采纳关于第 2 段的任何决议，相关成员国可以实施第 1 段中的减损措施。

当本章中的程序正在进行时，成员国已根据第 89 章（3）给予生物杀灭产品 2 年的授权应当被暂时停止。

4. 为了动物保护的目的，成员国可以拒绝给予产品类别为 15，17 和 20 的生物杀灭产品授权，且应当立即通知其他成员国和委员会关于其做出的这类决定。

第 38 章　ECHA 的意见

1. 如果 ECHA 就第 36 章（2）或第 37 章（2）接收到了委员会的咨询，其应当在收到咨询后 120 天内给予意见。

2. 在给予意见前，ECHA 应当提供给申请者，授权持有者一个不超过 30 天的提供书面评论的机会。

ECHA 可以为了给予申请者或授权持有者充分的时间准备评论而延迟第 1 段中的时间期限。

第39章　官方或科学机构进行的多国互认

1. 如果对于一个已经在某个成员国获得授权的生物杀灭产品，在其他国家内没有国家授权的申请提出，那么关于害虫防治或公众健康保护的官方或科学机构可以根据第33章中多国互认的程序和授权持有者的许可为相同的产品的相同用途和相同使用条件提出国家授权的申请。

2. 如果相关成员国主管当局认为某种生物杀灭产品符合第19章的条件，且该章下的条件都基本满足，那么该主管当局应当授权该产品投放市场和使用。如果这样，做出申请的机构享有与授权持有者相同的权利和义务。

第40章　补充规则和技术指南

委员会应当有权利根据第83章列出的为多国互认授权进行更新的补充规则采取授权措施的行为。

委员会应当为促进本篇的实施，特别是第37章和第39章起草指南文件。

第8篇　生物杀灭产品的联盟授权

第1部分　给予联盟授权

第41章　联盟授权

除非特别说明，委员会就本部分提出的联盟授权应当在整个欧盟内部有效。它应当在每一个成员国内给予申请者或授权持有者与国家授权相同的权利和义务。对于那些第42章（1）中提到的生物杀灭产品类别，申请者可以申请联盟授权作为与申请国家授权和多国互认相同的另一种选择。

第42章　可以获得联盟授权的生物杀灭产品

1. 申请者为除了含有第5章中活性物质的和产品类别为14，15，17，20和21的生物杀灭产品外的其他在整个欧盟有着相类似的使用条件的产品申请联盟授权。联盟授权会赋予：

(a) 从2013年9月1日起，含有1种或多种新活性物质的生物杀灭产品且产品类别为 1，3，4，5，18 和 19。

（b）从 2017 年 1 月 1 日起，产品类别为 2，6 和 13 的生物杀灭产品。

（c）从 2020 年 1 月 1 日起，其余所剩下的产品类别。

2. 委员会应当从 2013 年 9 月 1 日后起草关于定义“在整个欧盟有着类似使用条件”的指南文件。

3. 委员会应当在 2017 年 12 月 31 日向欧洲议会和理事会提交关于本章实施的报告。报告应当包括关于联盟授权排除产品类别 14，15，17，20 和 21 的评估。

报告还应包括根据一般立法程序的提议采纳书。

第 43 章　申请的提交和生效

1. 意于根据第 42 章（1）申请联盟授权的申请者应当向 ECHA 提交申请，该申请应当包括生物杀灭产品在整个欧盟有着相同使用条件的证明书，并通报 ECHA 将要进行申请评估的成员国主管当局的名称，和该主管当局同意提供评估服务的确认书。该主管当局应当成为评估主管当局。

2. ECHA 应当根据第 80 章（1）通知申请者应缴的费用，且有权在 30 天内未收到费用的情况下拒绝申请，并通知申请者和评估主管当局。

一旦收到第 80 章（1）中的费用，ECHA 应当接受申请并通知申请者和主管当局，告之接受的日期。

3. 在 ECHA 接受申请 30 天内，评估主管当局应当在第 20 章要求的相关信息被提交的情况下使申请生效。

在第 1 小段提到的生效文件中，评估主管当局不应该对数据或证据的质量进行评估。

评估主管当局应当在 ECHA 接受一份申请后立即通知申请者第 80 章（2）下应缴的费用并在 30 天内未收到相关费用的情况下拒绝申请，且告之申请者。

4. 当评估主管当局认为申请内容不完整时，它应当通知申请者应该补充的信息，且应当为补充信息的提交设立时间限制。该时间期限一般不超过 90 天。

评估主管当局应当在收到附加信息后 30 天内，在附加信息充分满足第 3

段的要求的情况下使申请生效。

评估主管当局在申请者没有在规定的期限内提交附加信息的情况下拒绝申请并告之申请者。如果这样的话，第 80 章（1）和第 80 章（2）中所缴的费用应当被退回。

5. 评估主管当局根据第 3 或 4 段使申请生效的行为应当立即通知申请者，ECHA 和其他主管当局，并告之生效日期。

6. 本章可以被申诉。

第 44 章　申请的评估

1. 评估主管当局应当在申请生效后 365 天内根据第 19 章和第 21 章（2）要求提交的有关数据对其进行评估，并将评估报告和评估结论发送至 ECHA。

在向 ECHA 提交其结论前，评估主管当局应当为申请者提供机会，在 30 天内提交关于结论书面评论。评估主管当局应当在最终化其评估时充分考虑这些评论。

2. 当评估的实施需要附加信息时，评估主管当局应当向申请者要求在一定的时间内提交附加信息，并通知 ECHA。第 1 段中提到的 365 天的期限可以在提交附加信息的过程中暂停。然而，暂停不得超过 180 天，除非有特殊情况或由附加信息的特殊性造成。

3. 在收到评估结论后 180 天内，ECHA 应当准备并向委员会提交关于生物杀灭产品授权的意见。

如果 ECHA 建议给予生物杀灭产品授权，那么该意见应当最少包含下列元素：

（a）关于第 19 章（1）中条件是否满足的声明，和第 22 章（2）中关于生物杀灭产品特性的摘要。

（b）生物杀灭产品使用和投放市场所需注意的任何条款和条件细节。

（c）生物杀灭产品的最终评估报告。

4. 在向委员会提交其意见后 30 天内，ECHA 应当将生物杀灭产品特性摘要翻译成所有欧盟国家官方语言版本。

5. 在收到 ECHA 意见后，委员会应当在给予授权和不给予授权中做出决定。该决定行为应当根据第 82 章（3）的检查程序来实施。

委员会在收到成员国以第 37 章（1）为依据的要求的情况下，应当根据该成员国地域特殊性对某种授权条件进行更改或特别指出授权不应当在该国适用。

第 2 部分 联盟授权的更新

第 45 章 申请的提交和接受

1. 意于申请联盟授权更新的申请者或授权持有者应当在原授权失效前最少 550 天内向 ECHA 提出申请。

申请应当根据第 80 章（1）的内容付费。

2. 当申请授权更新时，申请者应当提交：

(a) 在不违背第 21 章（1）的情况下，第 20 章下所有相关数据，即先前授权或更新时的数据。

(b) 关于生物杀灭产品先前评估是否依然有效的评估和其他任何支持信息。

3. 申请者应当提交负责更新申请评估的成员国主管当局的名称，并提供该主管当局同意受理的书面证明。该主管当局应当是评估主管当局。

ECHA 应当根据第 80 章（1）通知申请者应缴费用，并在 30 天内未收到申请者相关费用的情况下拒绝申请，并告之申请者和评估主管当局。

一旦收到申请者关于第 80 章（1）的费用，ECHA 应当接受申请并告之申请者和评估主管当局申请的接受日期。

4. 本章可以被申诉。

第 46 章 更新申请的评估

1. 基于对可得信息的评估和对联盟授权申请最初的评估结论的复查，评估主管当局应当在 ECHA 根据第 45 章（3）接受申请后 30 天内，根据当前的科学知识水平决定是否需要进行申请的完整评估。

2. 如果评估主管当局认为对申请进行全评估是必要的，那么评估应当根据第 44 章第 1 段和第 2 段的内容进行。

如果评估主管当局认为对申请进行全评估不是必要的，它应当在 ECHA

接受申请后 180 天内，准备并向 ECHA 提交一份关于授权更新的建议，并同时给予申请者一份该建议的拷贝。

评估主管当局应当在 ECHA 接受申请后尽快通知申请者第 80 章（2）下应缴的费用，并有权在 30 天未收到相关费用的情况下拒绝申请，并告之申请者。

3. 在收到评估主管当局的建议后 180 天内，ECHA 应当准备并向委员会提交关于联盟授权更新的意见。

4. 在收到 ECHA 意见后，委员会应当给予或拒绝联盟授权的更新。该行为应当根据第 82 章（3）中的检查程序进行。

5. 由于联盟授权者控制以外的原因，如果在联盟授权失效前，仍然没有关于授权更新的决议，委员会应当赋予该联盟授权一段适当的过渡期使评估完成。该行为应当根据第 82 章（2）实施。

第 9 篇　授权的取消、更新和修正

第 47 章　对未能预期或负面影响的通报责任

1. 在意识到已授权的生物杀灭产品的相关信息或活性物质可能对授权的有效性产生影响时，授权持有者应当通报赋予其国家授权的主管当局和 ECHA，如果是联盟授权的情况应当通报委员会和 ECHA。特别是以下信息，需要进行通报：

（a）关于生物杀灭产品或活性物质对人类特别是弱势群体，动物或环境负面影响的新数据或新信息。

（b）任何显示活性物质抗性潜质的数据或信息。

（c）显示生物杀灭产品不再充分有效的新数据或信息。

2. 赋予国家授权的主管当局或赋予联盟授权的 ECHA 应当根据第 48 章检查授权是否需要被更正或取消。

3. 赋予国家授权的主管当局或赋予联盟授权的 ECHA 应当立即通知其他成员国主管当局或委员会关于其受到的这类信息。

受理相同产品多国互认的成员国主管当局应当根据第 48 章检查授权是否需要被更正或取消。

第 48 章　授权的取消或更正

1. 在不违背第 23 章的情况下，成员国主管当局和委员会应当在其认为下列情况发生时立即取消或修正授权内容：

（a）第 19 章或第 25 章中的条件不再满足。

（b）支持授权的信息是错误的或是有误导性的。

（c）授权持有者没有完成法规或授权中的责任。

2. 如果主管当局或委员会打算取消或修正一个授权，他们应当通知授权持有者且给予授权持有者以机会在一定的时间内提交评论意见或附加信息。评估主管当局或委员会应在最终化其决议前重视那些评论意见和附加信息的内容。

3. 如果主管当局或委员会根据第 1 段的内容取消或修正一个授权，那么他们应当立即通知授权持有者，其他成员国主管当局和委员会。

对于正在进行多国互认程序中的生物杀灭产品，如果其原有授权被取消或者修正，那么在收到通知后 120 天内，应当取消或修正多国互认的授权且通报委员会。

如果关于第 35 章或第 36 章的多国互认下的国家授权程序问题，成员国主管当局们没有达成一致意见，那么应当在细节上做出必要的修改。

第 49 章　应授权持有者的要求取消授权

应授权持有者的要求，成员国主管当局或委员会应当取消原授权。如果当该要求涉及联盟授权，那么它应当被提交给 ECHA。

第 50 章　应授权持有者的要求修正授权

1. 对于授权条款和条件的修正必须通过当初赋予生物杀灭产品授权的主管当局或委员会进行。

2. 意于修改任何最初授权申请时提交的信息的授权持有者应当向最初授权生物杀灭产品的相关主管当局或 ECHA 申请。主管当局或 ECHA 应当检查并决定第 19 章或第 25 章中的条件是否仍然满足，授权的相关条款和条件是否需要被修改。

该申请应当根据第 80 章（1）和（2）进行缴费。

3. 对于现存授权的修改应当被按照以下方式分类：

（a）行政变更。

（b）小变更。

（c）大变更。

第 51 章　细节规则

为了确保授权取消和修正程序和谐地进行，委员会应当列出第 47 章～第 50 章的实施细则。该行为应当根据第 82 章（3）中的检查程序进行。

第一段中提到的细则应当以本章为基础，并遵循下列原则：

（a）行政变更的通报程序应当被简化。

（b）小变更的评估周期应当被缩短。

（c）大变更的评估周期应当与变更的内容成比例。

第 52 章　宽限期

当主管当局或委员会取消或修正一个授权或决定不更新它，那么应当给予该产品处置，库存的流通和使用等行为一个宽限期，当然如果该生物杀灭产品的继续使用会给人类健康和动物健康或环境带来不可接受的风险，则可以没有宽限期。

宽限期不得超过 180 天，且为库存产品附加的宽限期也不应超过 180 天。

第 10 篇　平行贸易

第 53 章　平行贸易

1. 成员国主管当局（介绍成员国）应当在申请者的要求下，给予在另一个成员国（起源成员国）已经获得授权的产品平行贸易的许可，以使得该产品可以在介绍成员国市场流通和使用，如果介绍成员国根据第 3 段认为该生物杀灭产品和目前已经在本国获得授权的产品相一致。

意于将生物杀灭产品在介绍成员国投放市场的申请者应当向介绍成员国主管当局提交申请。

该申请应当包括第4段的信息和所有其他可以说明该生物杀灭产品与第3段中的参照产品相一致的证据。

2. 如果介绍成员国主管当局认为一个生物杀灭产品与参照产品相一致，那么它应当在收到第80章（2）中的费用后60天内给予平行贸易的许可。介绍成员国主管当局可以要求起源成员国主管当局提供附加信息以决定该产品是否与参照产品相一致。起源成员国应当在收到要求30天内提供被要求的信息。

3. 如果下列条件都满足，那么可以认为一个生物杀灭产品与参照产品相一致：

（a）它们被同一公司或附属子公司制造，并根据同样的生产过程被贴标。

（b）规格，活性物质的含量和剂型都相同。

（c）非活性物质的含量相同

（d）它们在包装尺寸，包装材料和形式相一致或等同，并且它们对人类健康、动物健康或环境的潜在负面影响也基本相同。

4. 平行贸易许可申请应当包括以下信息和项目：

（a）名称及起源成员国给予产品的授权号。

（b）起源成员国主管当局的名称和地址。

（c）起源成员国授权持有者的名称和地址。

（d）如果对于介绍成员国主管当局的检查有帮助的话，生物杀灭产品在起源成员国的原始商标和使用说明。

（e）申请者的名称和地址。

（f）在介绍成员国流通时的生物杀灭产品名。

（g）在介绍成员国流通时的生物杀灭产品标签，并以介绍成员国的官方语言，除非该国有特殊要求。

（h）如果对于介绍成员国主管当局的检查有帮助的话，一份生物杀灭产品的样品。

（i）介绍成员国参照产品的名称和授权号。

介绍成员国主管当局可能会要求（d）中原始介绍的翻译版本。

5. 平行贸易的许可中应当描述参照产品投放市场和使用的条件。

6. 平行贸易的许可应当在整个参照产品的授权期限内都是有效的。

如果参照产品的授权持有者根据第 49 章申请了授权的取消，但是该产品关于第 19 章的要求仍然符合，那么该平行贸易的许可可以延续到参照产品授权正常失效的那一天。

7. 在不违背本章的情况下，第 47～50 章和第 15 篇应当针对获得平行贸易许可的生物杀灭产品在细节上做出修改。

8. 如果生物杀灭产品在原始成员国因为安全和效力的缘故被取消授权，那么介绍成员国主管当局可以撤回平行贸易的许可。

第 11 篇　技术等同

第 54 章　技术等同的评估

1. 当需要建立活性物质的技术性等同时，申请者应当向 ECHA 提交申请并根据第 80 章（1）缴费。

2. 申请者应当提交 ECHA 进行技术性等同评估的所有数据。

3. ECHA 应当通知申请者第 80 章（1）中应缴的费用，并且有权在 30 天内未收到相关费用的情况下拒绝申请，并通知申请者和评估主管当局。

4. 在给予申请者提交评论意见的机会后，ECHA 应当在收到申请者第 1 段中的申请后 90 天做出决定，并通知成员国和申请者。

5. 当 ECHA 认为进行技术等同的评估需要等多的信息时，ECHA 可以要求申请者在一定的时间内补充所需信息。ECHA 有权在申请者未能在规定的时间内补充信息的情况下拒绝申请。第 4 段提到的 90 天的期限可以根据要求暂停，但暂停的时间不应超过 180 天除非是因为数据的天然属性和特殊环境因素造成的延迟。

6. 适当的时候，ECHA 可以咨询对活性物质进行评估的评估主管当局。

7. 本节可被申诉。

8. ECHA 应该起草促进本章实施的技术指南。

第 12 篇　减损

第 55 章　法规要求的减损

1. 通过对第 17 章和第 19 章的减损，主管当局可以赋予不符合本法规授权条件的生物杀灭产品一个不超过 180 天的投放市场或使用的临时授权和在主管当局监管下的限制应用，但理由必须是对于公共健康、动物健康和环境的保护，而且没有其他措施可以完成。

第一小段中提到的主管当局应当立即通知其他主管当局和委员会关于上述临时授权的赋予及撤销的行为。

在接到主管当局合理的请求后，委员会应当立即通过采取实施措施来决定在何种情况下，主管当局关于临时授权的期限可以被延长，但不超过 550 天。实施措施应当根据第 82 章（3）中的检查程序来进行。

2. 通过对第 19 章（1）（a）的减损，直到活性物质被批准，主管当局可以为含有新活性物质的生物杀灭产品提供一个不超过 3 年的临时授权。

该临时授权只有在卷宗已经根据第 8 章被评估，评估主管当局或 ECHA 已经提交了新活性物质批准意见，且主管当局认为生物杀灭产品根据第 19 章（2）是符合第 19 章（1）（b），（c），（d）点要求的情况下，才可以被给予。

如果委员会决定不予批准新活性物质，赋予临时授权的主管当局或委员会应当取消原授权。

当三年的临时授权有效期已过，新活性物质的审批还未出结果，赋予临时授权的主管当局或委员会应当为临时授权的期限再延长不超过 1 年，前提是有充分的理由相信该活性物质满足第 4 章（1）中的条款或第 5 章（2）中的条款。为临时授权延伸主管当局应当向其他主管当局和委员会通报这一行为。

3. 通过对第 19 章（1）（a）的减损，委员会可以通过采取实施措施允许成员国授权含有未批准活性物质的生物杀灭产品，如果该活性物质是为了包括文化遗产所必须的且没有其他物质替代。这些实施措施应当根据第 82 章（2）中的建议程序来进行。意于进行本节减损的成员国需要向委员会申请，并提交相关资料。

第 56 章　研究和发展

1. 通过对第 17 章的减损，以科学研究为目的的，包含为授权生物杀灭产品或未批准活性物质的实验或试验，只有在本章列出的条件下才可以进行。

开展试验或实验的人员应当起草并维持记录生物杀灭产品或活性物质的

身份信息、标签数据、供应数量和接受生物杀灭产品或活性物质人员的名称、地址，还应当编制一份含有所有关于对人类动物健康或环境影响的可得数据。并在主管当局的要求下，随时提交公开这些数据。

2. 任何开展可能包含或导致生物杀灭产品在环境中释放的试验或实验的人员，应当通报试验或实验所在地的主管当局。该通报应当包含生物杀灭产品或活性物质的身份信息、标签数据、供应数量和人类或动物健康及环境可能受到生物杀灭产品影响的所有可得数据。相关人员应该使这些数据在主管当局得要求下随时可见。在第一小段得通报后 45 天内，如果没有收到主管当局相关意见的情况下，实验或试验方可开展。

3. 如果试验或实验可能对人类健康，弱势群体或动物，环境会产生任何有害影响，无论是否是即时的还是延迟的，相关的主管当局可以禁止或只允许它们在不造成风险的条件下使用，且应当立即向委员会通报起决定。

4. 委员会可以根据第 83 章采取授权行为对本章的条款细节进行解释。

第 57 章　法规（EC）No 1907/2006 下的注册豁免

作为对法规（EC）No 1907/2006 第 15 章（2）关于活性物质的解释，活性物质被用于制造或在已经根据本法规第 27 章，第 55 章或第 56 章中获得授权的生物杀灭产品中使用的，应当被认为已经完成了注册，并且该注册可授权活性物质在生物杀灭产品中的使用，所以可以认为已经符合了法规（EC）No 1907/2006 第二大段中第 1 篇和第 5 篇的要求。

第 13 篇　处理物品

第 58 章　处理物品投放市场

1. 本章应只施用于处理物品而非生物杀灭产品。本章不施用于那些作为处理物品的，经过灭菌或消毒处理的，且事后没有药品残留的存储运输空间或器皿。

2. 处理物品只有在处理其的生物杀灭产品中包含的所有活性物质都已经根据第 9 章（2）获得了该种生物杀灭产品类别的批准，或进入附件 I 中，且限制条件都满足的情况下，才能投放市场。

3. 对处理物品投放市场负责的人员应当确保在下列情况下，商标中需要提供出第 2 小段的内容：

■如果处理物品包含生物杀灭产品，且处理物品的制造商就产品的生物杀灭特性做出了声明。

■与关注活性物质有关，有直接接触或向环境排放的可能性，或活性物质的批准条件中有要求。

第 1 小段中的标签应当包含以下信息：

(a) 处理物品含有生物杀灭产品的申明。

(b) 生物杀灭属性来自于处理物品。

(c) 不违背法规 (EC) 1272/2008 第 24 章的情况下，生物杀灭产品中所有活性物质的名称。

(d) 生物杀灭产品中所有纳米材料的名称，并在其后用括号标注" nano"。

(e) 任何与处理物品及生物杀灭产品相关使用说明，包括需采取的预防措施。

本段在有其他法规对处理物品中生物杀灭产品标签有特殊要求的情况下不再适用。

4. 既然关于标签的要求已经在第 3 段中列出，负责处理物品投放市场的人员应当在标签中列出任何相关的使用说明，包括可能需要采取的任何预防措施，如果其认为是保护人类动物及环境所必须的。

5. 既然关于标签的要求已经在第 3 段中列出，处理物品的供应商应当在客户的要求下，在 45 天内免费提供关于处理物品的生物杀灭处理的信息。

6. 标签必须清晰可见、易于辨认并有适当的耐用性。当由于处理物品尺寸或功能的缘故，标签需要以官方语言的形式被印刷在包装上的使用说明书或使用包装上，除非成员国有其他具体要求。如果处理物品不被作为一个系列生产，而是定制的，那么生产商应当同意以其他的方式提供为消费者相关信息。

7. 成员国可以为了本章第 2 段的实施采取实施行为，包括制定适当的报告程序在本章第 3 节，第 4 节和第 6 节中特别细化标签要求。这些实施行为应当根据第 82 章 (3) 中的检查程序来进行。

8. 当有显著证据证明处理物品的生物杀灭产品所包含的活性物质不满足本法规第 4 章（1），第 5 章（2）或第 25 章时，委员会应当对活性物质根据第 15 章（1）或第 28 章（2）进行重审。

第 14 篇　数据的保护和数据的共享

第 59 章　主管当局或 ECHA 持有数据的保护期

1. 在不违背第 62 章和第 63 章的情况下，目的于指令 98/8/EC 或本法规的数据不可以被主管当局或 ECHA 用于后续申请者的申请，除非：

（a）后续申请者提交了授权信。

（b）相关的数据保护期过期。

2. 当申请者向主管当局或 ECHA 以本法规的目的提交数据时，应当表明数据持有者的名称和联系方式。申请者还应当说明其自身是数据持有者还是持有授权信。

3. 申请者应当在数据所有权变更的时候立即通知主管当局或 ECHA。

4. 2004 年 3 月 3 日成立的以消费者安全、公共健康和环境为目的的科学委员会下的意见科学委员会应当有权使用本章第 1 段中的数据。

第 60 章　数据保护期

1. 目的于指令 98/8/EC 或本法规的数据应当在本章的条件下享有数据保护期。数据保护期应当从他们被首次提交的时间算起。

本章保护下的数据或保护期到期的数据不可被再次保护。

2. 用于现存活性物质相关产品类别批准的数据的保护期应当从该活性物质审批决议出现开始 10 年后结束。

用于新活性物质相关产品类别批准的数据的保护期应当从该活性物质审批决议出现开始 15 年后结束。

用于活性物质批准续期申请提交的新的数据应当从该活性物质续期审批决议出现开始 5 年后结束。

3. 用于包含现存活性物质的生物杀灭产品授权的数据的保护期应当从该生物杀灭产品授权申请决议出现开始 10 年后结束。

用于包含新活性物质的生物杀灭产品授权的数据的保护期应当从该生物杀灭产品授权申请决议出现开始 15 年后结束。

用于生物杀灭产品授权续期或修正申请提交的新的数据应当从该生物杀灭产品续期或修正审批决议出现开始 5 年后结束。

第 61 章　授权信

1. 授权信应当至少包含以下信息：

(a) 数据持有者和受益人的名称及联系方式。

(b) 授权使用数据的相关活性物质或生物杀灭产品的名称。

(c) 授权信生效的日期。

(d) 授权信授权引用的数据清单。

2. 如果授权信被撤回，将不会影响已经使用该份授权信获得的产品授权。

第 62 章　数据共享

1. 为了避免动物实验，以本法规为目的的脊椎动物实验应当作为最后的手段来进行，且关于脊椎动物的实验在本法规下不应当重复进行。

2. 任何潜在申请者，意于进行动物实验或研究的：

(a) 在数据包含脊椎动物实验的情况下应当，

(b) 在数据不包含脊椎动物实验的情况下可以，

向 ECHA 提交书面请求以决定这种实验或研究是否已经在先前的申请中被提交给 ECHA 或为了指令 98/8/EC 的目的已经提交给了成员国主管当局。ECHA 应当给予这类实验或研究是否已经被提交的结果。

当这类实验或研究已经在先前的申请中被提交给了 ECHA 或成员国主管当局，不论是本法规或是指令 98/8/EC 的目的，ECHA 应当立即与潜在申请者通告数据提交者和数据持有者的名称和联系方式。

数据提交者应当促进潜在申请者和数据持有者意见的沟通。

如果数据还在第 60 章所说的保护期内，潜在申请者应当：

(a) 在数据包含脊椎动物实验的情况下应当，

(b) 在数据不包含脊椎动物实验的情况下可以，

向数据持有者要求引用所有的与本法规下申请提交有关的实验和研究的

科学与技术数据信息的权力。

第 63 章　数据共享的补偿

1. 当第 62 章（2）中的请求被发出后，潜在申请者和数据持有者应当努力在实验和研究结果的共享上达成共识。该共识可以被仲裁机构的仲裁接受承诺替代。

2. 当该共识达成时，数据持有者应当使所有实验和研究的科学和技术数据可以被潜在申请者利用或给予潜在申请者在本法规下的申请中引用该数据的允许。

3. 当未达成共识时，潜在申请者应当，不早于接受 ECHA 给予的数据提交者的名称和地址后 1 个月后，通知 ECHA 和数据持有者。

在收到通知后 60 天内，如果潜在申请者证明其已经为共识的达成做出了所有的努力且已经支付数据持有者一定的共享补偿，ECHA 应当给予潜在申请者引用脊椎动物试验和研究的许可。当潜在申请者和数据持有者没有达成共识，那么国家法院应当决定潜在申请者需要支付给数据持有者的合适的共享补偿费用。

4. 根据 ECHA 公布的指南，数据共享补偿费用应当以公平，透明和无歧视地进行。潜在申请者应当只被要求补偿跟本法规相关部分数据的分享费用。

5. 根据第 77 章，本章可被申诉。

第 64 章　后续申请者数据的使用

1. 当活性物质关于第 60 章的数据保护期过期时，受理主管当局或 ECHA 可以同意后续授权申请者引用该物质第一个申请者提交的数据，只要后续申请者可以提供其活性物质与该物质技术等同的证据，包括纯度和其他任何相关杂质的性质。

当生物杀灭产品关于第 60 章的数据保护期过期时，受理主管当局或 ECHA 可以同意后续收钱申请者引用该产品第一个申请者提交的数据，只要后续申请者可以提供其产品与经获得授权的产品是一致的，或他们在风险水平上没有显著差别和生物杀灭产品中的活性物质是技术等同的，包括纯度和其他任何相关杂质的性质。

根据第 77 章，本章可以被申诉。

2. 后续申请者应当在适当的情况下，提供给受理主管当局或 ECHA 以下信息：

(a) 生物杀灭产品包括其组分的所有所需的身份数据。

(b) 确认活性物质身份所需的数据及建立活性物质技术等同所需的数据。

(c) 说明相比较已授权的生物杀灭产品与后续申请者的生物杀灭产品效力及风险可比性的数据。

第 15 篇　信息和沟通

第 1 部分　监管和报告

第 65 章　符合要求

1. 成员国应该针对已经投放市场的生物杀灭产品及处理物品的监测做出必要的安排，来确定他们是否符合法规的要求。法规（EC）765/2008，于 2008 年 7 月 9 日提出了关于将产品投放市场的信赖要求，应当进行实施。

2. 为了加强法规的执行，成员国应该以官方控制的方式，做好必要的安排。

为了促进法规的实施，已经投放生物杀灭产品到欧盟市场上的制造商应该继续保留产品相关的制造过程、为即将投放市场和储存的批次生产的样品的生物杀灭产品的质量和安全性能提供合适的书面或者电子版文件。这些至少应该包括以下内容：

(a) 安全数据表和和活性物质的规格以及其他用于制作生物杀灭产品的成分。

(b) 记录制作执行过程中的变化。

(c) 内部质量控制的结果。

(d) 生产批次。

如果有需要确保本段实施的统一性，委员会可以根据第 82 章（3）的检查程序采取实施措施。

根据本段采取的措施应该避免造成对经济相关者和成员国不成比例的行

政负担。

3. 从 2015 年 9 月 1 日起，每隔 5 年，成员国应当向委员会提交一份关于本法规在其领土内实施的报告。该报告应该包括：

（a）根据第 2 段中实施的官方控制的结果信息。

（b）与生物杀灭产品有关的中毒与职业病的信息，特别是针对弱势群体的，和任何可以缓和该类风险的特殊措施。

（c）关于使用生物杀灭产品而带来的任何可得的负面环境影响。

（d）纳米材料在生物杀灭产品中的使用情况以及潜在风险。

报告应当在相关年份的 6 月 30 日提交，且内容应当覆盖之前的一年及直到上一年的 12 月 31 日。

报告应当在委员会的相关网站上发布。

4. 根据第 3 段中收到的报告，从该段第 2 小段中的提到的时间开始 12 个月内，委员会应当起草一份复合的关于本法规实施情况的报告，特别是第 58 章。委员会应当将该份报告提交给欧洲议会和理事会。

第 66 章　保密性

1. 法规（EC）No 1049/2001 是关于欧洲议会，理事会和委员会文件信息以及 ECHA 管理委员会规则的公共存取的法规，其已经根据法规（EC）1907/2006 第 118 章（3）被采纳，且应当施用于本法规下 ECHA 持有的文件信息。

2. ECHA 和主管当局可以以破坏对商业利益或隐私或个人安全的保护为理由拒绝披露相关信息。

下列信息的披露可以被认为是对商业利益或隐私或个人安全保护的破坏：

（a）生物杀灭产品的全组分的细节信息。

（b）生产制造的或流通于市场的活性物质或生物杀灭产品的精确吨位。

（c）活性物质制造商或将生物杀灭产品投放市场的责任人之间的关系，及将生物杀灭产品投放市场的责任人与产品分销商之间的关系。

（d）脊椎动物实验的参与者名称及地址。

然而，紧急情况发生时，且危及到人类健康，动物健康以及环境安全或其他可能的公共财产，ECHA 或主管当局应该披露本段中的相关信息。

3. 如果授权已经被给予，那么对下列信息的获取，将不会被拒绝：

(a) 授权持有者的名称及地址。

(b) 生物杀灭产品制造商的名称及地址。

(c) 活性物质制造商的名称及地址。

(d) 活性物质的成分或生物杀灭产品中的物质成分，以及生物杀灭产品的名称。

(e) 生物杀灭产品相关的物理及化学数据。

(f) 任何可以消减活性物质或生物杀灭产品危害的方法。

(g) 关于第 20 章要求进行产品效力和其对人类动物和环境影响的实验结果的摘要。

(h) 为预防处理，运输及使用时产生火灾或其他危害，建议的处理方法和预防措施。

(i) 安全数据表。

(j) 第 19 章 (1) (c) 中的分析方法。

(k) 产品及包装的废弃方法。

(l) 溢出或泄露时的处理措施和方法。

(m) 急救措施和人类受伤时的施药方法。

4. 任何为了本法规的目的向 ECHA 或主管当局提交活性物质或生物杀灭产品的相关信息的人员都可以要求第 67 章 (3) 中的信息不公开，包括一份为什么信息的暴露会导致对其商业利益或其他利益的损害证明。

第 67 章　信息数据的电子公共存取

1. 从活性物质被批准那一天开始，下列被 ECHA 或委员会持有的关于活性物质的信息就应当被免费公开：

(a) ISO 名称和 IUPAC 名称。

(b) EIECCS 名称。

(c) 分类及标签，包括该活性物质是否满足第 5 章 (1) 中的任何标准。

(d) 物理化学的端点及环境命运和行为的数据。

(e) 每一个毒理学或生态毒理学的研究。

(f) 根据附件Ⅵ建立的可接受的暴露水平或可预期的非作用浓度。

（g）根据附件Ⅱ和附件Ⅲ提供的安全使用指南。

（h）附件Ⅱ第一部分 5.2 及 5.3 和第二部分 4.2 中的分析方法。

2. 从生物杀灭产品被授权那一天开始，下列被 ECHA 持有的关于生物杀灭产品的信息就应当被免费公开：

（a）授权条款及条件。

（b）生物杀灭产品特性的摘要。

（c）附件Ⅲ第一部分 5.2 及 5.3 和第二部分 5.2 中的分析方法。

3. 从活性物质被批准的那一天开始，ECHA 应当使下列信息免费公开，除非数据提交者根据第 66 章（4）向 ECHA 或主管当局提交了证实信息公开将会危及其商业利益和其他相关利益的证据：

（a）物质的纯度及有害杂质或者活性物质添加剂的成分。

（b）用于支持活性物质审批的研究摘要。

（c）除了第 1 段中的信息外，包含于安全数据表中的其他信息。

（d）物质的贸易名。

（e）评估报告。

4. 从生物杀灭产品被授权的那一天开始，ECHA 应当使下列信息免费公开，除非数据提交者根据第 66 章（4）向 ECHA 或主管当局提交了证实信息公开将会危及其商业利益和其他相关利益的证据：

（a）支持生物杀灭产品授权的研究摘要。

（b）评估报告。

第 68 章　记录的保持与通报

1. 授权持有者应当保留生物杀灭产品投放市场的记录，该记录应当保留到该产品投放市场 10 年，或该生物杀灭产品授权失效后 10 年，以较早的为准。他们在成员国主管当局的要求下应当公开记录中的相关信息。

2. 为了确保本章第 1 段实施的统一性，委员会应当采取实施行为去规定记录中的信息内容和格式。这些实施行为应当根据第 82 章（2）中的建议程序建立并实施。

第 2 部分　生物杀灭产品的信息

第 69 章　生物杀灭产品的分类，包装和标签

1. 授权持有者应当确保生物杀灭产品根据被批准的生物杀灭产品特性摘要，特别是有害声明及预防声明进行正确的分类、包装和标签。

另外，那些容易被误认为是食品，包括饮料、饲料的产品应当在包装方面最小化产生这类误解的可能。如果他们可以被公众得到，他们应当包含劝阻消费的提示，特别是不能吸引儿童。

2. 做为对第 1 段的补充，授权持有者应当保证标签在关于产品可能会对人类健康、动物健康和环境或其效力方面没有误导性的标识，且任何情况下不能显示“低风险生物杀灭产品”、“非毒性”、“无害”、“天然”、“环境友好”、“动物友好”或者其他类似的标识。另外，标签必须清晰地显示以下信息：

（a）每一活性物质的身份信息及其公制浓度。

（b）产品中含有纳米材料的，且有特殊风险的，应在每一个使用纳米材料的地方，标注带括号的‘nano’。

（c）由主管当局或委员会配给的生物杀灭产品的授权号。

（d）授权持有者的姓名和地址。

（e）制剂的类型。

（f）被授权的生物杀灭产品的用途。

（g）每项授权用途下的使用说明，使用频率和剂量率，用公制单位表示，用使用者可以识别且容易理解的语言描述。

（h）可能发生的直接或间接的不良副作用的任何细节及急救说明。

（i）如果附有说明书的，应标明“使用前请阅读附属说明书”及对于弱势群体的警告（适用时）。

（j）生物杀灭产品及其包装的安全处理说明，包括包装再使用的禁止说明。

（k）剂型的批号或名称和正常储存条件下的有效期。

（l）在适用的情况下，生物杀灭产品的效力时间等。

（m）在适用的情况下，受限的生物杀灭产品的用户类别。

（n）在适用的情况下，关于对环境详细的危害信息，特别是关于保护非靶标生物和避免水污染的信息。

（o）对于含有微生物的生物杀灭产品，标签的要求根据 2000/54/EC 指令执行。

3. 成员国可能会要求个别特殊的标签内容：

（a）包装、标签和说明书的模型或草案。

（b）在其领土内投放市场的生物杀灭产品用其官方语言进行标签。

第 70 章　安全数据表

生物杀灭产品和活性物质的安全数据表应当根据法规（EC）No 1907/2006 第 31 章的内容进行准备。

第 71 章　生物杀灭产品的注册工具（R4BP）

1. ECHA 应当建立并维护一个信息系统，该系统应当被称作生物杀灭产品的注册工具即 R4BP。

2. R4BP 应当被用于主管当局，ECHA 和委员会与申请者、主管当局、ECHA 和委员会之间的信息交流。

3. 申请者应当使用 R4BP 进行本法规程序下所有的申请和数据的提交。

4. 根据申请者提交的申请和数据，ECHA 应当检查这些信息是否以正确的格式被提交且立即通知相关的主管当局。

当 ECHA 认为申请没有使用正确的格式，其可以拒绝申请并通知申请者。

5. 一旦相关主管当局接受并使申请生效，其应当通过 R4BP 将该结果发送至其他所有主管当局和 ECHA。

6. 主管当局和委员会应当使用 R4BP 来进行其关于生物杀灭产品授权决议的记录和交流，并应当在这些决议产生时，及时更新记录内容。主管当局应当及时更新在其领土内的生物杀灭产品的国家授权的给予或拒绝情况，包括修正、更新与取消。委员会应当及时更新联盟授权的给予或拒绝情况，包括修正、更新与取消。

应当纳入 R4BP 的信息应当包括以下内容：

（a）授权的条款和条件。

(b) 生物杀灭产品特性的摘要。

(c) 生物杀灭产品的评估报告。

本段中的信息应当同样对于申请者来说是可以通过 **R4BP** 获得的。

7. 即使在 2013 年 9 月 1 日，**R4BP** 还不能全面地被操作，或在该日期后暂停使用，那么关于提交和成员国、主管当局、委员会和申请者之间的交流应当继续进行。为了确保本段实施的统一性，特别是针对什么样的信息内容和格式可以被提交和交换，委员会应当根据第 82 章（3）的检查程序采取实施行为。这些实施行为将被限于 **R4BP** 的维护期间。

8. 委员会可以采取实施行为列出 **R4BP** 中提交信息类别的细则。这些实施行为应当根据第 82 章（2）中的建议程序被采纳。

9. 委员会应当根据第 83 章被赋予权力采取授权行为列出关于使用 **R4BP** 的补充规则。

第 72 章　广告

1. 任何生物杀灭产品的广告应当，作为对法规（EC）No 1272/2008 的补充，包括句子“请安全使用生物杀灭产品，在使用前请读取标签中关于产品的信息。”该句子应当是清晰可识别的。

2. 广告商可以以清晰的其他词汇代替句子中的“生物杀灭产品”。

3. 生物杀灭产品的广告不可以在产品对于人类健康、动物健康或环境及效力方面对消费者进行误导。任何情况下，生物杀灭产品的广告不得包含“低风险生物杀灭产品”、“非毒性”、“无害”、“天然”、“环境友好”、“动物友好”或者其他类似的标识。

第 73 章　毒品控制

为了本法规的目的，法规（EC）No 1272/2008 的第 45 章可以实施。

第 16 篇　ECHA

第 74 章　ECHA 的角色

1. ECHA 应当完成法规赋予其的任务。

2. 考虑到本法规赋予 ECHA 的角色，法规（EC）No1907/2006 第 78～84 章，第 89 章和第 90 章可以实施必要的变更。

第 75 章　生物杀灭产品委员会

1. ECHA 内部应当建立生物杀灭产品委员会

生物杀灭产品委员会应当对为 ECHA 准备下列事宜的观点负责：

（a）活性物质的批准与更新申请。

（b）活性物质批准的重审。

（c）关于满足第 28 章要求的活性物质进入附件Ⅰ的申请与重审。

（d）候选替换活性物质的身份确认。

（e）生物杀灭产品联盟授权的申请，更新，取消和修正，除了行政变更。

（f）第 38 章中关于多国互认的科学和技术事宜。

（g）在委员会或成员国主管当局的要求下，关于技术指南或对人类健康，动物健康以及环境风险的任何问题。

2. 每一个成员国都应当被赋予委任一名生物杀灭产品委员会成员的权力。成员国也可以委任一名替补成员。

为了促进其工作，委员会可以在 ECHA 管理委员会的决议下，被分成 2 个或多个平行的委员会。每一个平行的委员会应当负责生物杀灭产品委员会赋予其的工作任务。每一个成员国应当被赋予委任一名平行生物杀灭产品委员会成员的权力。该成员可以被委任进入多个平行委员会。

3. 委员会成员应当根据其实施工作的相关经验，特别是第一段中的，且可以在主管当局工作。他们应当被成员国的科学与技术资源所支持。成员国应当向委员会提供他们所能提供的足够的科学与技术资源。

4. 法规（EC）No 1907/2006 中第 85 章第 4、5、8、9 段和第 87 章与第 88 章可以对生物杀灭产品委员会进行细节上的必要修正。

第 76 章　ECHA 秘书处

1. 法规（No）1907/2006 第 76 章（1）（g）中提到 ECHA 秘书处应当负责以下事务：

（a）建立并维护 R4BP。

(b) 完成关于本法规覆盖的申请接受的事物。

(c) 建立技术等同。

(d) 通过委员会和成员国主管当局提供本法规内申请的技术与科学指南和工具，为国家帮助台提供技术支持。

(e) 向申请者提供关于活性物质审批或进入附件Ⅰ或联盟授权的建议和帮助，特别是对于SMEs。

(f) 准备本法规的解释信息。

(g) 建立和维护关于活性物质和生物杀灭产品信息的数据库。

(h) 在委员会要求下，提供技术和科学支持以促进联盟主管当局，国际组织和第三国关于生物杀灭产品科学及技术事宜的合作。

(i) 通报ECHA的决议。

(j) 给出ECHA要求信息提交的格式和软件包的说明。

(k) 为了避免关于第29章（4）中相同或相似产品申请的平行评估，向成员国提供支持和帮助。

2. 秘书处应当使第67章中的信息在网络上免费公开可得，除非第66章（4）中的请求被证实。ECHA应当根据第66章使其他信息公开可得。

第77章 申诉

1. 就ECHA关于第7章（2），第13章（3），第26章（2），第43章（2），第45章（3），第54章（3），（4），（5），第63章（3）和第64章（1）的决议的申诉应当是法规（EC）No 1907/2006中申诉委员会的责任。

法规（EC）No 1907/2006第92章（1）（2）和第93章及第94章应当施用与本法规下产生的申诉程序。

提出申诉请求的个人应当根据本法规第80章（1）缴纳一定的费用。

2. 第1段中的申诉应当有暂停作用。

第78章 ECHA的预算

1. 为了本法规的目的，ECHA的收入应该由以下构成：

(a) 欧盟的补贴，进入欧盟一般预算（委员会部分）。

(b) 本法规下缴纳给ECHA的费用。

(c) 本法规下任何 ECHA 提供的服务所收取的费用。

(d) 任何成员国的捐助。

2. 关于本法规和法规 (EC) No 1907/2006 活动的收支应当在 ECHA 的预算中分开处理并分开预算和审计。

ECHA 在法规 (EC) 1907/2006 第 96 章 (1) 的收入不应当被用于本法规下任务的实施。本章中第一段关于 ECHA 的收入不应当被用于法规 (EC) 1907/2006 下任务的实施。

第 79 章　提交给 ECHA 信息的格式与软件

ECHA 应当特别指出用于提交信息的格式和软件包，并使它们在网站上免费可得。主管当局和申请者应当在其本法规下的提交中使用这些格式和包装。

第 6 章 (1) 和第 20 章中提到的技术卷宗应当施用 IUCLID 软件包。

第 17 篇　最终条款

第 80 章　费用及收费

1. 委员会应当根据第 3 段列出的原则采纳一部法规，该法规应当指出：

(a) 支付给 ECHA 的费用，包括根据第 8 篇联盟授权的产品年费和根据第 7 篇多国互认的申请费用。

(b) 减免费用条件和规则的定义，欧盟委员会退还费用的规则。

(c) 支付条件。

该实施法规应当根据第 82 章 (3) 中的检查程序被采纳。其应当只施用于 ECHA 的收费。

ECHA 可以为其提供的其他服务另收费用。

支付给 ECHA 的费用应在与 ECHA 其他法规收费综合以后确保满足 ECHA 的正常服务开销。费用应当被 ECHA 公开。

2. 成员国应当向其提供关于本法规程序相关服务的申请者直接收取费用，包括成员国主管当局扮演评估主管当局角色的服务。

根据第 3 段列出的原则，委员会可以建立关于费用结构的指南。

成员国可以征收投放其市场的生物杀灭产品的年费。

成员国可以为其提供的其他服务收取费用。

成员国应当建立和公布其主管当局的费用支出和收取情况。

3. 第1段中提到的实施法规和各成员国自己的关于收费的规则应当遵循以下原则：

(a) 费用取消确保满足开展服务的花销且不应超过其花销所需。

(b) 如果申请者没能在规定时间内提交信息，则应当给予部分费用返还。

(c) SMEs的特殊需求应当被充分考虑，包括分期付款和分阶段付款的可能性。

(d) 费用的结构应当考虑信息的提交方式，包括联合提交和独立提交。

(e) 在适时合理的情况下，当被ECHA或主管当局接受的情况下，全部费用或者部分费用可以被减免。

(f) 付费的截止时间应当根据本法规中程序的截止时间确定。

第81章　主管当局

1. 各成员国应当为了本法规的实施委任一个主管当局。

成员国需要确保主管当局拥有充分数量、资格和经验的员工以确保本法规下的责任可以被准确有效的实施。

2. 主管当局应当为申请者特别是SMEs和其他相关组织提供关于本法规相关责任的指导意见。该指导意见应当包括关于第6章和第20章对数据要求修改可能性的意见和如何准备提议等。其应当作为ECHA秘书处的建议和帮助的补充。

3. 成员国应当在2013年9月1日向委员会通报委任的主管当局的名称和地址。如果主管当局或问询台的名称和地址信息有任何改变，成员国应当立即通知委员会。委员会应当公开包含各主管当局和问讯处的清单。

第82章　委员会程序

1. 委员会应当被生物杀灭产品常委会支援。该常委员会应当是法规(EU) No 182/2011意义下的委员会。

2. 如果参考涉及本段，法规(EU) No 182/2011第4章应当被施用。

3. 如果参考涉及本段，法规（EU）No 182/2011 第 5 章应当被施用。

如果该委员会没有意见，那么委员会不应当采纳草案实施行为，且法规（EU）No 182/2011 第 5 章（4）第 3 小段应当被施用。

4. 如果参考涉及本段，法规（EU）No 182/2011 第 8 章应当被施用。

第 83 章　授权的实施

1. 委员会采纳的授权实施行为应当根据本章列出的条件进行采纳。

2. 第 3 章（4），第 5 章（3），第 6 章（4），第 21 章（3），第 23 章（5），第 28 章（1）（3），第 40 章，第 56 章（4），第 71 章（9），第 85 章和第 89 章（1）中提到的采纳授权行为应当赋予委员会一个从 2012 年 7 月 17 日开始 5 年的期限。委员会应当起草一份关于授权权力的报告且不晚于该 5 年期限前 9 个月的时间。该授权权力应当被默认可以延续一个统一的周期，除非欧洲议会和理事会在不晚于该期限前 3 个月内提出反对意见。

3. 第 3 章（4），第 5 章（3），第 6 章（4），第 21 章（3），第 23 章（5），第 28 章（1）（3），第 40 章，第 56 章（4），第 71 章（9），第 85 章和第 89 章（1）中提到的采纳授权行为可以在任何时间被欧洲议会和理事会取消。该取消决议应当终止授权行为的实施。其应当在欧盟官方公报上发布有次日生效，但不影响任何已经实施中的授权行为的有效性。

4. 一旦采纳了授权行为，委员会应当立即通知欧洲议会和理事会。

5. 第 3 章（4），第 5 章（3），第 6 章（4），第 21 章（3），第 23 章（5），第 28 章（1）（3），第 40 章，第 56 章（4），第 71 章（9），第 85 章和第 89 章（1）中提到的采纳授权行为应当仅在欧洲议会和理事会收到通报后 2 个月内没有发对意见，或在该期限失效前，欧洲议会和历史会和委员会都没有反对意见的情况下才可以被实施。该期限可以在欧洲议会和理事会主动要求的情况下被延迟 2 个月。

第 84 章　紧急程序

1. 本章采纳的授权行为应当立即生效且应当在根据第 2 段没有反对意见表达的情况下实施。向欧洲议会和理事会关于授权行为的通报应当阐述使用紧急程序的原因。

2. 无论是欧洲议会或是理事会都可以根据第 83 章（5）反对授权行为。如果这样，委员会应当立即根据欧洲议会或理事会的通报决议取消该授权行为。

第 85 章　科学技术进步带来的变更

为了允许本法规的各条款适应科学技术的进步，委员会有权依照第 83 章根据科学技术的进步采纳授权实施行为修正附件Ⅱ，Ⅲ，Ⅳ。

第 86 章　指令 98/8/EC 附件 I 中的活性物质

指令 98/8/EC 附件 I 中的活性物质应当被认为在本法规下已经获得了批准且应该进入第 9 章（2）提到的清单中。

第 87 章　惩罚措施

各成员国应当列出违背本法规要求时的惩罚措施并应当采纳一切可能的措施确保它们的实施。惩罚措施必须有效，适当并且有劝阻性。成员国应当最晚在 2013 年 9 月 1 日向委员会通报这些条款并在后续修改这些条款时立即通报委员会。

第 88 章　保障条款

当成员国基于新证据并在有充分理由的情况下认为已授权的生物杀灭产品对人类健康特别是弱势群体或动物或对环境可能呈现出一系列即时或长久的风险时，那么其可以采取适当的临时措施。成员国应当立即通知委员会和其他成员国并给与其基于新证据的决议的理由。

委员会应当通过采取实施行为的方式，要么给予决议中临时措施的一定的时间期限，要么要求成员国撤回临时措施的请求。事实行为应当根据第 82 章（3）的检查程序来进行。

第 89 章　过渡条款

1. 委员会应当继续指令 98/8/EC 第 16 章（2）中对所有现存活性物质系统检查的工作项目，并在 2014 年 5 月 14 日完成。为了那个目的，委员会应当根据第 83 章就以下方面采取授权行为：实施工作项目和相关权力的规格以及主管当局责任和项目参与者。

根据工作项目的进度，委员会应当根据第 83 章就以下内容采取授权行为：工作项目时间的延长。

为了促进从指令 98/8/EC 到本法规的平滑过渡，在工作项目中，如果活性物质在某些条件下被批准，但这些条件已经不满足第 4 章（1）和第 5 章（2）的要求或被要求的信息和数据没有在规定的时间内提交，委员会应当采纳实施法规来说明活性物质是不被批准的。这些实施措施应当根据第 82 章（3）的检查程序被采纳执行。法规审批通过一个活性物质应当指出批准的日期。

2. 通过对本法规第 17 章（1），第 19 章（1）和第 20 章（1）的减损，在不违背本章第 1 段和第 3 段的情况下，成员国可以继续实施其现有的体系或使寄存生物杀灭产品继续流通市场直到其中最后一个活性物质被批准后 2 年的行为。根据其国家的法规，成员国可以授权在其国家市场流通的生物杀灭产品，但仅仅是那些所含活性物质均为现存活性物质，即已经或正在委员会法规（EC）No 1451/2007 下 10 年项目中第二阶段进行评估的，但尚未就相关类别取得评估结果的。

通过对第一小段的减损，如果最终决定不予批准一个活性物质，那么该成员国可以继续实施其现有体系或使包含未获得批准活性物质的生物杀灭产品继续投放市场直到决议生效后开始 12 个月为止。

3. 如果最终决定就某种产品类别给予该活性物质的批准，那么成员国应当确保该产品类别下含有该活性物质的生物杀灭产品的授权，在活性物质批准 2 年的时间内被酌情给予，调整或取消。

那些希望申请授权或平行多国互认，而且生物杀灭产品中只包含现存活性物质的，应当向成员国主管当局提交授权或平行多国互认的申请，且不应该晚于活性物质的批准。如果生物杀灭产品包含多于一种的活性物质，授权的申请应当在不晚于最后一个活性物质被批准的日期前提交。

如果根据第 2 小段，没有授权或平行多国互认的申请被提出，那么：

(a) 从活性物质被批准后 180 天起，该生物杀灭产品不应当继续在市场流通。

(b) 既存生物杀灭产品的使用和丢弃可以继续到其包含的活性物质被批准开始后365天。

4. 如果一个成员国主管当局拒绝一份第三段中提交的活性物质授权申请或决定不给予授权，那么该生物杀灭产品不应该在该决定出台后180天以后再在市场上流通。对于既存的这种生物杀灭产品的使用和丢弃，可以在该决议出台后365天内继续进行。

第90章　指令98/8/EC下被评估的活性物质的过渡期条款

1. ECHA应当对协调2012年9月1日之后提交的卷宗的评估过程负责，并且应当通过向成员国和委员会提供组织性的、技术性的支持来促进评估的进行。

2. 以指令98/8/EC为目的提交的申请，且2013年9月1日还未完成评估的，应当被主管当局根据本法规的相关条款和法规（EC）No 1451/2007的相关条款进行评估。

评估应当以指令98/8/EC下提交的卷宗中的信息为基础进行。

当由于本法规相关条款的原因产生评估方面的担忧，但指令98/8/EC却没有这类的条款的情况下，申请者应当被赋予提供额外信息的机会。

应当尽全力避免附加的脊椎动物实验和延迟重审项目进度的过渡条款。

ECHA应当负责协调评估指令98/8/EC下提交的卷宗，如果该评估在2013年9月1日时还未完成，并且应当从2014年1月1日起通过为成员国和委员会提供组织性和技术支持来促进评估的准备。

第91章　指令98/8/EC下被提交的生物杀灭产品授权申请的过渡期条款

指令98/8/EC下提交的生物杀灭产品授权申请，如果2013年9月1日还未完成，应当根据该指令被成员国继续评估。

参照第1段，下列应当被实施：

■当活性物质的风险评估显示其符合第5章（1）中的条款，那么该生物杀灭产品应当根据第19章被赋予授权。

■当活性物质的风险评估显示其符合第10章（1）中的条款，那么该生物杀灭产品应当根据第 23 章被赋予授权。

当由于本法规相关条款的原因产生评估方面的担忧，但指令 98/8/EC 却没有这类的条款的情况下，申请者应当被赋予提供额外信息的机会。

第 92 章　指令 98/8/EC 下获得授权或注册的生物杀灭产品的过渡期条款

1. 在 2013 年 9 月 1 日之前获得指令 98/8/EC 第 3 章、第 4 章、第 15 章或第 17 章下的授权或注册生物杀灭产品可以继续在市场上流通和使用，但是需要符合授权或注册下的所有条件直到该授权或注册的失效或取消。

2. 本法规应当从 2013 年 9 月 1 日起施用于第 1 段中提到的生物杀灭产品。

第 93 章　指令 98/8/EC 下未覆盖的生物杀灭产品的过渡期条款

1. 在不违背第 89 章的情况下，没有被指令 98/8/EC 覆盖，而在本法规的管控范围，且在 2013 年 9 月 1 日已经存在于市场的生物杀灭产品的授权申请应当最晚在 2017 年 9 月 1 日提出。

2. 通过对第 17 章（1）的减损，第 1 段中的生物杀灭产品如果已经按照第 1 段的要求进行了授权申请，那么其可以继续在市场流通或使用直到其评估结果出台。如果评估结果拒绝给予该产品授权，那么生物杀灭产品在该结果出台后 180 天以后不得在市场流通。

通过对第 17 章（1）的减损，第 1 段中的生物杀灭产品如果未按照第 1 段的要求进行授权申请，那么其可以继续在市场流通或使用直到 2017 年 9 月 1 日后 180 天。

对于没有获得主管当局或委员会授权的既存生物杀灭产品的弃置或使用可以继续，直到第 1 小段的结果出台后 365 天或第 2 小段的结果出台后 12 个月，以较晚者为准。

第 94 章　处理物品的过渡期条款

1. 通过对第 58 章的减损，并不违背第 89 章的情况下，在 2013 年 9 月 1

日已经在市场上流通的处理物品，如果其中活性物质相关产品类别的批准申请在 2016 年 9 月 1 日之前已经被提交，那么该处理物品可以继续在市场流通，直到该处理物品包含或被处理的活性物质的评估结果出台。

2. 如果该评估结果显示该活性物质未被批准，那么处理物品不应当在该结果出台后 180 天或 2016 年 9 月 1 日之后继续在市场流通，以较晚者为准，除非第 1 段中的申请已经被提交。

第 95 章　关于活性物质卷宗的过渡期条款

1. 自 2013 年 9 月 1 日起，任何希望在欧盟市场投放活性物质本身或在生物杀灭产品中使用的人员应当为他们生产或进口的在生物杀灭产品中使用的每一个活性物质向 ECHA 提交申请：

(a) 符合附件Ⅱ要求或指令 98/8/EC 附件ⅡA 要求的卷宗。

(b) (a) 点数据的授权信。

(c) 如果所有的数据保护期都失效，则需提供关于这类数据的引用。

如果相关人员并非欧盟境内的自然人或法人，那么包含这类活性物质的生物杀灭产品的进口商应当提交第 1 小段中的信息。

为了本章的目的以及法规 (EC) No 1451/2007 附件Ⅱ中现存活性物质，本法规第 63 章 (3) 应当施用于所有毒理学和生态毒理学研究但除脊椎动物实验之外。

已经被授予活性物质卷宗授权信的相关人员可以允许申请者为了第 20 章 (1) 的目的而申请含有该活性物质的生物杀灭产品授权时引用该授权信。

通过对本法规第 60 章的减损，所有法规 (EC) No 1451/2007 附件Ⅱ中列出的物质/产品类别如果还未在本法规下获得批准，那么其数据保护期将在 2025 年 12 月 31 日失效。

2. 委员会应当公布已按照第 1 段提交申请的或已根据第 63 章 (3) 为其采纳决议的人员清单。该清单应当包括参与第 89 章 (1) 第 1 小段的工作项目的人员名称或扮演申请者角色的人员名单。

3. 在不违背第 93 章的情况下，从 2015 年 9 月 1 日起，如果生物杀灭产品中的活性物质的制造商或进口商没有进入第 2 段中的清单，那么其生物杀灭产品将不得继续在市场流通。

在不违背第 52 章和第 89 章的情况下，包含没有进入第 2 段中清单的供应商或进口商的活性物质的既存生物杀灭产品的弃置和使用可以继续道 2016 年 9 月 1 日。

4. 本章不得施用于附件Ⅰ中类别 1～5 和 7 的活性物质，或含有这些活性物质的生物杀灭产品。

第 96 章　申诉

在不违背本法规第 86 章、第 89 章、第 90 章、第 91 章和第 92 章的情况下，指令 98/8/EC 将于 2013 年 9 月 1 日失效。

失效指令的参考文献应当被作为本法规参考文献的一部分，进入附件Ⅶ。

第 97 章　生效

本法规将于其在欧盟官方杂志上发布后 20 天生效。

它将于 2013 年 9 月 1 日实施。

本法规应当在欧盟有效范围内均具有约束力，且应当直接被所有成员国所采用为本国法律。

斯特拉斯堡 2012 年 5 月 22 日

欧洲议会

主席舒尔茨

欧洲理事会

主席瓦门

附 录 2

BPR 原文参考（不含附件）

Regulation（EU）No 528/2012 of the European Parliament and of the Council of 22 May 2012 concerning the making available on the market and use of biocidal products Text with EEA relevance

Official Journal L 167，27/06/2012 P. 0001－0123

Regulation（EU）No 528/2012 of the European Parliament and of the Councilof 22 May 2012

concerning the making available on the market and use of biocidal products (Text with EEA relevance)

THE EUROPEAN PARLIAMENT AND THE COUNCIL OF THE EUROPEAN UNION，

Having regard to the Treaty on the Functioning of the European Union，and in particular Article 114 thereof，Having regard to the proposal from the European Commission，Having regard to the opinion of the European Economic and Social Committee [1]，Acting in accordance with the ordinary legislative procedure [2]，

Whereas：

(1) Biocidal products are necessary for the control of organisms that are harmful to human or animal health and for the control of organisms that

cause damage to natural or manufactured materials. However, biocidal products can pose risks to humans, animals and the environment due to their intrinsic properties and associated use patterns.

(2) Biocidal products should neither be made available on the market nor used unless authorised in accordance with this Regulation. Treated articles should not be placed on the market unless all active substances contained in the biocidal products with which they were treated or which they incorporate are approved in accordance with this Regulation.

(3) The purpose of this Regulation is to improve the free movement of biocidal products within the Union while ensuring a high level of protection of both human and animal health and the environment. Particular attention should be paid to the protection of vulnerable groups, such as pregnant women and children. This Regulation should be underpinned by the precautionary principle to ensure that the manufacturing and making available on the market of active substances and biocidal products do not result in harmful effects on human or animal health or unacceptable effects on the environment. With a view to removing, as far as possible, obstacles to trade in biocidal products, rules should be laid down for the approval of active substances and the making available on the market and use of biocidal products, including rules on the mutual recognition of authorisations and on parallel trade.

(4) To ensure a high level of protection for human health, animal health and the environment, this Regulation should apply without prejudice to Union legislation on safety in the workplace and environmental and consumer protection.

(5) Rules concerning the making available on the market of biocidal products

within the Community were established by Directive 98/8/EC of the European Parliament and of the Council [3] . It is necessary to adapt those rules in the light of experience and in particular the report on the first seven years of the implementation submitted by the Commission to the European Parliament and the Council, which analyses problems with and weaknesses of that Directive.

(6) Taking into account the main changes that should be made to the existing rules, a regulation is the appropriate legal instrument to replace Directive 98/8/EC to lay down clear, detailed and directly applicable rules. Moreover, a regulation ensures that legal requirements are implemented at the same time and in a harmonised manner throughout the Union.

(7) A distinction should be drawn between existing active substances which were on the market in biocidal products on the transposition date set in Directive 98/8/EC and new active substances which were not yet on the market in biocidal products on that date. During the ongoing review of existing active substances, Member States should continue to allow biocidal products containing such substances to be made available on the market according to their national rules until a decision is taken on approval of those active substances. Following such a decision Member States, or, where appropriate, the Commission, should grant, cancel or modify authorisations as appropriate. New active substances should be reviewed before biocidal products containing them are placed on the market, so as to ensure that new products that are placed on the market comply with the requirements of this Regulation. However, to encourage the development of new active substances, the evaluation procedure for new active substances should not prevent Member States or the Commission from authorising, for a limited period of time, biocidal products containing an active substance before it is approved, provided that a full dossier has

been submitted and it is believed that the active substance and the biocidal product satisfy the conditions set out in this Regulation.

(8) To ensure the equal treatment of persons placing active substances on the market, they should be required to hold a dossier, or have a letter of access to a dossier, or to relevant data in a dossier, for each of the active substances they manufacture or import for use in biocidal products. Biocidal products containing active substances for which the relevant person does not comply with that obligation should no longer be made available on the market. In such cases, there should be appropriate phase-out periods for disposal and use of existing stocks of biocidal products.

(9) This Regulation should apply to biocidal products that, in the form in which they are supplied to the user, consist of, contain or generate one or more active substances.

(10) In order to ensure legal certainty, it is necessary to establish a Union list of active substances approved for use in biocidal products. A procedure should be laid down for assessing whether or not an active substance can be entered in that list. The information that interested parties should submit in support of an application for approval of an active substance and its inclusion in the list should be specified.

(11) This Regulation applies without prejudice to Regulation (EC) No 1907/2006 of the European Parliament and of the Council of 18 December 2006 concerning the Registration, Evaluation, Authorisation and Restriction of Chemicals (REACH) and establishing a European Chemicals Agency [4]. Under certain conditions, biocidal active substances are exempt from the relevant provisions of that Regulation.

(12) With a view to achieving a high level of protection of human health, animal health and the environment, active substances with the worst hazard profiles should not be approved for use in biocidal products except in specific situations. These should include situations when approval is justified because of the negligible risk from exposure to the substance, human health, animal health or environmental reasons or the disproportionate negative impact for society of non – approval. When deciding if such active substances may be approved, the availability of suitable and sufficient alternative substances or technologies should also be taken into account.

(13) The active substances in the Union list should be regularly examined to take account of developments in science and technology. Where there are significant indications that an active substance used in biocidal products or treated articles does not meet the requirements of this Regulation, the Commission should be able to review the approval of the active substance.

(14) Active substances should be designated as candidates for substitution if they have certain intrinsic hazardous properties. In order to allow for a regular examination of substances identified as candidates for substitution, the approval period for those substances should not, even in the case of renewal, exceed seven years.

(15) In the course of granting or renewing the authorisation of a biocidal product that contains an active substance that is a candidate for substitution, it should be possible to compare the biocidal product with other authorised biocidal products, non – chemical means of control and prevention methods with regard to risks they pose and benefits from their use. As a result of such a comparative assessment, a biocidal product containing active substances identified

as candidates for substitution should be prohibited or restricted where it is demonstrated that other authorised biocidal products or non – chemical control or prevention methods that present a significantly lower overall risk for human health, animal health and the environment, are sufficiently effective and present no other significant economic or practical disadvantages. Appropriate phase – out periods should be provided for in such cases.

(16) In order to avoid unnecessary administrative and financial burdens for industry and competent authorities, a full in – depth evaluation of an application to renew the approval of an active substance or the authorisation of a biocidal product should be carried out only if the competent authority that was responsible for the initial evaluation decides that this is necessary on the basis of the available information.

(17) There is a need to ensure effective coordination and management of the technical, scientific and administrative aspects of this Regulation at Union level. The European Chemicals Agency set up under Regulation (EC) No 1907/2006 ("the Agency") should carry out specified tasks with regard to the evaluation of active substances as well as the Union authorisation of certain categories of biocidal products and related tasks. Consequently, a Biocidal Products Committee should be established within the Agency to carry out certain tasks conferred on the Agency by this Regulation.

(18) Certain biocidal products and treated articles as defined in the Regulation are also regulated by other Union legislation. It is therefore necessary to draw clear borderlines in order to ensure legal certainty. A list of product – types covered by this Regulation with an indicative set of descriptions within each type should be set out in an Annex to this Regulation.

(19) Biocidal products intended to be used not only for the purposes of this Regulation, but also in connection with medical devices, such as disinfectants used to disinfect surfaces in hospitals and medical devices, may pose risks other than those with which this Regulation is concerned. Therefore, such biocidal products should comply, in addition to the requirements laid down in this Regulation, with the relevant essential requirements set out in Annex I to Council Directive 90/385/EEC of 20 June 1990 on the approximation of the laws of the Member States relating to active implantable medical devices [5], Council Directive 93/42/EEC of 14 June 1993 concerning medical devices [6] and Directive 98/79/EC of the European Parliament and of the Council of 27 October 1998 on in vitro diagnostic medical devices [7] .

(20) Where a product has a biocidal function that is inherent to its cosmetic function, or where that biocidal function is considered to be a secondary claim of a cosmetic product and is therefore regulated under Regulation (EC) No 1223/2009 of the European Parliament and of the Council of 30 November 2009 on cosmetic products [8], that function and the product should remain outside the scope of this Regulation.

(21) The safety of food and feed is subject to Union legislation, in particular Regulation (EC) No 178/2002 of the European Parliament and of the Council of 28 January 2002 laying down the general principles and requirements of food law, establishing the European Food Safety Authority and laying down procedures in matters of food safety [9] . Therefore, the present Regulation should not apply to food and feed used as repellents or attractants.

(22) Processing aids are covered by existing Union legislation, in particular Regulation (EC) No 1831/2003 of the European Parliament and of the Council of 22 September 2003 on additives for use in animal nutrition

[10] and Regulation (EC) No 1333/2008 of the European Parliament and of the Council of 16 December 2008 on food additives [11]. Therefore, it is appropriate to exclude them from the scope of this Regulation.

(23) As products used for the preservation of food or feed by the control of harmful organisms, previously covered by product - type 20, are covered by Regulation (EC) No 1831/2003 and Regulation (EC) No 1333/2008, it is not appropriate to maintain that product - type.

(24) As the International Convention for the Control and Management of Ships' Ballast Water and Sediments provides for an effective assessment of the risks posed by ballast water management systems, the final approval and subsequent type - approval of such systems should be considered equivalent to the product authorisation required under this Regulation.

(25) To avoid possible negative effects on the environment, biocidal products that can no longer lawfully be made available on the market should be dealt with in accordance with Union legislation on waste, in particular Directive 2008/98/EC of the European Parliament and of the Council of 19 November 2008 on waste [12], as well as national legislation implementing that legislation.

(26) To facilitate the making available on the market throughout the Union of certain biocidal products with similar conditions of use in all Member States, it is appropriate to provide for Union authorisation of those products. In order to allow some time for the Agency to build up the necessary capacity and to gain experience with this procedure, the possibility to apply for Union authorisation should be extended through a step -

wise approach to further categories of biocidal products with similar conditions of use in all Member States.

(27) The Commission should review experience with the provisions on Union authorisations and report to the European Parliament and the Council by 31 December 2017, accompanying its report with proposals for changes if appropriate.

(28) To ensure that only biocidal products that comply with the relevant provisions of this Regulation are made available on the market, biocidal products should be subject to authorisation either by competent authorities for making available on the market and use within the territory of a Member State or part of it, or by the Commission for making available on the market and use within the Union.

(29) To encourage the use of products with a more favourable environmental or human or animal health profile, it is appropriate to provide for simplified authorisation procedures for such biocidal products. Once authorised in at least one Member State, those products should be allowed to be made available on the market in all Member States without the need for mutual recognition, under certain conditions.

(30) To identify biocidal products which are eligible for simplified authorisation procedures, it is appropriate to establish a specific list of the active substances that those products may contain. That list should, initially, contain substances identified as presenting a low risk under Regulation (EC) No 1907/2006 or Directive 98/8/EC, substances identified as food additives, pheromones and other substances considered to have low toxicity, such as weak acids, alcohols and vegetable oils used in cosmetics and food.

(31) It is necessary to provide common principles for the evaluation and authorisation of biocidal products to ensure a harmonised approach by competent authorities.

(32) To evaluate the risks that would arise from proposed uses of biocidal products, it is appropriate that applicants submit dossiers which contain the necessary information. Defining a data set for active substances and for biocidal products in which they are contained is necessary so as to assist both applicants seeking authorisation and competent authorities carrying out an evaluation to decide on authorisation.

(33) In the light of the diversity of both active substances and biocidal products not subject to the simplified authorisation procedure, the data and test requirements should suit the individual circumstances and allow an overall risk assessment. Therefore, an applicant should be able to request the adaptation of the data requirements, as appropriate, including the waiving of data requirements which are not necessary or are impossible to submit in view of the nature or the proposed uses of the product. Applicants should provide appropriate technical and scientific justification to support their requests.

(34) In order to help applicants, and in particular small and medium-sized enterprises (SMEs), to comply with the requirements of this Regulation, Member States should provide advice, for example by establishing helpdesks. This advice should be in addition to the operational guidance documents and other advice and assistance provided by the Agency.

(35) In particular, to ensure that applicants can effectively exercise the right to request the adaptation of data requirements, Member States should

provide advice on this possibility and the grounds on which such requests could be made.

(36) To facilitate access to the market it should be possible to authorise a group of biocidal products as a biocidal product family. Biocidal products within a biocidal product family should have similar uses and the same active substances. Variations in the composition or the replacement of non-active substances should be specified, but may not adversely affect the level of risk or significantly reduce the efficacy of the products.

(37) When authorising biocidal products it is necessary to ensure that, when properly used for the purpose intended, they are sufficiently effective and have no unacceptable effect on the target organisms such as resistance, or, in the case of vertebrates, unnecessary suffering and pain. Furthermore, they may not have, in the light of current scientific and technical knowledge, any unacceptable effect on human health, animal health or on the environment. Where appropriate, maximum residue limits for food and feed should be established with respect to active substances contained in a biocidal product to protect human and animal health. When these requirements are not met, biocidal products shall not be authorised unless their authorisation is justified because of the disproportionate negative impact for society of not authorising them when compared to the risks arising from their use.

(38) Where possible, the presence of harmful organisms should be avoided by means of suitable precautionary steps, such as proper warehousing of goods, compliance with relevant hygiene standards and immediate disposal of waste. As far as possible, biocidal products that pose lower risks for humans, animals and the environment should be used whenever they provide an effective remedy, and biocidal products that are in-

tended to harm, kill or destroy animals that are capable of experiencing pain and distress should be used only as a last resort.

(39) Some authorised biocidal products may present certain risks if used by the general public. It is therefore appropriate to provide that certain biocidal products should not generally be authorised for making available on the market for use by the general public.

(40) To avoid duplication of the evaluation procedures and to ensure free movement of biocidal products within the Union, procedures should be established to ensure that product authorisations granted in one Member State are recognised in other Member States.

(41) To enable closer cooperation between Member States in the evaluation of biocidal products and to facilitate biocidal products' market access, it should be possible to launch the mutual recognition procedure when applying for the first national authorisation.

(42) It is appropriate to lay down procedures for the mutual recognition of national authorisations and, in particular, to resolve any disagreements without undue delay. If a competent authority refuses mutual recognition of an authorisation or proposes to restrict it, a coordination group should try to reach an agreement on the action to be taken. If the coordination group does not succeed in finding an agreement within a specified time limit, the Commission should be empowered to take a decision. In case of technical or scientific questions, the Commission may consult the Agency before preparing its decision.

(43) However, considerations related to public policy or public security, environmental and human and animal health protection, the protection of

national treasures and the absence of the target organisms might justify, following agreement with the applicant, Member States' refusal to grant an authorisation or decision to adjust the terms and conditions of the authorisation to be granted. If no agreement with the applicant can be found, the Commission should be empowered to take a decision.

(44) The use of biocidal products of certain product - types might give rise to animal welfare concerns. Therefore, Member States should be allowed to derogate from the principle of mutual recognition for biocidal products falling under such product - types, in so far as such derogations are justified and do not jeopardise the purpose of this Regulation regarding an appropriate level of protection of the internal market.

(45) In order to facilitate the functioning of the authorisation and mutual recognition procedures, it is appropriate to establish a system for the mutual exchange of information. To accomplish this, a Register for Biocidal Products should be established. Member States, the Commission and the Agency should use this Register to make available to each other the particulars and scientific documentation submitted in connection with applications for authorisation of biocidal products.

(46) If the use of a biocidal product is in the interests of a Member State, but there is no applicant interested in making available on the market such a product in the Member State, official or scientific bodies should be able to apply for an authorisation. If they are granted an authorisation, they should have the same rights and obligations as any other authorisation holder.

(47) To take account of scientific and technical developments as well as the needs of authorisation holders, it is appropriate to specify under which

conditions authorisations can be cancelled, reviewed or amended. The notification and exchange of information which may affect authorisations is also necessary to enable competent authorities and the Commission to take appropriate action.

(48) In the event of an unforeseen danger threatening public health or the environment which cannot be contained by other means, it should be possible for Member States to permit, for a limited period of time, the making available on the market of biocidal products which do not comply with the requirements of this Regulation.

(49) To encourage research and development in active substances and biocidal products, it is necessary to establish rules concerning the making available on the market and use of unauthorised biocidal products and non-approved active substances for the purposes of research and development.

(50) In view of the benefits for the internal market and for the consumer, it is desirable to establish harmonised rules for parallel trade in identical biocidal products authorised in different Member States.

(51) To determine, where necessary, the similarity of active substances, it is appropriate to lay down rules concerning technical equivalence.

(52) To protect human health, animal health and the environment, and to avoid discrimination between treated articles originating in the Union and treated articles imported from third countries, all treated articles placed on the internal market should contain only approved active substances.

(53) To enable consumers to make informed choices, to facilitate enforce-

ment and to provide an overview of their use, treated articles should be appropriately labelled.

(54) Applicants that have invested in supporting the approval of an active substance or the authorisation of a biocidal product in accordance with this Regulation or Directive 98/8/EC should be able to recover part of their investment by receiving equitable compensation whenever use of proprietary information which they submitted in support of such approval or authorisation is made for the benefit of subsequent applicants.

(55) With a view to ensuring that all proprietary information submitted in support of the approval of an active substance or the authorisation of a biocidal product is protected from the moment of its submission and to prevent situations where some information is without protection, the data protection periods should also apply to information submitted for the purposes of Directive 98/8/EC.

(56) To encourage the development of new active substances and biocidal products containing them, it is necessary to provide for a period of protection with respect to the proprietary information submitted in support of the approval of such active substances or the authorisation of biocidal products containing them which is longer than the period of protection for information concerning existing active substances and biocidal products containing them.

(57) It is essential to minimise the number of tests on animals and for testing with biocidal products, or active substances contained in biocidal products, to be carried out only when the purpose and use of a product so requires. Applicants should share, and not duplicate, studies on vertebrates in exchange for equitable compensation. In the absence of an a-

greement on sharing of studies on vertebrates between the data owner and the prospective applicant, the Agency should allow the use of the studies by the prospective applicant without prejudice to any decision on compensation made by national courts. Competent authorities and the Agency should have access to the contact details of the owners of such studies via a Union register so as to inform prospective applicants.

(58) A level playing field should be established as quickly as possible on the market for existing active substances, taking into account the objectives of reducing unnecessary tests and costs to the minimum, in particular for SMEs, of avoiding the establishment of monopolies, of sustaining free competition between economic operators and of equitable compensation of the costs borne by data owners.

(59) The generation of information by alternative means not involving tests on animals which are equivalent to prescribed tests and test methods should also be encouraged. In addition, the adaptation of data requirements should be used to prevent unnecessary costs related to testing.

(60) To ensure that the requirements laid down with respect to the safety and quality of authorised biocidal products are satisfied when they are made available on the market, Member States should take measures for appropriate control and inspection arrangements and manufacturers should maintain a suitable and proportionate quality control system. To this end, it may be appropriate for Member States to take action together.

(61) Effective communication of information on risks resulting from biocidal products and risk management measures is an essential part of the system established by this Regulation. While facilitating access to information, competent authorities, the Agency and the Commission should re-

spect the principle of confidentiality and avoid any disclosure of information which could be harmful to the commercial interests of the person concerned, except where it is necessary for the protection of human health, safety or the environment or for other reasons of overriding public interest.

(62) To increase the efficiency of monitoring and control, and to provide information relevant for addressing the risks of biocidal products, authorisation holders should keep records of the products they place on the market.

(63) It is necessary to specify that provisions concerning the Agency laid down in Regulation (EC) No 1907/2006 should apply accordingly in the context of biocidal active substances and products. Where separate provisions need to be made with respect to the tasks and functioning of the Agency under this Regulation, they should be specified in this Regulation.

(64) The costs of the procedures associated with the operation of this Regulation need to be recovered from those making biocidal products available on the market and those seeking to do so in addition to those supporting the approval of active substances. To promote the smooth operation of the internal market, it is appropriate to establish certain common principles applicable both to fees payable to the Agency and to Member States' competent authorities, including the need to take into account, as appropriate, the specific needs of SMEs.

(65) It is necessary to provide for the possibility of an appeal against certain decisions of the Agency. The Board of Appeal set up within the Agency by Regulation (EC) No 1907/2006 should also process appeals against

decisions adopted by the Agency under this Regulation.

(66) There is scientific uncertainty about the safety of nanomaterials for human health, animal health and the environment. In order to ensure a high level of consumer protection, free movement of goods and legal certainty for manufacturers, it is necessary to develop a uniform definition for nanomaterials, if possible based on the work of appropriate international forums and to specify that the approval of an active substance does not include the nanomaterial form unless explicitly mentioned. The Commission should regularly review the provisions on nanomaterials in the light of scientific progress.

(67) To ensure a smooth transition, it is appropriate to provide for a deferred application of this Regulation and to provide for specific measures concerning the assessment of applications for the approval of active substances and authorisation of biocidal products submitted before the application of this Regulation.

(68) The Agency should take over the coordination and facilitation tasks for new submissions for approval of active substances as of the date of applicability of this Regulation. However, in view of the high number of historical dossiers it is appropriate to allow some time for the Agency to prepare for the new tasks related to dossiers submitted under Directive 98/8/EC.

(69) To respect the legitimate expectations of companies with respect to the placing on the market and use of low-risk biocidal products covered by Directive 98/8/EC, those companies should be allowed to make such products available on the market if they comply with the rules on the registration of low-risk biocidal products under that Directive. However, this Regulation should apply

after the expiry of the first registration.

(70) Taking into consideration that some products were not covered by Community legislation on biocidal products, it is appropriate to provide for transitional periods for such products and treated articles.

(71) This Regulation should take account, as appropriate, of other work programmes concerned with the review or authorisation of substances and products, or relevant international Conventions. In particular, it should contribute to the fulfilment of the Strategic Approach to International Chemicals Management adopted on 6 February 2006 in Dubai.

(72) In order to supplement or amend this Regulation, the power to adopt acts in accordance with Article 290 of the Treaty on the Functioning of the European Union should be delegated to the Commission in respect of certain non-essential elements of this Regulation. It is of particular importance that the Commission carry out appropriate consultations during its preparatory work, including at expert level. The Commission, when preparing and drawing up delegated acts, should ensure a simultaneous, timely and appropriate transmission of relevant documents to the European Parliament and to the Council.

(73) The Commission should adopt immediately applicable delegated acts where, in duly justified cases relating to the restriction of an active substance in Annex I or to the removal of an active substance from that Annex, imperative grounds of urgency so require.

(74) In order to ensure uniform conditions for the implementation of this Regulation, implementing powers should be conferred on the Commission. Those powers should be exercised in accordance with Regulation

(EU) No 182/2011 of the European Parliament and of the Council of 16 February 2011 laying down the rules and general principles concerning mechanisms for control by the Member States of the Commission's exercise of implementing powers [13] .

(75) The Commission should adopt immediately applicable implementing acts where, in duly justified cases relating to the approval of an active substance or to the cancelling of an approval, imperative grounds of urgency so require.

(76) Since the objective of this Regulation, namely, to improve the functioning of the internal market for biocidal products, whilst ensuring a high level of protection of both human and animal health and the environment cannot be sufficiently achieved by the Member States, and can therefore, by reason of its scale and effects, be better achieved at Union level, the Union may adopt measures, in accordance with the principle of subsidiarity as set out in Article 5 of the Treaty on European Union. In accordance with the principle of proportionality, as set out in that Article, this Regulation does not go beyond what is necessary in order to achieve that objective,

HAVE ADOPTED THIS REGULATION:

CHAPTER I
SCOPE AND DEFINITIONS

Article 1
Purpose and subject matter

1. The purpose of this Regulation is to improve the functioning of the internal market through the harmonisation of the rules on the making available on the market and the use of biocidal products, whilst ensuring a high level of protection of both human and animal health and the environment. The provisions of this Regulation are underpinned by the precautionary principle, the aim of which is to safeguard the health of humans, the health of animals and the environment. Particular attention shall be paid to the protection of vulnerable groups.

2. This Regulation lays down rules for:

(a) the establishment at Union level of a list of active substances which may be used in biocidal products;

(b) the authorisation of biocidal products;

(c) the mutual recognition of authorisations within the Union;

(d) the making available on the market and the use of biocidal products within one or more Member States or the Union;

(e) the placing on the market of treated articles.

Article 2
Scope

1. This Regulation shall apply to biocidal products and treated articles. A list of the types of biocidal products covered by this Regulation and their descriptions is set out in Annex V.

2. Subject to any explicit provision to the contrary in this Regulation or other Union legislation, this Regulation shall not apply to biocidal products or treated articles that are within the scope of the following instruments:

(a) Council Directive 90/167/EEC of 26 March 1990 laying down the conditions governing the preparation, placing on the market and use of medicated feedingstuffs in the Community [14];

(b) Directive 90/385/EEC, Directive 93/42/EEC and Directive 98/79/EC;

(c) Directive 2001/82/EC of the European Parliament and of the Council of 6 November 2001 on the Community code relating to veterinary medicinal products [15], Directive 2001/83/EC of the European Parliament and of the Council of 6 November 2001 on the Community code relating to medicinal products for human use [16] and Regulation (EC) No 726/2004 of the European Parliament and of the Council of 31 March 2004 laying down Community procedures for the authorisation and supervision of medicinal products for human and veterinary use and establishing a European Medicines Agency [17];

(d) Regulation (EC) No 1831/2003;

(e) Regulation (EC) No 852/2004 of the European Parliament and of the

Council of 29 April 2004 on the hygiene of foodstuffs [18] and Regulation (EC) No 853/2004 of the European Parliament and of the Council of 29 April 2004 laying down specific hygiene rules for food of animal origin [19];

(f) Regulation (EC) No 1333/2008;

(g) Regulation (EC) No 1334/2008 of the European Parliament and of the Council of 16 December 2008 on flavourings and certain food ingredients with flavouring properties for use in and on foods [20];

(h) Regulation (EC) No 767/2009 of the European Parliament and of the Council of 13 July 2009 on the placing on the market and use of feed [21];

(i) Regulation (EC) No 1107/2009 of the European Parliament and of the Council of 21 October 2009 concerning the placing of plant protection products on the market [22];

(j) Regulation (EC) No 1223/2009;

(k) Directive 2009/48/EC of the European Parliament and of the Council of 18 June 2009 on the safety of toys [23] .

Notwithstanding the first subparagraph, when a biocidal product falls within the scope of one of the abovementioned instruments and is intended to be used for purposes not covered by those instruments, this Regulation shall also apply to that biocidal product insofar as those purposes are not addressed by those instruments.

3. Subject to any explicit provision to the contrary in this Regulation or other Union legislation, this Regulation shall be without prejudice to the following instruments:

(a) Council Directive 67/548/EEC of 27 June 1967 on the approximation of laws, regulations and administrative provisions relating to the classification, packaging and labelling of dangerous substances [24];

(b) Council Directive 89/391/EEC of 12 June 1989 on the introduction of measures to encourage improvements in the safety and health of workers at work [25];

(c) Council Directive 98/24/EC of 7 April 1998 on the protection of the health and safety of workers from the risks related to chemical agents at work [26];

(d) Council Directive 98/83/EC of 3 November 1998 on the quality of water intended for human consumption [27];

(e) Directive 1999/45/EC of the European Parliament and of the Council of 31 May 1999 concerning the approximation of the laws, regulations and administrative provisions of the Member States relating to the classification, packaging and labelling of dangerous preparations [28];

(f) Directive 2000/54/EC of the European Parliament and of the Council of 18 September 2000 on the protection of workers from risks related to exposure to biological agents at work [29];

(g) Directive 2000/60/EC of the European Parliament and of the Council of 23 October 2000 establishing a framework for Community action in the field of water policy [30];

(h) Directive 2004/37/EC of the European Parliament and of the Council of 29 April 2004 on the protection of workers from the risks related to exposure to carcinogens or mutagens at work [31];

(i) Regulation (EC) No 850/2004 of the European Parliament and of the Council of 29 April 2004 on persistent organic pollutants [32];

(j) Regulation (EC) No 1907/2006;

(k) Directive 2006/114/EC of the European Parliament and of the Council of 12 December 2006 concerning misleading and comparative advertising [33];

(l) Regulation (EC) No 689/2008 of the European Parliament and of the Council of 17 June 2008 concerning the export and import of dangerous chemicals [34];

(m) Regulation (EC) No 1272/2008 of the European Parliament and of the Council of 16 December 2008 on classification, labelling and packaging of substances and mixtures [35];

(n) Directive 2009/128/EC of the European Parliament and of the Council of 21 October 2009 establishing a framework for Community action to achieve the sustainable use of pesticides [36];

(o) Regulation (EC) No 1005/2009 of the European Parliament and of the Council of 16 September 2009 on substances that deplete the ozone layer [37];

(p) Directive 2010/63/EU of the European Parliament and of the Council of 22 September 2010 on the protection of animals used for scientific purposes [38];

(q) Directive 2010/75/EU of the European Parliament and of the Council of 24 November 2010 on industrial emissions [39] .

4. Article 69 shall not apply to the carriage of biocidal products by rail, road, inland waterway, sea or air.

5. This Regulation shall not apply to:

(a) food or feed used as repellents or attractants;

(b) biocidal products when used as processing aids.

6. Biocidal products which obtained final approval under the International Convention for the Control and Management of Ships' Ballast Water and Sediments shall be considered as authorised under Chapter Ⅷ of this Regulation. Articles 47 and 68 shall apply accordingly.

7. Nothing in this Regulation shall prevent Member States from restricting or banning the use of biocidal products in the public supply of drinking water.

8. Member States may allow for exemptions from this Regulation in specific cases for certain biocidal products, on their own or in a treated article, where necessary in the interests of defence.

9. The disposal of active substances and biocidal products shall be carried out

in accordance with the Union and national waste legislation in force.

Article 3
Definitions

1. For the purposes of this Regulation, the following definitions shall apply:

(a) "biocidal product" means

- any substance or mixture, in the form in which it is supplied to the user, consisting of, containing or generating one or more active substances, with the intention of destroying, deterring, rendering harmless, preventing the action of, or otherwise exerting a controlling effect on, any harmful organism by any means other than mere physical or mechanical action.

- any substance or mixture, generated from substances or mixtures which do not themselves fall under the first indent, to be used with the intention of destroying, deterring, rendering harmless, preventing the action of, or otherwise exerting a controlling effect on, any harmful organism by any means other than mere physical or mechanical action.

A treated article that has a primary biocidal function shall be considered a biocidal product.

(b) "micro - organism" means any microbiological entity, cellular or non - cellular, capable of replication or of transferring genetic material, including lower fungi, viruses, bacteria, yeasts, moulds, algae, protozoa and microscopic parasitic helminths;

(c) "active substance" means a substance or a micro - organism that has an action on or against harmful organisms;

(d) "existing active substance" means a substance which was on the market on 14 May 2000 as an active substance of a biocidal product for purposes other than scientific or product and process - orientated research and development;

(e) “new active substance” means a substance which was not on the market on 14 May 2000 as an active substance of a biocidal product for purposes other than scientific or product and process - orientated research and development;

(f) “substance of concern” means any substance, other than the active substance, which has an inherent capacity to cause an adverse effect, immediately or in the more distant future, on humans, in particular vulnerable groups, animals or the environment and is present or is produced in a biocidal product in sufficient concentration to present risks of such an effect. Such a substance would, unless there are other grounds for concern, normally be:

- a substance classified as dangerous or that meets the criteria to be classified as dangerous according to Directive 67/548/EEC, and that is present in the biocidal product at a concentration leading the product to be regarded as dangerous within the meaning of Articles 5, 6 and 7 of Directive 1999/45/EC, or
- a substance classified as hazardous or that meets the criteria for classification as hazardous according to Regulation (EC) No 1272/2008, and that is present in the biocidal product at a concentration leading the product to be regarded as hazardous within the meaning of that Regulation,
- a substance which meets the criteria for being a persistent organic pollutant (POP) under Regulation (EC) No 850/2004, or which meets the criteria for being persistent, bio - accumulative and toxic (PBT) or very persistent and very bio - accumulative (vPvB) in accordance with Annex XIII to Regulation (EC) No 1907/2006;

(g) "harmful organism" means an organism, including pathogenic agents, which has an unwanted presence or a detrimental effect on humans, their activities or the products they use or produce, on animals or the environment;

(h) "residue" means a substance present in or on products of plant or animal origin, water resources, drinking water, food, feed or elsewhere in the environment and resulting from the use of a biocidal product, including such a substance's metabolites, breakdown or reaction products;

(i) "making available on the market" means any supply of a biocidal product or of a treated article for distribution or use in the course of a commercial activity, whether in return for payment or free of charge;

(j) "placing on the market" means the first making available on the market of a biocidal product or of a treated article;

(k) "use" means all operations carried out with a biocidal product, including storage, handling, mixing and application, except any such operation carried out with a view to exporting the biocidal product or the treated article outside the Union;

(l) "treated article" means any substance, mixture or article which has been treated with, or intentionally incorporates, one or more biocidal products;

(m) "national authorisation" means an administrative act by which the competent authority of a Member State authorises the making available on the market and the use of a biocidal product or a biocidal product family in its territory or in a part thereof;

(n) "Union authorisation" means an administrative act by which the Commission authorises the making available on the market and the use of a biocidal product or a biocidal product family in the territory of the Union or in a part thereof;

(o) "authorisation" means national authorisation, Union authorisation or authorisation in accordance with Article 26;

(p) "authorisation holder" means the person established within the Union who is responsible for the placing on the market of a biocidal product in a particular Member State or in the Union and specified in the authorisation;

(q) "product - type" means one of the product - types specified in Annex V;

(r) "single biocidal product" means a biocidal product with no intended variations as to the percentage of the active or non - active substances it contains;

(s) "biocidal product family" means a group of biocidal products having similar uses, the active substances of which have the same specifications, and presenting specified variations in their composition which do not adversely affect the level of risk or significantly reduce the efficacy of the products;

(t) "letter of access" means an original document, signed by the data owner or its representative, which states that the data may be used for the benefit of a third party by competent authorities, the Agency, or the Commission for the purposes of this Regulation;

(u) "food" and "feed" mean food as defined in Article 2 of Regulation (EC) No 178/2002 and feed as defined in Article 3 (4) of that Regulation;

(v) "processing aid" means any substance falling within the definition of point (b) of Article 3 (2) of Regulation (EC) No 1333/2008 or point (h) of Article 2 (2) of Regulation (EC) No 1831/2003;

(w) "technical equivalence" means similarity, as regards the chemical composition and hazard profile, of a substance produced either from a source different to the reference source, or from the reference source but following a change to the manufacturing process and/or manufacturing location, compared to the substance of the reference source in respect of which the initial risk assessment was carried out, as established in Article 54;

(x) "Agency" means the European Chemicals Agency established by Regulation (EC) No 1907/2006;

(y) "advertisement" means a means of promoting the sale or use of biocidal products by printed, electronic or other media;

(z) "nanomaterial" means a natural or manufactured active substance or non-active substance containing particles, in an unbound state or as an aggregate or as an agglomerate and where, for 50 % or more of the particles in the number size distribution, one or more external dimensions is in the size range 1-100 nm.

Fullerenes, graphene flakes and single-wall carbon nanotubes with one or more external dimensions below 1 nm shall be considered as nanomaterials.

For the purposes of the definition of nanomaterial, "particle", "agglomerate" and "aggregate" are defined as follows:

– "particle" means a minute piece of matter with defined physical boundaries,

– "agglomerate" means a collection of weakly bound particles or aggregates where the resulting external surface area is similar to the sum of the surface areas of the individual components,

– "aggregate" means a particle comprising strongly bound or fused particles;

(aa) "administrative change" means an amendment of an existing authorisation of a purely administrative nature involving no change to the properties or efficacy of the biocidal product or biocidal product family;

(ab) "minor change" means an amendment of an existing authorisation that is not of a purely administrative nature and requires only a limited re – assessment of the properties or efficacy of the biocidal product or biocidal product family;

(ac) "major change" means an amendment of an existing authorisation which is neither an administrative change nor a minor change;

(ad) "vulnerable groups" means persons needing specific consideration when assessing the acute and chronic health effects of biocidal products. These include pregnant and nursing women, the unborn, infants and children, the elderly and, when subject to high exposure to biocidal products over the long term, workers and residents;

(ae) "small and medium – sized enterprises" or "SMEs" means small and medium – sized enterprises as defined in Commission Recommendation 2003/361/EC of 6 May 2003 concerning the definition of micro, small and medium – sized enterprises [40].

2. For the purposes of this Regulation, the definitions laid down in Article 3 of Regulation (EC) No 1907/2006 shall apply for the following terms:

(a) "substance";

(b) "mixture";

(c) "article";

(d) "product and process-orientated research and development";

(e) "scientific research and development".

3. The Commission may, at the request of a Member State, decide, by means of implementing acts, whether a substance is a nanomaterial, having regard in particular to Commission Recommendation 2011/696/EU of 18 October 2011 on the definition of nanomaterial [41], and whether a specific product or group of products is a biocidal product or a treated article or neither. Those implementing acts shall be adopted in accordance with the examination procedure referred to in Article 82 (3).

4. The Commission shall be empowered to adopt delegated acts in accordance with Article 83 in order to adapt the definition of nanomaterial set out in point (z) of paragraph 1 of this Article in view of technical and scientific progress and taking into account the Recommendation 2011/696/EU.

CHAPTER Ⅱ
APPROVAL OF ACTIVE SUBSTANCES

Article 4
Conditions for approval

1. An active substance shall be approved for an initial period not exceeding 10

years if at least one biocidal product containing that active substance may be expected to meet the criteria laid down in point (b) of Article 19 (1) taking into account the factors set out in Article 19 (2) and (5) . An active substance that falls under Article 5 may only be approved for an initial period not exceeding five years.

2. The approval of an active substance shall be restricted to those product-types for which relevant data have been submitted in accordance with Article 6.

3. The approval shall specify the following conditions, as appropriate:

(a) the minimum degree of purity of the active substance;

(b) the nature and maximum content of certain impurities;

(c) the product-type;

(d) manner and area of use including, where relevant, use in treated articles;

(e) designation of categories of users;

(f) where relevant, characterisation of the chemical identity with regard to stereoisomers;

(g) other particular conditions based on the evaluation of the information related to that active substance;

(h) the date of approval and the expiry date of the approval of the active substance.

4. The approval of an active substance shall not cover nanomaterials except where explicitly mentioned.

Article 5
Exclusion criteria

1. Subject to paragraph 2, the following active substances shall not be approved:

(a) active substances which have been classified in accordance with Regulation (EC) No 1272/2008 as, or which meet the criteria to be classified as, carcinogen category 1A or 1B;

(b) active substances which have been classified in accordance with Regulation (EC) No 1272/2008 as, or which meet the criteria to be classified as, mutagen category 1A or 1B;

(c) active substances which have been classified in accordance with Regulation (EC) No 1272/2008 as, or which meet the criteria to be classified as, toxic for reproduction category 1A or 1B;

(d) active substances which, on the basis of the criteria specified pursuant to the first subparagraph of paragraph 3 or, pending the adoption of those criteria, on the basis of the second and third subparagraphs of paragraph 3, are considered as having endocrine - disrupting properties that may cause adverse effects in humans or which are identified in accordance with Articles 57 (f) and 59 (1) of Regulation (EC) No 1907/2006 as having endocrine disrupting properties;

(e) active substances which meet the criteria for being PBT or vPvB according to Annex XIII to Regulation (EC) No 1907/2006.

2. Without prejudice to Article 4 (1), active substances referred to in paragraph 1 of this Article may be approved if it is shown that at least one of the following conditions is met:

(a) the risk to humans, animals or the environment from exposure to the active substance in a biocidal product, under realistic worst case conditions of use, is negligible, in particular where the product is used in closed systems or under other conditions which aim at excluding contact with humans and release into the environment;

(b) it is shown by evidence that the active substance is essential to prevent or control a serious danger to human health, animal health or the environment; or

(c) not approving the active substance would have a disproportionate negative impact on society when compared with the risk to human health, animal health or the environment arising from the use of the substance.
When deciding whether an active substance may be approved in accordance with the first subparagraph, the availability of suitable and sufficient alternative substances or technologies shall be a key consideration.
The use of a biocidal product containing active substances approved in accordance with this paragraph shall be subject to appropriate risk-mitigation measures to ensure that exposure of humans, animals and the environment to those active substances is minimised. The use of the biocidal product with the active substances concerned shall be restricted to Member States in which at least one of the conditions set out in this paragraph is met.

3. No later than 13 December 2013, the Commission shall adopt delegated acts in accordance with Article 83 specifying scientific criteria for the determination of endocrine - disrupting properties.

Pending the adoption of those criteria, active substances that are classified in accordance with Regulation (EC) No 1272/2008 as, or meet the criteria to be classified as, carcinogen category 2 and toxic for reproduction category 2, shall be considered as having endocrine - disrupting properties.

Substances such as those that are classified in accordance with Regulation (EC) No 1272/2008 as, or that meet the criteria to be classified as, toxic for reproduction category 2 and that have toxic effects on the endocrine organs, may be considered as having endocrine - disrupting properties.

Article 6
Data requirements for an application

1. An application for approval of an active substance shall contain at least the following elements:

(a) a dossier for the active substance satisfying the requirements set out in Annex Ⅱ;

(b) a dossier satisfying the requirements set out in Annex Ⅲ for at least one representative biocidal product that contains the active substance; and

(c) if the active substance meets at least one of the exclusion criteria listed in Article 5 (1), evidence that Article 5 (2) is applicable.

2. Notwithstanding paragraph 1, the applicant need not provide data as part of the dossiers required under points (a) and (b) of paragraph 1 where any of

the following applies:

(a) the data are not necessary owing to the exposure associated with the proposed uses;

(b) it is not scientifically necessary to supply the data; or

(c) it is not technically possible to generate the data.

However, sufficient data shall be provided in order to make it possible to determine whether an active substance meets the criteria referred to in Article 5 (1) or Article 10 (1), if required by the evaluating competent authority under Article 8 (2) .

3. An applicant may propose to adapt the data as part of the dossiers required under points (a) and (b) of paragraph 1 in accordance with Annex IV. The justification for the proposed adaptations to the data requirements shall be clearly stated in the application with a reference to the specific rules in Annex IV.

4. The Commission shall be empowered to adopt delegated acts in accordance with Article 83 specifying criteria for determining what constitutes adequate justification to adapt the data requirements under paragraph 1 of this Article on the grounds referred to in point (a) of paragraph 2 of this Article.

Article 7
Submission and validation of applications

1. The applicant shall submit an application for approval of an active substance, or for making subsequent amendments to the conditions of approval of an active substance, to the Agency, informing it of the name of the competent authority of the Member State that it proposes should evaluate the application and providing written

confirmation that that competent authority agrees to do so. That competent authority shall be the evaluating competent authority.

2. The Agency shall inform the applicant of the fees payable under Article 80 (1) and shall reject the application if the applicant fails to pay the fees within 30 days. It shall inform the applicant and the evaluating competent authority accordingly.

Upon receipt of the fees payable under Article 80 (1), the Agency shall accept the application and inform the applicant and the evaluating competent authority accordingly, indicating the date of the acceptance of the application and its unique identification code.

3. Within 30 days of the Agency accepting an application, the evaluating competent authority shall validate the application if the data required in accordance with points (a) and (b) and, where relevant, point (c) of Article 6 (1), and any justifications for the adaptation of data requirements, have been submitted.

In the context of the validation referred to in the first subparagraph, the evaluating competent authority shall not make an assessment of the quality or the adequacy of the data or justifications submitted.

The evaluating competent authority shall, as soon as possible after the Agency has accepted an application, inform the applicant of the fees payable under Article 80 (2) and shall reject the application if the applicant fails to pay the fees within 30 days. It shall inform the applicant accordingly.

4. Where the evaluating competent authority considers that the application is incomplete, it shall inform the applicant as to what additional information is

required for the validation of the application and shall set a reasonable time limit for the submission of that information. That time limit shall not normally exceed 90 days.

The evaluating competent authority shall, within 30 days of receipt of the additional information, validate the application if it determines that the additional information submitted is sufficient to comply with the requirement laid down in paragraph 3.

The evaluating competent authority shall reject the application if the applicant fails to submit the requested information within the deadline and shall inform the applicant and the Agency accordingly. In such cases, part of the fees paid in accordance with Article 80 (1) and (2) shall be reimbursed.

5. On validating an application in accordance with paragraph 3 or 4, the evaluating competent authority shall without delay inform the applicant, the Agency and other competent authorities accordingly, indicating the date of the validation.

6. An appeal may be brought, in accordance with Article 77, against decisions of the Agency under paragraph 2 of this Article.

Article 8
Evaluation of applications

1. The evaluating competent authority shall, within 365 days of the validation of an application, evaluate it in accordance with Articles 4 and 5, including, where relevant, any proposal to adapt data requirements submitted in accordance with Article 6 (3), and send an assessment report and the conclusions of its evaluation to the Agency.

Prior to submitting its conclusions to the Agency, the evaluating competent authority shall give the applicant the opportunity to provide written comments on the assessment report and on the conclusions of the evaluation within 30 days. The evaluating competent authority shall take due account of those comments when finalising its evaluation.

2. Where it appears that additional information is necessary to carry out the evaluation, the evaluating competent authority shall ask the applicant to submit such information within a specified time limit, and shall inform the Agency accordingly. As specified in the second subparagraph of Article 6 (2), the evaluating competent authority may, as appropriate, require the applicant to provide sufficient data to permit a determination of whether an active substance meets the criteria referred to in Article 5 (1) or Article 10 (1). The 365 - day period referred to in paragraph 1 of this Article shall be suspended from the date of issue of the request until the date the information is received. The suspension shall not exceed 180 days in total unless it is justified by the nature of the data requested or by exceptional circumstances.

3. Where the evaluating competent authority considers that there are concerns for human health, animal health or the environment as a result of the cumulative effects from the use of biocidal products containing the same or different active substances, it shall document its concerns in accordance with the requirements of the relevant parts of Section II. 3 of Annex XV to Regulation (EC) No 1907/2006 and include this as part of its conclusions.

4. Within 270 days of receipt of the conclusions of the evaluation, the Agency shall prepare and submit to the Commission an opinion on the approval of the active substance having regard to the conclusions of the evaluating competent authority.

Article 9
Approval of an active substance

1. The Commission shall, on receipt of the opinion of the Agency referred to in Article 8 (4), either:

(a) adopt an implementing Regulation providing that an active substance is approved, and under which conditions, including the dates of approval and of expiry of the approval; or

(b) in cases where the conditions laid down in Article 4 (1) or, where applicable, the conditions set out in Article 5 (2), are not satisfied or where the requisite information and data have not been submitted within the prescribed period, adopt an implementing decision that an active substance is not approved.
Those implementing acts shall be adopted in accordance with the examination procedure referred to in Article 82 (3) .

2. Approved active substances shall be included in a Union list of approved active substances. The Commission shall keep the list up to date and make it electronically available to the public.

Article 10
Active substances which are candidates for substitution

1. An active substance shall be considered a candidate for substitution if any of the following conditions are met:

(a) it meets at least one of the exclusion criteria listed in Article 5 (1) but may be approved in accordance with Article 5 (2);

(b) it meets the criteria to be classified, in accordance with Regulation (EC) No 1272/2008, as a respiratory sensitiser;

(c) its acceptable daily intake, acute reference dose or acceptable operator exposure level, as appropriate, is significantly lower than those of the majority of approved active substances for the same product - type and use scenario;

(d) it meets two of the criteria for being PBT in accordance with Annex XIII to Regulation (EC) No 1907/2006;

(e) there are reasons for concern linked to the nature of the critical effects which, in combination with the use patterns, amount to use that could still cause concern, such as high potential of risk to groundwater, even with very restrictive risk management measures;

(f) it contains a significant proportion of non - active isomers or impurities.

2. When preparing its opinion on the approval or renewal of the approval of an active substance, the Agency shall examine whether the active substance fulfils any of the criteria listed in paragraph 1 and address the matter in its opinion.

3. Prior to submitting its opinion on the approval or renewal of the approval of an active substance to the Commission, the Agency shall make publicly available, without prejudice to Articles 66 and 67, information on potential candidates for substitution during a period of no more than 60 days, during which time interested third parties may submit relevant information, including information on available substitutes. The Agency shall take due account of the information received when finalising its opinion.

4. By way of derogation from Article 4 (1) and Article 12 (3), the approval of an active substance that is considered as a candidate for substitution and each renewal shall be for a period not exceeding seven years.

5. Active substances that are considered as candidates for substitution in accordance with paragraph 1 shall be identified as such in the relevant Regulation adopted in accordance with Article 9.

Article 11
Technical guidance notes

The Commission shall draw up technical guidance notes to facilitate the implementation of this Chapter, in particular Article 5 (2) and Article 10 (1) .

CHAPTER Ⅲ
RENEWAL AND REVIEW OF APPROVAL OF AN ACTIVE SUBSTANCE

Article 12
Conditions for renewal

1. The Commission shall renew the approval of an active substance if the active substance still meets the conditions laid down in Article 4 (1) or, where applicable, the conditions set out in Article 5 (2) .

2. In the light of scientific and technical progress, the Commission shall review and, where appropriate, amend the conditions specified for the active substance referred to in Article 4 (3) .

3. The renewal of an approval of an active substance shall be for 15 years for all product - types to which the approval applies, unless a shorter period is

specified in the implementing regulation adopted in accordance with point (a) of Article 14 (4) renewing such an approval.

Article 13
Submission and acceptance of applications

1. Applicants wishing to seek renewal of the approval of an active substance for one or more product - types shall submit an application to the Agency at least 550 days before the expiry of the approval. Where there are different expiry dates for different product - types, the application shall be submitted at least 550 days before the earliest expiry date.

2. When applying for the renewal of the approval of the active substance, the applicant shall submit:

(a) without prejudice to Article 21 (1), all relevant data required under Article 20 that it has generated since the initial approval or, as appropriate, previous renewal; and

(b) its assessment of whether the conclusions of the initial or previous assessment of the active substance remain valid and any supporting information.

3. The applicant shall also submit the name of the competent authority of the Member State that it proposes should evaluate the application for renewal and provide written confirmation that that competent authority agrees to do so. That competent authority shall be the evaluating competent authority.

The Agency shall inform the applicant of the fees payable under Article 80 (1) and shall reject the application if the applicant fails to pay the fees within 30 days. It shall inform the applicant and the evaluating competent authority accordingly.

Upon receipt of the fees payable under Article 80 (1), the Agency shall accept the application and inform the applicant and the evaluating competent authority accordingly, indicating the date of the acceptance.

4. An appeal may be brought, in accordance with Article 77, against decisions of the Agency under paragraph 3 of this Article.

Article 14
Evaluation of applications for renewal

1. On the basis of an assessment of the available information and the need to review the conclusions of the initial evaluation of the application for approval or, as appropriate, the previous renewal, the evaluating competent authority shall, within 90 days of the Agency accepting an application in accordance with Article 13 (3), decide whether, in the light of current scientific knowledge, a full evaluation of the application for renewal is necessary taking account of all product - types for which renewal is requested.

2. Where the evaluating competent authority decides that a full evaluation of the application is necessary, the evaluation shall be carried out in accordance with paragraphs 1, 2 and 3 of Article 8.

Where the evaluating competent authority decides that a full evaluation of the application is not necessary, it shall, within 180 days of the Agency accepting the application in accordance with Article 13 (3), prepare and submit to the Agency a recommendation on the renewal of the approval of the active substance. It shall provide the applicant with a copy of its recommendation.

The evaluating competent authority shall, as soon as possible after the Agency has accepted an application, notify the applicant of the fees payable under

Article 80（2）. The evaluating competent authority shall reject the application if the applicant fails to pay the fees within 30 days of the notification and shall inform the applicant accordingly.

3. Within 270 days of receipt of a recommendation from the evaluating competent authority, if it has carried out a full evaluation of the application, or 90 days otherwise, the Agency shall prepare and submit to the Commission an opinion on renewal of the approval of the active substance.

4. The Commission shall, on receipt of the opinion of the Agency, adopt:

(a) an implementing regulation providing that the approval of an active substance is renewed for one or more product-types, and under which conditions; or

(b) an implementing decision that the approval of an active substance is not renewed.

Those implementing acts shall be adopted in accordance with the examination procedure referred to in Article 82（3）.

Article 9（2）shall apply.

5. Where, for reasons beyond the control of the applicant, the approval of the active substance is likely to expire before a decision has been taken on its renewal, the Commission shall, by means of implementing acts, adopt a decision postponing the expiry date of approval for a period sufficient to enable it to examine the application. Those implementing acts shall be adopted in accordance with the advisory procedure referred to in Article 82（2）.

6. Where the Commission decides not to renew or decides to amend the approval of an active substance for one or more product - types, the Member States or, in the case of a Union authorisation, the Commission shall cancel or, where appropriate, amend the authorisations of biocidal products of the product - type (s) concerned containing that active substance. Articles 48 and 52 shall apply accordingly.

Article 15
Review of approval of an active substance

1. The Commission may review the approval of an active substance for one or more product - types at any time where there are significant indications that the conditions laid down in Article 4 (1) or, where applicable, the conditions set out in Article 5 (2) are no longer met. The Commission may also review the approval of an active substance for one or more product - types at the request of a Member State if there are indications that the use of the active substance in biocidal products or treated articles raises significant concerns about the safety of such biocidal products or treated articles. The Commission shall make publicly available the information that it is carrying out a review and shall provide an opportunity for applicant to submit comments. The Commission shall take due account of those comments in its review.

Where those indications are confirmed, the Commission shall adopt an implementing Regulation amending the conditions of approval of an active substance or cancelling its approval. That implementing Regulation shall be adopted in accordance with the examination procedure referred to in Article 82 (3). Article 9 (2) shall apply. The Commission shall inform the initial applicants for the approval accordingly.

On duly justified imperative grounds of urgency the Commission shall adopt immediately applicable implementing acts in accordance with the procedure referred to in Article 82 (4).

2. The Commission may consult the Agency on any questions of a scientific or technical nature related to the review of approval of an active substance. The Agency shall, within 270 days of the request, prepare an opinion and submit it to the Commission.

3. Where the Commission decides to cancel or amend the approval of an active substance for one or more product - types, the Member States or, in the case of a Union authorisation, the Commission shall cancel or, where appropriate, amend the authorisations of biocidal products of the product - type (s) concerned containing that active substance. Articles 48 and 52 shall apply accordingly.

Article 16
Implementing measures

The Commission may adopt, by means of implementing acts, detailed measures for the implementation of Articles 12 to 15, further specifying the procedures for the renewal and review of the approval of an active substance. Those implementing acts shall be adopted in accordance with the examination procedure referred to in Article 82 (3).

CHAPTER Ⅳ
GENERAL PRINCIPLES CONCERNING THE AUTHORISATION OF BIOCIDAL PRODUCTS

Article 17
Making available on the market and use of biocidal products

1. Biocidal products shall not be made available on the market or used unless authorised in accordance with this Regulation.

2. Applications for authorisation shall be made by, or on behalf of, the prospective authorisation holder.

Applications for national authorisation in a Member State shall be submitted to the competent authority of that Member State ("the receiving competent authority") .

Applications for Union authorisation shall be submitted to the Agency.

3. An authorisation may be granted for a single biocidal product or a biocidal product family.

4. An authorisation shall be granted for a maximum period of 10 years.

5. Biocidal products shall be used in compliance with the terms and conditions of the authorisation stipulated in accordance with Article 22 (1) and the labelling and packaging requirements laid down in Article 69.

Proper use shall involve the rational application of a combination of physical, biological, chemical or other measures as appropriate, whereby the use of biocidal products is limited to the minimum necessary and appropriate precautionary steps are taken.

Member States shall take necessary measures to provide the public with appropriate information about the benefits and risks associated with biocidal products and ways of minimising their use.

6. The authorisation holder shall notify each competent authority that has granted a national authorisation for a biocidal product family of each product within the biocidal product family at least 30 days before placing it on the mar-

ket, except where a particular product is explicitly identified in the authorisation or the variation in composition concerns only pigments, perfumes and dyes within the permitted variations. The notification shall indicate the exact composition, trade name and suffix to the authorisation number. In the case of a Union authorisation, the authorisation holder shall notify the Agency and the Commission.

7. The Commission shall, by means of an implementing act, specify procedures for the authorisation of the same biocidal products by the same or different enterprises under the same terms and conditions. That implementing act shall be adopted in accordance with the examination procedure referred to in Article 82 (3) .

Article 18
Measures geared to the sustainable use of biocidal products

By 18 July 2015 the Commission shall, on the basis of experience gained with the application of this Regulation, submit to the European Parliament and the Council a report on how this Regulation is contributing to the sustainable use of biocidal products, including on the need to introduce additional measures, in particular for professional users, to reduce the risks posed to human health, animal health and the environment by biocidal products. That report shall, inter alia, examine:

(a) the promotion of best practices as a means of reducing the use of biocidal products to a minimum;

(b) the most effective approaches for monitoring the use of biocidal products;

(c) the development and application of integrated pest management principles with respect to the use of biocidal products;

(d) the risks posed by the use of biocidal products in specific areas such as schools, workplaces, kindergartens, public spaces, geriatric care centres or in the vicinity of surface water or groundwater and whether additional measures are needed to address those risks;

(e) the role that improved performance of the equipment used for applying biocidal products could play in sustainable use.

On basis of that report, the Commission shall, if appropriate, submit a proposal for adoption in accordance with the ordinary legislative procedure.

Article 19
Conditions for granting an authorisation

1. A biocidal product other than those eligible for the simplified authorisation procedure in accordance with Article 25 shall be authorised provided the following conditions are met:

(a) the active substances are approved for the relevant product - type and any conditions specified for those active substances are met;

(b) it is established, according to the common principles for the evaluation of dossiers for biocidal products laid down in Annex Ⅵ, that the biocidal product, when used as authorised and having regard to the factors referred to in paragraph 2 of this Article, fulfils the following criteria:

(i) the biocidal product is sufficiently effective;
(ii) the biocidal product has no unacceptable effects on the target organisms, in particular unacceptable resistance or cross - resistance or unnecessary suffering and pain for vertebrates;

(iii) the biocidal product has no immediate or delayed unacceptable effects itself, or as a result of its residues, on the health of humans, including that of vulnerable groups, or animals, directly or through drinking water, food, feed, air, or through other indirect effects;

(iv) the biocidal product has no unacceptable effects itself, or as a result of its residues, on the environment, having particular regard to the following considerations:
—the fate and distribution of the biocidal product in the environment,
—contamination of surface waters (including estuarial and seawater), groundwater and drinking water, air and soil, taking into account locations distant from its use following long-range environmental transportation,
—the impact of the biocidal product on non-target organisms,
—the impact of the biocidal product on biodiversity and the ecosystem;

(c) the chemical identity, quantity and technical equivalence of active substances in the biocidal product and, where appropriate, any toxicologically or ecotoxicologically significant and relevant impurities and non-active substances, and its residues of toxicological or environmental significance, which result from uses to be authorised, can be determined according to the relevant requirements in Annexes Ⅱ and Ⅲ;

(d) the physical and chemical properties of the biocidal product have been determined and deemed acceptable for the purposes of the appropriate use and transport of the product;

(e) where appropriate, maximum residue limits for food and feed have been established with respect to active substances contained in a biocidal product in accordance with Council Regulation (EEC) No 315/93 of 8 February 1993 laying down Community procedures for contaminants in food [42], Regulation (EC) No 1935/2004 of the European Parliament and of the Council of 27 October 2004 on materials and articles intended to come into contact with food [43], Regulation (EC) No 396/2005 of the European Parliament and of the Council of 23 February 2005 on maximum residue levels of pesticides in or on food and feed of plant and animal origin [44], Regulation (EC) No 470/2009 of the European Parliament and of the Council of 6 May 2009 laying down Community procedures for the establishment of residue limits of pharmacologically active substances in foodstuffs of animal origin [45] or Directive 2002/32/EC of the European Parliament and of the Council of 7 May 2002 on undesirable substances in animal feed [46];

(f) where nanomaterials are used in that product, the risk to human health, animal health and the environment has been assessed separately.

2. The evaluation of whether a biocidal product fulfils the criteria set out in point (b) of paragraph 1 shall take into account the following factors:

(a) realistic worst case conditions under which the biocidal product may be used;

(b) the way in which treated articles treated with the biocidal product or containing the biocidal product may be used;

(c) the consequences of use and disposal of the biocidal product;

(d) cumulative effects;

(e) synergistic effects.

3. A biocidal product shall only be authorised for uses for which relevant information has been submitted in accordance with Article 20.

4. A biocidal product shall not be authorised for making available on the market for use by the general public where:

(a) it meets the criteria according to Directive 1999/45/EC for classification as:
—toxic or very toxic,
—a category 1 or 2 carcinogen,
—a category 1 or 2 mutagen, or
—toxic for reproduction category 1 or 2;

(b) it meets the criteria according to Regulation (EC) No 1272/2008 for classification as:
—acute oral toxicity category 1 or 2 or 3,
—acute dermal toxicity category 1 or 2 or 3,
—acute inhalation toxicity (gases and dust/mist) category 1 or 2 or 3,
—acute inhalation toxicity (vapours) category 1 or 2,
—a category 1A or 1B carcinogen,
—a category 1A or 1B mutagen, or
—toxic for reproduction category 1A or 1B;

(c) it meets the criteria for being PBT or vPvB in accordance with Annex XIII to Regulation (EC) No 1907/2006;

(d) it has endocrine-disrupting properties; or

(e) it has developmental neurotoxic or immunotoxic effects.

5. Notwithstanding paragraphs 1 and 4, a biocidal product may be authorised when the conditions laid down in paragraph 1 (b) (iii) and (iv) are not fully met, or may be authorised for making available on the market for use by the general public when the criteria referred to in paragraph 4 (c) are met, where not authorising the biocidal product would result in disproportionate negative impacts for society when compared to the risks to human health, animal health or the environment arising from the use of the biocidal product under the conditions laid down in the authorisation.

The use of a biocidal product authorised pursuant to this paragraph shall be subject to appropriate risk mitigation measures to ensure that exposure of humans and the environment to that biocidal product is minimised. The use of a biocidal product authorised pursuant to this paragraph shall be restricted to Member States in which the condition of the first subparagraph is met.

6. In the case of a biocidal product family, a reduction in the percentage of one or more active substances may be allowed, and/or a variation in percentage of one or more non-active substances, and/or the replacement of one or more non-active substances by other specified substances presenting the same or lower risk. The classification, hazard and precautionary statements for each product within the biocidal product family shall be the same (with the exception of a biocidal product family comprising a concentrate for professional use and ready-for-use products obtained through dilution of that concentrate).

A biocidal product family shall be authorised only if all the biocidal products within it, taking into account the permitted variations referred to in the first subparagraph, are expected to comply with the conditions set out in paragraph 1.

7. Where appropriate, the prospective authorisation holder or its representa-

tive shall apply for the establishment of maximum residue limits with respect to active substances contained in a biocidal product in accordance with Regulation（EEC） No 315/93，Regulation（EC） No 1935/2004，Regulation（EC） No 396/2005，Regulation（EC） No 470/2009 or Directive 2002/32/EC.

8. Where，for active substances covered by Article 10（1）（a）of Regulation（EC） No 470/2009，no maximum residue limit has been established in accordance with Article 9 of that Regulation at the time of the approval of the active substance，or where a limit established in accordance with Article 9 of that Regulation needs to be amended，the maximum residue limit shall be established or amended in accordance with the procedure referred to in Article 10（1）（b）of that Regulation.

9. Where a biocidal product is intended for direct application to the external parts of the human body（epidermis，hair system，nails，lips and external genital organs），or to the teeth and the mucous membranes of the oral cavity，it shall not contain any non－active substance that may not be included in a cosmetic product pursuant to Regulation（EC） No 1223/2009.

Article 20
Requirements for applications for authorisation

1. The applicant for an authorisation shall submit the following documents together with the application：

（a） for biocidal products other than biocidal products meeting the conditions laid down in Article 25：

（i） a dossier or letter of access for the biocidal product satisfying the requirements set out in Annex Ⅲ；

(ii) a summary of the biocidal product characteristics including the information referred to in points (a), (b) and (e) to (q) of Article 22 (2), as applicable;

(iii) a dossier or a letter of access for the biocidal product satisfying the requirements set out in Annex II for each active substance in the biocidal product;

(b) for biocidal products that the applicant considers meet the conditions laid down in Article 25:

(i) a summary of the biocidal product characteristics as referred to in point (a) (ii) of this paragraph;

(ii) efficacy data; and

(iii) any other relevant information in support of the conclusion that the biocidal product meets the conditions laid down in Article 25.

2. The receiving competent authority may require that applications for national authorisation be submitted in one or more of the official languages of the Member State where that competent authority is situated.

3. For applications for Union authorisations submitted under Article 43, the applicant shall submit the summary of the biocidal product characteristics referred to in point (ii) of paragraph (1) (a) of this Article in one of the official languages of the Union accepted by the evaluating competent authority at the time of application and in all official languages of the Union before the authorisation of the biocidal product.

Article 21
Waiving of data requirements

1. By way of derogation from Article 20, the applicant need not provide data required under that Article where any of the following applies:

(a) the data are not necessary owing to the exposure associated with the proposed uses;

(b) it is not scientifically necessary to supply the data; or

(c) it is not technically possible to generate the data.

2. The applicant may propose to adapt the data requirements of Article 20 in accordance with Annex Ⅳ. The justification for the proposed adaptations to the data requirements shall be clearly stated in the application with reference to the specific rules in Annex Ⅳ.

3. In order to ensure the harmonised application of paragraph 1 (a) of this Article, the Commission shall be empowered to adopt delegated acts in accordance with Article 83 specifying criteria for defining when the exposure associated with the proposed uses would justify adapting the data requirements of Article 20.

Article 22
Content of authorisation

1. An authorisation shall stipulate the terms and conditions relating to the making available on the market and use of the single biocidal product or the biocidal product family and include a summary of the biocidal product characteristics.

2. Without prejudice to Articles 66 and 67, the summary of the biocidal product characteristics for a single biocidal product or, in the case of a biocidal product family, the biocidal products within that biocidal product family, shall include the following information:

(a) trade name of the biocidal product;

(b) name and address of the authorisation holder;

(c) date of the authorisation and its date of expiry;

(d) authorisation number of the biocidal product, together with, in the case of a biocidal product family, the suffixes to apply to individual biocidal products within the biocidal product family;

(e) qualitative and quantitative composition in terms of the active substances and non-active substances, knowledge of which is essential for proper use of biocidal products; and in the case of a biocidal product family, the quantitative composition shall indicate a minimum and maximum percentage for each active and non-active substance, where the minimum percentage indicated for certain substances may be 0 %;

(f) manufacturers of the biocidal product (names and addresses including location of manufacturing sites);

(g) manufacturers of the active substances (names and addresses including location of manufacturing sites);

(h) type of formulation of the biocidal product;

(i) hazard and precautionary statements;

(j) product - type and, where relevant, an exact description of the authorised use;

(k) target harmful organisms;

(l) application doses and instructions for use;

(m) categories of users;

(n) particulars of likely direct or indirect adverse effects and first aid instructions and emergency measures to protect the environment;

(o) instructions for safe disposal of the product and its packaging;

(p) conditions of storage and shelf - life of the biocidal product under normal conditions of storage;

(q) where relevant, other information about the biocidal product.

Article 23

Comparative assessment of biocidal products

1. The receiving competent authority or, in the case of an evaluation of an application for a Union authorisation, the evaluating competent authority, shall perform a comparative assessment as part of the evaluation of an application for authorisation or for renewal of authorisation of a biocidal product containing an active substance that is a candidate for substitution in accordance with Article 10 (1) .

2. The results of the comparative assessment shall be forwarded, without delay, to the competent authorities of other Member States and the Agency and, in the case of evaluation of an application for a Union authorisation, also to the Commission.

3. The receiving competent authority or, in the case of a decision on an application for a Union authorisation, the Commission shall prohibit or restrict the making available on the market or the use of a biocidal product containing an active substance that is a candidate for substitution where the comparative assessment in accordance with Annex Ⅵ ("comparative assessment") demonstrates that both of the following criteria are met:

(a) for the uses specified in the application, another authorised biocidal product or a non-chemical control or prevention method already exists which presents a significantly lower overall risk for human health, animal health and the environment, is sufficiently effective and presents no other significant economic or practical disadvantages;

(b) the chemical diversity of the active substances is adequate to minimise the occurrence of resistance in the target harmful organism.

4. By way of derogation from paragraph 1, a biocidal product containing an active substance that is a candidate for substitution may be authorised for a period of up to four years without comparative assessment in exceptional cases where it is necessary to acquire experience first through using that product in practice.

5. Where the comparative assessment involves a question which, by reason of its scale or consequences, would be better addressed at Union level, in particular where it is relevant to two or more competent authorities, the receiving

competent authority may refer the question to the Commission for a decision. The Commission shall adopt that decision by means of implementing acts in accordance with the examination procedure referred to in Article 82（3）.

The Commission shall be empowered to adopt delegated acts in accordance with Article 83 specifying the criteria for determining when comparative assessments involve questions better addressed at Union level and the procedures for such comparative assessments.

6. Notwithstanding Article 17（4），and without prejudice to paragraph 4 of this Article，an authorisation for a biocidal product containing an active substance that is a candidate for substitution shall be granted for a period not exceeding five years and renewed for a period not exceeding five years.

7. Where it is decided not to authorise or to restrict the use of a biocidal product pursuant to paragraph 3，that cancellation or amendment of the authorisation shall take effect four years after that decision. However，where the approval of the active substance which is a candidate for substitution expires on an earlier date，the cancellation of the authorisation shall take effect on that earlier date.

Article 24
Technical guidance notes

The Commission shall draw up technical guidance notes to facilitate the implementation of this Chapter and，in particular，Article 22（2）and Article 23（3）.

CHAPTER Ⅴ
SIMPLIFIED AUTHORISATION PROCEDURE

Article 25
Eligibility for the simplified authorisation procedure

For eligible biocidal products, an application for authorisation may be made under a simplified authorisation procedure. A biocidal product shall be eligible if all the following conditions are met:

(a) all the active substances contained in the biocidal product appear in Annex I and satisfy any restriction specified in that Annex;

(b) the biocidal product does not contain any substance of concern;

(c) the biocidal product does not contain any nanomaterials;

(d) the biocidal product is sufficiently effective; and

(e) the handling of the biocidal product and its intended use do not require personal protective equipment.

Article 26
Applicable procedure

1. Applicants seeking the authorisation of a biocidal product meeting the conditions of Article 25 shall submit an application to the Agency, informing it of the name of the competent authority of the Member State that it proposes should evaluate the application and providing written confirmation that that competent authority agrees to do so. That competent authority shall be the evaluating competent authority.

2. The evaluating competent authority shall inform the applicant of the fees payable under Article 80 (2) and shall reject the application if the applicant fails to pay the fees within 30 days. It shall inform the applicant accordingly.

Upon receipt of the fees payable under Article 80 (2), the evaluating competent authority shall accept the application and inform the applicant accordingly, indicating the date of the acceptance.

3. Within 90 days of accepting an application, the evaluating competent authority shall authorise the biocidal product if satisfied that the product meets the conditions laid down in Article 25.

4. Where the evaluating competent authority considers that the application is incomplete, it shall inform the applicant as to what additional information is required and shall set a reasonable time limit for the submission of that information. That time limit shall not normally exceed 90 days.

The evaluating competent authority shall, within 90 days of receipt of the additional information, authorise the biocidal product if satisfied, on the basis of the additional information submitted, that the product meets the conditions laid down in Article 25.

The evaluating competent authority shall reject the application if the applicant fails to submit the requested information within the deadline and shall inform the applicant accordingly. In such cases, where fees have been paid, part of the fees paid in accordance with Article 80 (2) shall be reimbursed.

Article 27
Making available on the market of biocidal products authorised in accordance with the simplified authorisation procedure

1. A biocidal product authorised in accordance with Article 26 may be made available on the market in all Member States without the need for mutual recognition. However, the authorisation holder shall notify each Member State no later than 30 days before placing the biocidal product on the market within the territory of that Member State and shall use the official language or languages of that Member State in the product's labelling, unless that Member State provides otherwise.

2. Where a Member State other than that of the evaluating competent authority considers that a biocidal product authorised in accordance with Article 26 has not been notified or labelled in accordance with paragraph 1 of this Article or does not meet the requirements of Article 25, it may refer that matter to the coordination group established in accordance with Article 35 (1) . Article 35 (3) and Article 36 shall apply mutatis mutandis.

Where a Member State has valid reasons to consider that a biocidal product authorised in accordance with Article 26 does not meet the criteria laid down in Article 25 and a decision pursuant to Articles 35 and 36 has not yet been taken, that Member State may provisionally restrict or prohibit making available on the market or use of that product on its territory.

Article 28
Amendment of Annex I

1. The Commission shall be empowered to adopt delegated acts in accordance with Article 83 amending Annex I, after receiving the opinion of the Agency, in order to include active substances provided that there is evidence that they

do not give rise to concern according to paragraph 2 of this Article.

2. Active substances give rise to concern where:

(a) they meet the criteria for classification according to Regulation (EC) No 1272/2008 as:
—explosive/highly flammable,
—organic peroxide,
—acutely toxic of category 1, 2 or 3,
—corrosive of category 1A, 1B or 1C,
—respiratory sensitiser,
—skin sensitiser,
—germ cell mutagen of category 1 or 2;
—carcinogen of category 1 or 2,
—human reproductive toxicant of category 1 or 2 or with effects on or via lactation,
—specific target organ toxicant by single or repeated exposure, or
—toxic to aquatic life of acute category 1;

(b) they fulfil any of the substitution criteria set out in Article 10 (1); or

(c) they have neurotoxic or immunotoxic properties.

Active substances also give rise to concern, even if none of the specific criteria in points (a) to (c) are met, where a level of concern equivalent to that arising from points (a) to (c) can be reasonably demonstrated based on reliable information.

3. The Commission shall also be empowered to adopt delegated acts in accordance with Article 83 amending Annex I, after receiving the opinion of the A-

gency, in order to restrict or to remove the entry for an active substance if there is evidence that biocidal products containing that substance do not, in certain circumstances, satisfy the conditions set out in paragraph 1 of this Article or in Article 25. Where imperative grounds of urgency so require, the procedure provided for in Article 84 shall apply to delegated acts adopted pursuant to this paragraph.

4. The Commission shall apply paragraph 1 or 3 at its own initiative or at the request of an economic operator or a Member State providing the necessary evidence as referred to in those paragraphs.

Whenever the Commission amends Annex I it shall adopt a separate delegated act in respect of each substance.

5. The Commission may adopt implementing acts further specifying the procedures to be followed with respect to an amendment of Annex I. Those implementing acts shall be adopted in accordance with the examination procedure referred to in Article 82 (3) .

CHAPTER Ⅶ
NATIONAL AUTHORISATIONS OF BIOCIDAL PRODUCTS

Article 29
Submission and validation of applications

1. Applicants wishing to apply for a national authorisation in accordance with Article 17 shall submit an application to the receiving competent authority. The receiving competent authority shall inform the applicant of the fees payable under Article 80 (2), and shall reject the application if the applicant fails to pay the fees within 30 days. It shall inform the applicant accordingly. Upon receipt of the fees payable under Article 80 (2), the receiving com-

petent authority shall accept the application and inform the applicant accordingly，indicating the date of the acceptance.

2. Within 30 days of acceptance，the receiving competent authority shall validate the application if it complies with the following requirements：

(a) the relevant information referred to in Article 20 has been submitted；and

(b) the applicant states that it has not applied to any other competent authority for a national authorisation for the same biocidal product for the same use（s）.

In the context of the validation referred to in the first subparagraph，the receiving competent authority shall not make an assessment of the quality or the adequacy of the data or justifications submitted.

3. Where the receiving competent authority considers that the application is incomplete，it shall inform the applicant as to what additional information is required for the validation of the application and shall set a reasonable time limit for the submission of that information. That time limit shall not normally exceed 90 days.

The receiving competent authority shall，within 30 days of receipt of the additional information，validate the application if it determines that the additional information submitted is sufficient to comply with the requirements laid down in paragraph 2.

The receiving competent authority shall reject the application if the applicant fails to submit the requested information within the deadline and shall inform the applicant accordingly.

4. Where the Register for Biocidal Products referred to in Article 71 shows that a competent authority other than the receiving competent authority is examining an application relating to the same biocidal product or has already authorised the same biocidal product, the receiving competent authority shall decline to evaluate the application. In that event, the receiving competent authority shall inform the applicant of the possibility of seeking mutual recognition in accordance with Article 33 or 34.

5. If paragraph 3 does not apply and the receiving competent authority considers that the application is complete, it shall validate the application and without delay inform the applicant accordingly, indicating the date of the validation.

Article 30
Evaluation of applications

1. The receiving competent authority shall, within 365 days of the validation of an application in accordance with Article 29, decide whether to grant an authorisation in accordance with Article 19. It shall take into account the results of the comparative assessment carried out in accordance with Article 23, if applicable.

2. Where it appears that additional information is necessary to carry out the evaluation, the receiving competent authority shall ask the applicant to submit such information within a specified time limit. The 365 – day period referred to in paragraph 1 shall be suspended from the date of issue of the request until the date the information is received. The suspension shall not exceed 180 days in total unless it is justified by the nature of the data requested or by exceptional circumstances.

The receiving competent authority shall reject the application if the applicant fails to submit the requested information within the deadline and shall inform the applicant accordingly.

3. Within the 365 - day period referred to in paragraph 1, the receiving competent authority shall:

(a) draft a report summarising the conclusions of its assessment and the reasons for authorising the biocidal product or for refusing to grant an authorisation (the "assessment report");

(b) send an electronic copy of the draft assessment report to the applicant and provide it with the opportunity to submit comments within 30 days; and

(c) take due account of those comments when finalising its assessment.

Article 31
Renewal of a national authorisation

1. An application by or on behalf of an authorisation holder wishing to seek the renewal of a national authorisation for one or more product - types shall be submitted to the receiving competent authority at least 550 days before the expiry date of the authorisation. Where renewal is sought for more than one product - type, the application shall be submitted at least 550 days before the earliest expiry date.

2. The receiving competent authority shall renew the national authorisation, provided that the conditions set out in Article 19 are still satisfied. It shall take into account the results of the comparative assessment carried out in accordance with Article 23, if applicable.

3. When applying for renewal, the applicant shall submit:

(a) without prejudice to Article 21 (1), all relevant data required under Article 20 that it has generated since the initial authorisation or, as appropriate, previous renewal; and

(b) its assessment of whether the conclusions of the initial or previous assessment of the biocidal product remain valid and any supporting information.

4. The receiving competent authority shall inform the applicant of the fees payable under Article 80 (2) and shall reject the application if the applicant fails to pay the fees within 30 days. It shall inform the applicant accordingly.

Upon receipt of the fees payable under Article 80 (2), the receiving competent authority shall accept the application and inform the applicant accordingly, indicating the date of the acceptance.

5. On the basis of an assessment of the available information and the need to review the conclusions of the initial evaluation of the application for authorisation or, as appropriate, the previous renewal, the receiving competent authority shall, within 90 days of accepting an application in accordance with paragraph 4, decide whether, in the light of current scientific knowledge, a full evaluation of the application for renewal is necessary taking account of all product - types for which renewal is requested.

6. Where the receiving competent authority decides that a full evaluation of the application is necessary, it shall decide on the renewal of the authorisation after carrying out an evaluation of the application in accordance with paragraphs 1, 2 and 3 of Article 30.

Where the receiving competent authority decides that a full evaluation of the application is not necessary, it shall decide on the renewal of the authorisation within 180 days of accepting the application in accordance with paragraph 4 of this Article.

7. Where, for reasons beyond the control of the holder of a national authorisation, no decision is taken on the renewal of that authorisation before its expiry, the receiving competent authority shall grant a renewal for the period necessary to complete the evaluation.

CHAPTER Ⅶ
MUTUAL RECOGNITION PROCEDURES

Article 32
Authorisation through mutual recognition

1. Applications for mutual recognition of a national authorisation shall be made in accordance with the procedures set out in Article 33 (mutual recognition in sequence) or Article 34 (mutual recognition in parallel) .

2. Without prejudice to Article 37, all Member States receiving applications for mutual recognition of a national authorisation for a biocidal product shall, in accordance with and subject to the procedures set out in this Chapter, authorise the biocidal product under the same terms and conditions.

Article 33
Mutual recognition in sequence

1. Applicants wishing to seek the mutual recognition in sequence, in one or more Member States ("the Member States concerned"), of the national authorisation of a biocidal product already granted in another Member State in accordance with Article 17 ("the reference Member State") shall submit an ap-

plication to each of the competent authorities of the Member States concerned containing, in each case, a translation of the national authorisation granted by the reference Member State into such official languages of the Member State concerned as it may require.

The competent authorities of the Member States concerned shall inform the applicant of the fees payable under Article 80 and shall reject the application if the applicant fails to pay the fees within 30 days. They shall inform the applicant and the other competent authorities accordingly. Upon receipt of the fees payable under Article 80, the competent authorities of the Member States concerned shall accept the application and inform the applicant indicating the date of acceptance.

2. Within 30 days of acceptance referred to in paragraph 1, the Member States concerned shall validate the application and inform the applicant accordingly, indicating the date of the validation.

Within 90 days of validating the application, and subject to Articles 35, 36 and 37, the Member States concerned shall agree on the summary of biocidal product characteristics referred to in Article 22 (2) and shall record their agreement in the Register for Biocidal Products.

3. Within 30 days of reaching agreement, each of the Member States concerned shall authorise the biocidal product in conformity with the agreed summary of biocidal product characteristics.

4. Without prejudice to Articles 35, 36, and 37, if no agreement is reached within the 90 - day period referred to in the second subparagraph of paragraph 2, each Member State that agrees to the summary of biocidal product characteristics referred to in paragraph 2, may authorise the product accordingly.

Article 34
Mutual recognition in parallel

1. Applicants wishing to seek the mutual recognition in parallel of a biocidal product which has not yet been authorised in accordance with Article 17 in any Member State shall submit to the competent authority of the Member State of its choice（"the reference Member State"）an application containing：

(a) the information referred to in Article 20；

(b) a list of all other Member States where a national authorisation is sought（"the Member States concerned"）.
The reference Member State shall be responsible for the evaluation of the application.

2. The applicant shall，at the same time as submitting the application to the reference Member State in accordance with paragraph 1，submit to the competent authorities of each of the Member States concerned an application for mutual recognition of the authorisation for which it has applied to the reference Member State. This application shall contain：

(a) the names of the reference Member State and of the Member States concerned；

(b) the summary of biocidal product characteristics referred to in Article 20 (1)(a)(ii) in such official languages of the Member States concerned as they may require.

3. The competent authorities of the reference Member State and of the Member States concerned shall inform the applicant of the fees payable in accordance

with Article 80 and shall reject the application if the applicant fails to pay the fees within 30 days. They shall inform the applicant and the other competent authorities accordingly. Upon receipt of the fees payable under Article 80, the competent authorities of the reference Member State and of the Member States concerned shall accept the application and inform the applicant indicating the date of acceptance.

4. The reference Member State shall validate the application in accordance with Article 29 (2) and (3) and inform the applicant and the Member States concerned accordingly.

Within 365 days of validating an application, the reference Member State shall evaluate the application and draft an assessment report in accordance with Article 30 (3) and shall send its assessment report and the summary of biocidal product characteristics to the Member States concerned and to the applicant.

5. Within 90 days of receipt of the documents referred to in paragraph 4, and subject to Articles 35, 36 and 37, the Member States concerned shall agree on the summary of biocidal product characteristics, and shall record their agreement in the Register for Biocidal Products. The reference Member State shall enter the agreed summary of biocidal product characteristics and the final assessment report in the Register for Biocidal Products, together with any agreed terms or conditions imposed on the making available on the market or use of the biocidal product.

6. Within 30 days of reaching agreement, the reference Member State and each of the Member States concerned shall authorise the biocidal product in conformity with the agreed summary of biocidal product characteristics.

7. Without prejudice to Articles 35, 36, and 37, if no agreement is reached

within the 90 – day period referred to in paragraph 5, each Member State that agrees to the summary of biocidal product characteristics referred to in paragraph 5 may authorise the product accordingly.

Article 35
Referral of objections to the coordination group

1. A coordination group shall be set up to examine any question, other than matters referred to in Article 37, relating to whether a biocidal product for which an application for mutual recognition has been made in accordance with Article 33 or 34 meets the conditions for granting an authorisation laid down in Article 19.

All Member States and the Commission shall be entitled to participate in the work of the coordination group. The Agency shall provide the secretariat of the coordination group.

The coordination group shall establish its rules of procedure.

2. If any of the Member States concerned considers that a biocidal product assessed by the reference Member State does not meet the conditions laid down in Article 19, it shall send a detailed explanation of the points of disagreement and the reasons for its position to the reference Member State, the other Member States concerned, the applicant, and, where applicable, to the authorisation holder. The points of disagreement shall be referred without delay to the coordination group.

3. Within the coordination group, all Member States referred to in paragraph 2 of this Article shall use their best endeavours to reach agreement on the action to be taken. They shall allow the applicant the opportunity to make its point of view known. Where they reach agreement within 60 days of the refer-

ral of the points of disagreement referred to in paragraph 2 of this Article, the reference Member State shall record the agreement in the Register for Biocidal Products. The procedure shall then be considered to be closed and the reference Member State and each of the Member States concerned shall authorise the biocidal product in accordance with Article 33 (4) or Article 34 (6) as appropriate.

Article 36
Referral of unresolved objections to the Commission

1. If the Member States referred to in Article 35 (2) fail to reach agreement within the 60 - day period laid down in Article 35 (3), the reference Member State shall immediately inform the Commission, and provide it with a detailed statement of the matters on which Member States have been unable to reach agreement and the reasons for their disagreement. A copy of that statement shall be forwarded to the Member States concerned, the applicant and, where applicable, the authorisation holder.

2. The Commission may ask the Agency for an opinion on scientific or technical questions raised by Member States. Where the Commission does not ask the Agency for an opinion it shall provide the applicant and, where applicable, the authorisation holder with the opportunity to provide written comments within 30 days.

3. The Commission shall adopt, by means of implementing acts, a decision on the matter referred to it. Those implementing acts shall be adopted in accordance with the examination procedure referred to in Article 82 (3) .

4. The decision referred to in paragraph 3 shall be addressed to all Member States and reported for information to the applicant and, where applicable, the authorisation holder. The Member States concerned and the reference

Member State shall, within 30 days of notification of the decision, either grant, refuse to grant or cancel the authorisation, or vary its terms and conditions as necessary to comply with the decision.

Article 37
Derogations from mutual recognition

1. By way of derogation from Article 32 (2), any of the Member States concerned may propose to refuse to grant an authorisation or to adjust the terms and conditions of the authorisation to be granted, provided that such a measure can be justified on grounds of:

(a) the protection of the environment;

(b) public policy or public security;

(c) the protection of health and life of humans, particularly of vulnerable groups, or of animals or plants;

(d) the protection of national treasures possessing artistic, historic or archaeological value; or

(e) the target organisms not being present in harmful quantities.

Any of the Member States concerned may, in particular, propose in accordance with the first subparagraph to refuse to grant an authorisation or to adjust the terms and conditions of the authorisation to be granted for a biocidal product containing an active substance to which Article 5 (2) or Article 10 (1) applies.

2. The Member State concerned shall communicate to the applicant a detailed

statement of the grounds for seeking a derogation pursuant to paragraph 1 and shall seek to reach an agreement with the applicant on the proposed derogation.

If the Member State concerned is unable to reach agreement with the applicant or receives no reply from the applicant within 60 days of that communication it shall inform the Commission. In that case，the Commission：

(a) may ask the Agency for an opinion on scientific or technical questions raised by the applicant or the Member State concerned；

(b) shall adopt a decision on the derogation in accordance with the examination procedure referred to in Article 82（3）.

The Commission's decision shall be addressed to the Member State concerned and the Commission shall inform the applicant thereof.

The Member State concerned shall take necessary measures to comply with the Commission's decision within 30 days of its notification.

3. If the Commission has not adopted a decision pursuant to paragraph 2 within 90 days of being informed in accordance with the second subparagraph of paragraph 2，the Member State concerned may implement the derogation proposed pursuant to paragraph 1.

While the procedure under this Article is ongoing，the Member States' obligation to authorise a biocidal product within two years of the date of approval, referred to in the first subparagraph of Article 89（3），shall be temporarily suspended.

4. By way of derogation from Article 32（2），a Member State may refuse to grant authorisations for product－types 15，17 and 20 on grounds of animal welfare. Member States shall without delay inform other Member States and the Commission of any decision taken in this respect and its justification.

Article 38
Opinion of the Agency

1. If so requested by the Commission pursuant to Article 36（2）or Article 37（2），the Agency shall issue an opinion within 120 days from the date on which the matter in question was referred to it.

2. Before issuing its opinion，the Agency shall provide the applicant and，where applicable，the authorisation holder with an opportunity to provide written comments within a specified time limit not exceeding 30 days.

The Agency may suspend the time limit referred to in paragraph 1 to allow the applicant or the authorisation holder to prepare the comments.

Article 39
Application for mutual recognition by official or scientific bodies

1. Where no application for a national authorisation has been submitted in a Member State for a biocidal product that is already authorised in another Member State，official or scientific bodies involved in pest control activities or the protection of public health may apply，under the mutual recognition procedure provided for in Article 33 and with the consent of the authorisation holder in that other Member State，for a national authorisation for the same biocidal product，with the same use and the same conditions for use as in that Member State.

The applicant shall demonstrate that the use of such a biocidal product is of general interest for that Member State.

The application shall be accompanied by the fees payable under Article 80.

2. Where the competent authority of the Member State concerned considers that the biocidal product fulfils the conditions referred to in Article 19 and the conditions under this Article are met, the competent authority shall authorise the making available on the market and use of the biocidal product. In that case, the body that made the application shall have the same rights and obligations as other authorisation holders.

Article 40
Supplementary rules and technical guidance notes

The Commission shall be empowered to adopt delegated acts in accordance with Article 83 laying down supplementary rules for the renewal of authorisations subject to mutual recognition.

The Commission shall also draw up technical guidance notes to facilitate the implementation of this Chapter and, in particular, Articles 37 and 39.

CHAPTER Ⅷ
UNION AUTHORISATIONS OF BIOCIDAL PRODUCTS

SECTION 1
Granting of Union authorisations

Article 41
Union authorisation

A Union authorisation issued by the Commission in accordance with this Section shall be valid throughout the Union unless otherwise specified. It shall confer the same rights and obligations in each Member State as a national authorisation. For those categories of biocidal products referred to in Article 42 (1), the applicant may apply for Union authorisation as an alternative to applying for a national authorisation and mutual recognition.

Article 42

Biocidal products for which Union authorisation may be granted

1. Applicants may apply for Union authorisation for biocidal products which have similar conditions of use across the Union with the exception of biocidal products that contain active substances that fall under Article 5 and those of product - types 14, 15, 17, 20 and 21. The Union authorisation may be granted:

(a) from 1 September 2013, to biocidal products containing one or more new active substances and biocidal products of product - types 1, 3, 4, 5, 18 and 19;

(b) from 1 January 2017, to biocidal products of product - types 2, 6 and 13; and

(c) from 1 January 2020, to biocidal products of all remaining product - types.

2. The Commission shall by 1 September 2013 draw up guidance documents on the definition of "similar conditions of use across the Union".

3. The Commission shall submit a report to the European Parliament and the Council on the application of this Article by 31 December 2017. That report shall contain an assessment of the exclusion of product - types 14, 15, 17, 20 and 21 from the Union authorisation.

The report shall，if appropriate，be accompanied by relevant proposals for adoption in accordance with the ordinary legislative procedure.

Article 43
Submission and validation of applications

1. Applicants wishing to apply for Union authorisation in accordance with Article 42（1）shall submit an application to the Agency，including a confirmation that the biocidal product would have similar conditions of use across the Union，informing the Agency of the name of the competent authority of the Member State that they propose should evaluate the application and providing written confirmation that that competent authority agrees to do so. That competent authority shall be the evaluating competent authority.

2. The Agency shall inform the applicant of the fees payable under Article 80（1），and shall reject the application if the applicant fails to pay the fees within 30 days. It shall inform the applicant and the evaluating competent authority accordingly.

Upon receipt of the fees payable under Article 80（1），the Agency shall accept the application and inform the applicant and the evaluating competent authority accordingly，indicating the date of acceptance.

3. Within 30 days of the Agency accepting an application，the evaluating competent authority shall validate the application if the relevant information referred to in Article 20 has been submitted.

In the context of the validation referred to in the first subparagraph，the evaluating competent authority shall not make an assessment of the quality or the adequacy of the data or justifications submitted.

The evaluating competent authority shall, as soon as possible after the Agency has accepted an application, inform the applicant of the fees payable under Article 80 (2) and shall reject the application if the applicant fails to pay the fees within 30 days. It shall inform the applicant accordingly.

4. Where the evaluating competent authority considers that the application is incomplete, it shall inform the applicant what additional information is required for the evaluation of the application and shall set a reasonable time limit for the submission of that information. That time limit shall not normally exceed 90 days.

The evaluating competent authority shall, within 30 days of receipt of the additional information, validate the application if it determines that the additional information submitted is sufficient to comply with the requirement laid down in paragraph 3.

The evaluating competent authority shall reject the application if the applicant fails to submit the requested information within the deadline and shall inform the applicant accordingly. In such cases, part of the fees paid in accordance with Article 80 (1) and (2) shall be reimbursed.

5. On validating the application in accordance with paragraph 3 or 4, the evaluating competent authority shall, without delay, inform the applicant, the Agency and other competent authorities accordingly, indicating the date of the validation.

6. An appeal may be brought, in accordance with Article 77, against decisions of the Agency under paragraph 2 of this Article.

Article 44
Evaluation of applications

1. The evaluating competent authority shall, within 365 days of the validation of an application, evaluate it in accordance with Article 19, including, where relevant, any proposal to adapt data requirements submitted in accordance with Article 21 (2), and send an assessment report and the conclusions of its evaluation to the Agency.

Prior to submitting its conclusions to the Agency, the evaluating competent authority shall provide the applicant with the opportunity to provide written comments on the conclusions of the evaluation within 30 days. The evaluating competent authority shall take due account of those comments when finalising its evaluation.

2. Where it appears that additional information is necessary to carry out the evaluation, the evaluating competent authority shall ask the applicant to submit such information within a specified time limit, and shall inform the Agency accordingly. The 365 - day period referred to in paragraph 1 shall be suspended from the date of issue of the request until the date the information is received. However, the suspension shall not exceed 180 days in total other than in exceptional cases and where justified by the nature of the information requested.

3. Within 180 days of receipt of the conclusions of the evaluation, the Agency shall prepare and submit to the Commission an opinion on the authorisation of the biocidal product.

If the Agency recommends the authorisation of the biocidal product, the opinion shall contain at least the following elements:

(a) a statement on whether the conditions laid down in Article 19 (1) are fulfilled, and a draft summary of biocidal product characteristics, as referred to in Article 22 (2);

(b) where relevant, details of any terms or conditions which should be imposed on the making available on the market or use of the biocidal product;

(c) the final assessment report on the biocidal product.

4. Within 30 days of submitting its opinion to the Commission, the Agency shall transmit to the Commission, in all the official languages of the Union, the draft summary of the biocidal product characteristics, as referred to in Article 22 (2), where applicable.

5. On receipt of the opinion of the Agency, the Commission shall adopt either an implementing regulation granting the Union authorisation to the biocidal product or an implementing decision stating that the Union authorisation of the biocidal product has not been granted. Those implementing acts shall be adopted in accordance with the examination procedure referred to in Article 82 (3) .

The Commission shall, at the request of a Member State, decide to adjust certain conditions of a Union authorisation specifically for the territory of that Member State or decide that a Union authorisation shall not apply in the territory of that Member State, provided that such a request can be justified on one or more of the grounds referred to in Article 37 (1) .

SECTION 2
Renewal of Union authorisations

Article 45
Submission and acceptance of applications

1. An application by or on behalf of an authorisation holder wishing to seek the renewal of a Union authorisation shall be submitted to the Agency at least 550 days before the expiry date of the authorisation.

The application shall be accompanied by the fees payable under Article 80 (1)
.

2. When applying for renewal, the applicant shall submit:

(a) without prejudice to Article 21 (1), all relevant data required under Article 20 that it has generated since the initial authorisation or, as appropriate, previous renewal; and

(b) its assessment of whether the conclusions of the initial or previous assessment of the biocidal product remain valid and any supporting information.

3. The applicant shall also submit the name of the competent authority of the Member State that it proposes should evaluate the application for renewal and provide written confirmation that that competent authority agrees to do so. That competent authority shall be the evaluating competent authority.

The Agency shall inform the applicant of the fees payable to it under Article 80 (1) and shall reject the application if the applicant fails to pay the fees within 30 days. It shall inform the applicant and the evaluating competent authority accordingly.

Upon receipt of the fees payable to it under Article 80 (1), the Agency shall accept the application and inform the applicant and the evaluating competent authority accordingly, indicating the date of acceptance.

4. An appeal may be brought, in accordance with Article 77, against decisions of the Agency under paragraph 3 of this Article.

Article 46
Evaluation of applications for renewal

1. On the basis of an assessment of the available information and the need to review the conclusions of the initial evaluation of the application for Union authorisation or, as appropriate, the previous renewal, the evaluating competent authority shall, within 30 days of the Agency accepting the application in accordance with Article 45 (3), decide whether, in the light of current scientific knowledge, a full evaluation of the application for renewal is necessary.

2. Where the evaluating competent authority decides that a full evaluation of the application is necessary, the evaluation shall be carried out in accordance with paragraphs 1 and 2 of Article 44.

Where the evaluating competent authority decides that a full evaluation of the application is not necessary, it shall, within 180 days of the Agency accepting the application, prepare and submit to the Agency a recommendation on the renewal of the authorisation. It shall provide the applicant with a copy of its recommendation.

The evaluating competent authority shall, as soon as possible after the Agency has accepted the application, inform the applicant of the fees payable under

Article 80（2）and shall reject the application if the applicant fails to pay the fees within 30 days. It shall inform the applicant accordingly.

3. Within 180 days of receipt of a recommendation from the evaluating competent authority, the Agency shall prepare and submit to the Commission an opinion on the renewal of the Union authorisation.

4. On receipt of the opinion of the Agency, the Commission shall adopt either an implementing Regulation to renew the Union authorisation or an implementing decision to refuse to renew the Union authorisation. Those implementing acts shall be adopted in accordance with the examination procedure referred to in Article 82（3）.

The Commission shall renew a Union authorisation, provided that the conditions set out in Article 19 are still satisfied.

5. Where, for reasons beyond the control of the holder of the Union authorisation, no decision is taken on the renewal of the authorisation before its expiry, the Commission shall grant the renewal of the Union authorisation for the period necessary to complete the evaluation by means of implementing acts. Those implementing acts shall be adopted in accordance with the advisory procedure referred to in Article 82（2）.

CHAPTER Ⅸ
CANCELLATION, REVIEW AND AMENDMENT OF AUTHORISATIONS

Article 47
Obligation for notification of unexpected or adverse effects

1. On becoming aware of information concerning the authorised biocidal prod-

uct, or the active substance (s) it contains, that may affect the authorisation, the holder of an authorisation shall without delay notify the competent authority that granted the national authorisation and the Agency or, in the case of a Union authorisation, the Commission and the Agency. In particular, the following shall be notified:

(a) new data or information on the adverse effects of the active substance or biocidal product for humans, in particular vulnerable groups, animals or the environment;

(b) any data indicating the potential of the active substance for the development of resistance;

(c) new data or information indicating that the biocidal product is not sufficiently effective.

2. The competent authority that granted the national authorisation or, in the case of a Union authorisation, the Agency, shall examine whether the authorisation needs to be amended or cancelled in accordance with Article 48.

3. The competent authority that granted the national authorisation or, in the case of a Union authorisation, the Agency, shall without delay notify competent authorities of other Member States and, where appropriate, the Commission of any such data or information it receives.

Competent authorities of Member States that have issued a national authorisation for the same biocidal product under the mutual recognition procedure shall examine whether the authorisation needs to be amended or cancelled in accordance with Article 48.

Article 48
Cancellation or amendment of an authorisation

1. Without prejudice to Article 23, the competent authority of a Member State or, in the case of a Union authorisation, the Commission shall at any time cancel or amend an authorisation it has granted where it considers that:

(a) the conditions referred to in Article 19 or, where relevant, in Article 25 are not satisfied;

(b) the authorisation was granted on the basis of false or misleading information; or

(c) the authorisation holder has failed to comply with its obligations under the authorisation or this Regulation.

2. Where the competent authority or, in the case of a Union authorisation, the Commission, intends to cancel or amend an authorisation, it shall inform the authorisation holder thereof and give it the opportunity to submit comments or additional information within a specified time limit. The evaluating competent authority or, in the case of a Union authorisation, the Commission, shall take due account of those comments when finalising its decision.

3. Where the competent authority or, in the case of a Union authorisation, the Commission, cancels or amends an authorisation in accordance with paragraph 1, it shall without delay notify the authorisation holder, the competent authorities of other Member States and, where relevant, the Commission.

Competent authorities that have issued authorisations under the mutual recognition procedure for biocidal products for which the authorisation has been cancelled or amended shall, within 120 days of the notification, cancel or amend the authorisations and shall notify the Commission accordingly.

In the case of disagreement between competent authorities of certain Member States concerning national authorisations subject to mutual recognition the procedures laid down in Articles 35 and 36 shall apply mutatis mutandis.

Article 49
Cancellation of an authorisation at the request of the authorisation holder

At the reasoned request of an authorisation holder, the competent authority that granted the national authorisation or, in the case of Union authorisation, the Commission shall cancel the authorisation. Where such a request concerns a Union authorisation, it shall be submitted to the Agency.

Article 50
Amendment of an authorisation at the request of the authorisation holder

1. Amendments to the terms and conditions of an authorisation shall be made only by the competent authority that authorised the biocidal product concerned, or in the case of a Union authorisation, by the Commission.

2. An authorisation holder seeking to change any of the information submitted in relation to the initial application for authorisation of the product shall apply to the competent authorities of relevant Member States having authorised the biocidal product concerned, or in the case of a Union authorisation, the Agency. Those competent authorities shall decide, or, in the case of a Union authorisation, the Agency shall examine and the Commission decide whether the conditions of Article 19 or, where relevant, Article 25 are still met and whether the terms and conditions of the authorisation need to be amended.

The application shall be accompanied by the fees payable under Article 80 (1) and (2) .

3. An amendment to an existing authorisation shall fall under one of the following categories of changes:

(a) administrative change;

(b) minor change; or

(c) major change.

Article 51
Detailed rules

In order to ensure a harmonised approach to the cancellation and amendment of authorisations, the Commission shall lay down detailed rules for the application of Articles 47 to 50 by means of implementing acts. Those implementing acts shall be adopted in accordance with the examination procedure referred to in Article 82 (3) .

The rules referred to in the first paragraph of this Article shall be based, inter alia, on the following principles:

(a) a simplified notification procedure shall be applied for administrative changes;

(b) a reduced evaluation period shall be established for minor changes;

(c) in the case of major changes, the evaluation period shall be proportionate to the extent of the proposed change.

Article 52
Period of grace

Notwithstanding Article 89, where the competent authority or, in the case of a biocidal product authorised at Union level, the Commission, cancels or amends an authorisation or decides not to renew it, it shall grant a period of grace for the disposal, making available on the market and use of existing stocks, except in cases where continued making available on the market or use of the biocidal product would constitute an unacceptable risk to human health, animal health or the environment.

The period of grace shall not exceed 180 days for the making available on the market and an additional maximum period of 180 days for the disposal and use of existing stocks of the biocidal products concerned.

CHAPTER Ⅹ
PARALLEL TRADE

Article 53
Parallel trade

1. A competent authority of a Member State ("Member State of introduction") shall, at the request of the applicant, grant a parallel trade permit for a biocidal product that is authorised in another Member State ("Member State of origin") to be made available on the market and used in the Member State of introduction, if it determines in accordance with paragraph 3 that the biocidal product is identical to a biocidal product already authorised in the Member State of introduction ("the reference product") .

The applicant who intends to place the biocidal product on the market in the Member State of introduction shall submit the application for a parallel trade permit to the competent authority of the Member State of introduction.

The application shall be accompanied by the information referred to in paragraph 4 and all other information necessary to demonstrate that the biocidal product is identical to the reference product as defined in paragraph 3.

2. Where the competent authority of the Member State of introduction determines that a biocidal product is identical to the reference product, it shall grant a parallel trade permit within 60 days of receipt of the fees payable under Article 80 (2) . The competent authority of the Member State of introduction may request from the competent authority of the Member State of origin additional information necessary to determine whether the product is identical to the reference product. The competent authority of the Member State of origin shall provide the requested information within 30 days of receiving the request.

3. A biocidal product shall be considered as identical to the reference product only if all the following conditions are met:

(a) they have been manufactured by the same company, by an associated undertaking or under license in accordance with the same manufacturing process;

(b) they are identical in specification and content in respect of the active substances and the type of formulation;

(c) they are the same in respect of the non-active substances present; and

(d) they are either the same or equivalent in packaging size, material or form, in terms of the potential adverse impact on the safety of the product with regard to human health，animal health or the environment.

4. An application for a parallel trade permit shall include the following information and items：

(a) name and authorisation number of the biocidal product in the Member State of origin；

(b) name and address of the competent authority of the Member State of origin；

(c) name and address of the authorisation holder in the Member State of origin；

(d) original label and instructions for use with which the biocidal product is distributed in the Member State of origin if it is considered as necessary for the examination by the competent authority of the Member State of introduction；

(e) name and address of the applicant；

(f) name to be given to the biocidal product to be distributed in the Member State of introduction；

(g) a draft label for the biocidal product intended to be made available on the market in the Member State of introduction in the official language or languages of the Member State of introduction，unless that Member State provides otherwise；

(h) a sample of the biocidal product which is intended to be introduced if it is considered as necessary by the competent authority of the Member State of introduction;

(i) name and authorisation number of the reference product in the Member State of introduction.

The competent authority of the Member State of introduction may require a translation of the relevant parts of the original instructions for the use referred to in point (d) .

5. The parallel trade permit shall prescribe the same conditions for making available on the market and use as the authorisation of the reference product.

6. The parallel trade permit shall be valid for the duration of authorisation of the reference product in the Member State of introduction.

If the authorisation holder of the reference product applies for cancellation of authorisation in accordance with Article 49 and the requirements of Article 19 are still fulfilled, the validity of the parallel trade permit shall expire on the date on which the authorisation of the reference product would normally have expired.

7. Without prejudice to specific provisions in this Article, Articles 47 to 50 and Chapter XV shall apply mutatis mutandis to biocidal products made available on the market under a parallel trade permit.

8. The competent authority of the Member State of introduction may withdraw a parallel trade permit if the authorisation of the introduced biocidal product is withdrawn in the Member State of origin because of safety or efficacy reasons.

CHAPTER Ⅺ
TECHNICAL EQUIVALENCE

Article 54
Assessment of technical equivalence

1. Where it is necessary to establish the technical equivalence of active substances, the person seeking to establish that equivalence ("the applicant") shall submit an application to the Agency and pay the applicable fees in accordance with Article 80 (1) .

2. The applicant shall submit all data that the Agency requires to assess technical equivalence.

3. The Agency shall inform the applicant of the fees payable under Article 80 (1), and shall reject the application if the applicant fails to pay the fees within 30 days. It shall inform the applicant and the evaluating competent authority accordingly.

4. After giving the applicant the opportunity to submit comments, the Agency shall take a decision within 90 days of receipt of the application referred to in paragraph 1 and shall communicate it to Member States and to the applicant.

5. Where, in the opinion of the Agency, additional information is necessary to carry out the assessment of technical equivalence, the Agency shall ask the applicant to submit such information within a time limit specified by the Agency. The Agency shall reject the application if the applicant fails to submit the additional information within the specified time limit. The 90 - day period referred to in paragraph 4 shall be suspended from the date of issue of the request until the information is received. The suspension shall not exceed 180

days except where justified by the nature of the data requested or in exceptional circumstances.

6. Where appropriate, the Agency may consult the competent authority of the Member State which acted as the evaluating competent authority for the evaluation of the active substance.

7. An appeal may be brought, in accordance with Article 77, against decisions of the Agency under paragraphs 3, 4 and 5 of this Article.

8. The Agency shall draw up technical guidance notes to facilitate the implementation of this Article.

CHAPTER XII
DEROGATIONS

Article 55
Derogation from the requirements

1. By way of derogation from Articles 17 and 19, a competent authority may permit, for a period not exceeding 180 days, the making available on the market or use of a biocidal product which does not fulfil the conditions for authorisation laid down in this Regulation, for a limited and controlled use under the supervision of the competent authority, if such a measure is necessary because of a danger to public health, animal health or the environment which cannot be contained by other means.

The competent authority referred to in the first subparagraph shall, without delay, inform the other competent authorities and the Commission of its action and the justification for it. The competent authority shall, without delay, inform the other competent authorities and the Commission of the revocation of such action.

On receipt of a reasoned request from the competent authority, the Commission shall, without delay and by means of implementing acts, decide whether, and under what conditions, the action taken by that competent authority may be extended, for a period not exceeding 550 days. Those implementing acts shall be adopted in accordance with the examination procedure referred to in Article 82 (3) .

2. By way of derogation from point (a) of Article 19 (1) and until an active substance is approved, competent authorities and the Commission may authorise, for a period not exceeding three years, a biocidal product containing a new active substance.

Such a provisional authorisation may be issued only if, after dossiers have been evaluated in accordance with Article 8, the evaluating competent authority has submitted a recommendation for approval of the new active substance and the competent authorities which received the application for the provisional authorisation or, in the case of a provisional Union authorisation, the Agency, consider that the biocidal product is expected to comply with points (b), (c) and (d) of Article 19 (1) taking into account the factors set out in Article 19 (2) .

If the Commission decides not to approve the new active substance, the competent authorities which granted the provisional authorisation or the Commission shall cancel that authorisation.

Where a decision on the approval of the new active substance has not yet been adopted by the Commission when the period of three years expires, the competent authorities which granted the provisional authorisation, or the Commission, may extend the provisional authorisation for a period not exceeding one year, provided that there are good reasons to believe that the active substance will satisfy the conditions laid down in Article 4 (1) or, where applicable, the conditions set out in Article 5 (2) . Competent authorities which extend the provisional authorisation shall inform the other competent authorities and the Commission of such action.

3. By way of derogation from point (a) of Article 19 (1), the Commission may, by means of implementing acts, allow a Member State to authorise a biocidal product containing a non-approved active substance if it is satisfied that that active substance is essential for the protection of cultural heritage and that no appropriate alternatives are available. Those implementing acts shall be adopted in accordance with the advisory procedure referred to in Article 82 (2) . A Member State wishing to obtain such a derogation shall apply to the Commission, providing due justification.

Article 56
Research and development

1. By way of derogation from Article 17, an experiment or a test for the purposes of research or development involving an unauthorised biocidal product or a non—approved active substance intended exclusively for use in a biocidal product ("experiment" or "test") may take place only under the conditions laid down in this Article.

Persons carrying out an experiment or test shall draw up and maintain written records detailing the identity of the biocidal product or active substance, labelling data, quantities supplied and the names and addresses of those persons receiving the biocidal product or active substance, and shall compile a dossier containing all available data on possible effects on human or animal health or impact on the environment. They shall make this information available to the competent authority on request.

2. Any person intending to carry out an experiment or test that may involve, or result in, release of the biocidal product into the environment shall first notify the competent authority of the Member State where the experiment or test will occur. The notification shall include the identity of the biocidal product or active substance, labelling data and quantities supplied, and all available data on possible effects on human or animal health or impact on the environment. The person concerned shall make available any other information requested by the competent authorities.

In the absence of an opinion from the competent authority within 45 days of the notification referred to in the first subparagraph, the notified experiment or test may take place.

3. If the experiments or tests could have harmful effects, whether immediate or delayed, on the health of humans, particularly of vulnerable groups, or animals, or any unacceptable adverse effect on humans, animals or the environment, the relevant competent authority of the Member State concerned may prohibit them or allow them subject to such conditions as it considers necessary to prevent those consequences. The competent authority shall, without delay, inform the Commission and other competent authorities of its decision.

4. The Commission shall be empowered to adopt delegated acts in accordance with Article 83 specifying detailed rules supplementing this Article.

Article 57

Exemption from registration under Regulation (EC) No 1907/2006

In addition to the active substances referred to in Article 15 (2) of Regulation (EC) No 1907/2006, active substances manufactured or imported for use in biocidal products authorised for placing on the market in accordance with Article 27，55 or 56 shall be regarded as being registered and the registration as completed for manufacture or import for use in a biocidal product and therefore as fulfilling the requirements of Chapters 1 and 5，Title II of Regulation（EC）No 1907/2006.

CHAPTER XIII
TREATED ARTICLES

Article 58
Placing on the market of treated articles

1. This Article shall apply exclusively to treated articles that are not biocidal products. It shall not apply to treated articles where the sole treatment undertaken was the fumigation or disinfection of premises or containers used for storage or transport and where no residues are expected to remain from such treatment.

2. A treated article shall not be placed on the market unless all active substances contained in the biocidal products that it was treated with or incorporates are included in the list drawn up in accordance with Article 9（2），for the relevant product-type and use，or in Annex I，and any conditions or restrictions specified therein are met.

3. The person responsible for the placing on the market of such a treated article shall ensure that the label provides the information listed in the second subparagraph，where：

—in the case of a treated article containing a biocidal product，a claim is made by the manufacturer of that treated article regarding the biocidal properties of the article，or

—in relation to the active substance (s) concerned, having particular regard to the possibility of contact with humans or the release into the environment, the conditions associated with the approval of the active substance (s) so require.

The label referred to in the first subparagraph shall provide the following information:

(a) a statement that the treated article incorporates biocidal products;

(b) where substantiated, the biocidal property attributed to the treated article;

(c) without prejudice to Article 24 of Regulation (EC) No 1272/2008, the name of all active substances contained in the biocidal products;

(d) the name of all nanomaterials contained in the biocidal products, followed by the word "nano" in brackets;

(e) any relevant instructions for use, including any precautions to be taken because of the biocidal products with which a treated article was treated or which it incorporates.

This paragraph shall not apply where at least equivalent labelling requirements already exist under sector - specific legislation for biocidal products in treated articles to meet information requirements concerning those active substances.

4. Notwithstanding the labelling requirements set out in paragraph 3, the person responsible for the placing on the market of a treated article shall label it

with any relevant instructions for use，including any precautions to be taken，if this is necessary to protect humans，animals and the environment.

5. Notwithstanding the labelling requirements set out in paragraph 3，the supplier of a treated article shall，where a consumer so requests，provide that consumer，within 45 days，free of charge，with information on the biocidal treatment of the treated article.

6. The labelling shall be clearly visible，easily legible and appropriately durable. Where necessary because of the size or the function of the treated article，the labelling shall be printed on the packaging，on the instructions for use or on the warranty in the official language or languages of the Member State of introduction，unless that Member State provides otherwise. In the case of treated articles that are not produced as part of a series but rather designed and manufactured to meet a specific order，the manufacturer may agree other methods of providing the customer with the relevant information.

7. The Commission may adopt implementing acts for the application of paragraph 2 of this Article，including appropriate notification procedures，possibly involving the Agency，and further specifying the labelling requirements under paragraphs 3，4 and 6 of this Article. Those implementing acts shall be adopted in accordance with the examination procedure referred to in Article 82 (3) .

8. Where there are significant indications that an active substance contained in a biocidal product with which a treated article is treated or which it incorporates does not meet the conditions laid down in Article 4 (1)，Article 5 (2) or Article 25，the Commission shall review the approval of that active substance or its inclusion in Annex I in accordance with Article 15 (1) or Article 28 (2) .

CHAPTER XIV
DATA PROTECTION AND DATA - SHARING

Article 59
Protection of data held by competent authorities or the Agency

1. Without prejudice to Articles 62 and 63, data submitted for the purposes of Directive 98/8/EC or of this Regulation shall not be used by competent authorities or the Agency for the benefit of a subsequent applicant, except where:

(a) the subsequent applicant submits a letter of access; or

(b) the relevant time limit for data protection has expired.

2. When submitting data to a competent authority or to the Agency for the purposes of this Regulation the applicant shall, where relevant, indicate the name and contact details of the data owner for all data submitted. The applicant shall also specify whether it is the data owner or holds a letter of access.

3. The applicant shall, without delay, inform the competent authority or the Agency about any changes to the ownership of the data.

4. The advisory scientific committees set up under Commission Decision 2004/210/EC of 3 March 2004 setting up Scientific Committees in the field of consumer safety, public health and the environment [47] shall also have access to the data referred to in paragraph 1 of this Article.

Article 60
Data protection periods

1. Data submitted for the purposes of Directive 98/8/EC or of this Regulation shall benefit from data protection under the conditions laid down in this Article. The protection period for the data shall start when they are submitted for the first time.

Data protected under this Article or for which the protection period under this Article has expired shall not be protected again.

2. The protection period for data submitted with a view to the approval of an existing active substance shall end 10 years from the first day of the month following the date of adoption of a decision in accordance with Article 9 on the approval of the relevant active substance for the particular product - type.

The protection period for data submitted with a view to the approval of a new active substance shall end 15 years from the first day of the month following the date of adoption of a decision in accordance with Article 9 on the approval of the relevant active substance for the particular product - type.

The protection period for new data submitted with a view to the renewal or review of the approval of an active substance shall end five years from the first day of the month following the date of the adoption of a decision in accordance with Article 14 (4) concerning the renewal or the review.

3. The protection period for data submitted with a view to the authorisation of a biocidal product containing only existing active substances shall end 10 years from the first day of the month following the first decision concerning the authorisation of the product taken in accordance with Article 30 (4), Article 34

（6） or Article 44 （4）.

The protection period for data submitted with a view to the authorisation of a biocidal product containing a new active substance shall end 15 years from the first day of the month following the first decision concerning the authorisation of the product taken in accordance with Article 30 （4）， Article 34 （6） or Article 44 （4）.

The protection period for new data submitted with a view to the renewal or amendment of the authorisation of a biocidal product shall end five years from the first day of the month following the decision concerning the renewal or amendment of the authorisation.

Article 61
Letter of access

1. A letter of access shall contain at least the following information：

（a） the name and contact details of the data owner and the beneficiary；

（b） the name of the active substance or biocidal product for which access to the data is authorised；

（c） the date on which the letter of access takes effect；

（d） a list of the submitted data to which the letter of access grants citation rights.

2. Revocation of a letter of access shall not affect the validity of the authorisation issued on the basis of the letter of access in question.

Article 62
Data sharing

1. In order to avoid animal testing, testing on vertebrates for the purposes of this Regulation shall be undertaken only as a last resort. Testing on vertebrates shall not be repeated for the purposes of this Regulation.

2. Any person intending to perform tests or studies ("the prospective applicant")

(a) shall, in the case of data involving tests on vertebrates; and

(b) may, in the case of data not involving tests on vertebrates,

submit a written request to the Agency to determine whether such tests or studies have already been submitted to the Agency or to a competent authority in connection with a previous application under this Regulation or Directive 98/8/EC. The Agency shall verify whether such tests or studies have already been submitted.

Where such tests or studies have already been submitted to the Agency or to a competent authority in connection with a previous application, under this Regulation or Directive 98/8/EC, the Agency shall, without delay, communicate the name and contact details of the data submitter and data owner to the prospective applicant.

The data submitter shall, where relevant, facilitate contacts between the prospective applicant and the data owner.

Where the data acquired under those tests or studies are still protected under

Article 60, the prospective applicant:

(a) shall, in the case of data involving tests on vertebrates; and

(b) may, in the case of data not involving tests on vertebrates,

request from the data owner all the scientific and technical data related to the tests and studies concerned as well as the right to refer to these data when submitting applications under this Regulation.

Article 63
Compensation for data sharing

1. Where a request has been made in accordance with Article 62 (2), the prospective applicant and the data owner shall make every effort to reach an agreement on the sharing of the results of the tests or studies requested by the prospective applicant. Such an agreement may be replaced by submission of the matter to an arbitration body and a commitment to accept the arbitration order.

2. Where such agreement is reached, the data owner shall make all the scientific and technical data related to the tests and studies concerned available to the prospective applicant or shall give the prospective applicant permission to refer to the data owner's tests or studies when submitting applications under this Regulation.

3. Where no agreement is reached with respect to data involving tests or studies on vertebrates, the prospective applicant shall inform the Agency and the data owner thereof, at the earliest one month after the prospective applicant receives the name and address of the data submitter from the Agency.

Within 60 days of being informed, the Agency shall give the prospective applicant permission to refer to the requested tests or studies on vertebrates, provided that the prospective applicant demonstrates that every effort has been made to reach an agreement and that the prospective applicant has paid the data owner a share of the costs incurred. Where the prospective applicant and data owner cannot agree, national courts shall decide on the proportionate share of the cost that the prospective applicant is to pay to the data owner.

The data owner shall not refuse to accept any payment offered pursuant to the second subparagraph. Any acceptance is without prejudice, however, to his right to have the proportionate share of the cost determined by a national court, in accordance with the second subparagraph.

4. Compensation for data sharing shall be determined in a fair, transparent and non-discriminatory manner, having regard to the guidance established by the Agency [48] . The prospective applicant shall be required to share only in the costs of information that it is required to submit for the purposes of this Regulation.

5. An appeal may be brought, in accordance with Article 77, against decisions of the Agency under paragraph 3 of this Article.

Article 64
Use of data for subsequent applications

1. Where the relevant data protection period according to Article 60 has expired in relation to an active substance, the receiving competent authority or the Agency may agree that a subsequent applicant for authorisation may refer to data provided by the first applicant in so far as the subsequent applicant can provide evidence that the active substance is technically equivalent to the active substance for which the data protection period has expired, including the de-

gree of purity and the nature of any relevant impurities.

Where the relevant data protection period according to Article 60 has expired in relation to a biocidal product, the receiving competent authority or the Agency may agree that a subsequent applicant for authorisation may refer to data provided by the first applicant in so far as the subsequent applicant can provide evidence that the biocidal product is the same as the one already authorised, or the differences between them are not significant in relation to the risk assessment and the active substance (s) in the biocidal product are technically equivalent to those in the biocidal product already authorised, including the degree of purity and the nature of any impurities.

An appeal may be brought, in accordance with Article 77, against decisions of the Agency under the first and second subparagraphs of this paragraph.

2. Notwithstanding paragraph 1, subsequent applicants shall provide the following data accordingly to the receiving competent authority or the Agency, as applicable:

(a) all necessary data for the identification of the biocidal product, including its composition;

(b) the data needed to identify the active substance and to establish technical equivalence of the active substance;

(c) the data needed to demonstrate the comparability of the risk from and efficacy of the biocidal product to that of the authorised biocidal product.

CHAPTER XV
INFORMATION AND COMMUNICATION

SECTION 1
Monitoring and reporting

Article 65
Compliance with requirements

1. Member States shall make the necessary arrangements for the monitoring of biocidal products and treated articles which have been placed on the market to establish whether they comply with the requirements of this Regulation. Regulation (EC) No 765/2008 of the European Parliament and of the Council of 9 July 2008 setting out the requirements for accreditation and market surveillance relating to the marketing of products [49] shall apply accordingly.

2. Member States shall make the necessary arrangements for official controls to be carried out in order to enforce compliance with this Regulation.

In order to facilitate such enforcement, manufacturers of biocidal products placed on the Union market shall maintain, in relation to the manufacturing process, appropriate documentation in paper or electronic format relevant for the quality and safety of the biocidal product to be placed on the market and shall store production batch samples. The documentation shall include as a minimum:

(a) safety data sheets and specifications of active substances and other ingredients used for manufacturing the biocidal product;

（b） records of the various manufacturing operations performed;

（c） results of internal quality controls;

（d） identification of production batches.

Where necessary in order to ensure uniform application of this paragraph, the Commission may adopt implementing acts in accordance with the examination procedure referred to in Article 82 (3).

Measures taken pursuant to this paragraph shall avoid causing disproportionate administrative burden to economic operators and Member States.

3. Every five years, from 1 September 2015, Member States shall submit to the Commission a report on the implementation of this Regulation in their respective territories. The report shall include in particular:

（a） information on the results of official controls carried out in accordance with paragraph 2;

（b） information on any poisonings and, where available, occupational diseases involving biocidal products, especially regarding vulnerable groups, and any specific measures taken to mitigate the risk of future cases;

（c） any available information on adverse environmental effects experienced through using biocidal products;

（d） information on the use of nanomaterials in biocidal products and the potential risks thereof.

Reports shall be submitted by 30 June of the relevant year and shall cover the period until 31 December of the year preceding their submission.

The reports shall be published on the relevant website of the Commission.

4. On the basis of the reports received in accordance with paragraph 3, and within 12 months from the date referred to in the second subparagraph of that paragraph, the Commission shall draw up a composite report on the implementation of this Regulation, in particular Article 58. The Commission shall submit the report to the European Parliament and to the Council.

Article 66
Confidentiality

1. Regulation (EC) No 1049/2001 of the European Parliament and of the Council of 30 May 2001 regarding public access to European Parliament, Council and Commission documents [50] and the rules of the Management Board of the Agency, adopted in accordance with Article 118 (3) of Regulation (EC) No 1907/2006, shall apply to documents held by the Agency for the purposes of this Regulation.

2. The Agency and the competent authorities shall refuse access to information where disclosure would undermine the protection of the commercial interests or the privacy or safety of the persons concerned.

Disclosure of the following information shall normally be deemed to undermine the protection of the commercial interests or the privacy or safety of the persons concerned:

(a) details of the full composition of a biocidal product;

(b) the precise tonnage of the active substance or biocidal product manufactured or made available on the market;

(c) links between a manufacturer of an active substance and the person responsible for the placing of a biocidal product on the market or between the person responsible for the placing of a biocidal product on the market and the distributors of the product;

(d) names and addresses of persons involved in testing on vertebrates.

However, where urgent action is essential to protect human health, animal health, safety or the environment or for other reasons of overriding public interest, the Agency or the competent authorities shall disclose the information referred to in this paragraph.

3. Notwithstanding paragraph 2, after the authorisation has been granted, access to the following information shall not in any case be refused:

(a) the name and address of the authorisation holder;

(b) the name and address of the biocidal product manufacturer;

(c) the name and address of the active substance manufacturer;

(d) the content of the active substance or substances in the biocidal product and the name of the biocidal product;

(e) physical and chemical data concerning the biocidal product;

(f) any methods for rendering the active substance or biocidal product harmless;

(g) a summary of the results of the tests required pursuant to Article 20 to establish the product's efficacy and effects on humans, animals and the environment and, where applicable, its ability to promote resistance;

(h) recommended methods and precautions to reduce dangers from handling, transport and use as well as from fire or other hazards;

(i) safety data sheets;

(j) methods of analysis referred to in Article 19 (1) (c);

(k) methods of disposal of the product and of its packaging;

(l) procedures to be followed and measures to be taken in the case of spillage or leakage;

(m) first aid and medical advice to be given in the case of injury to persons.

4. Any person submitting information related to an active substance or a biocidal product to the Agency or a competent authority for the purposes of this Regulation can request that the information in Article 67 (3) shall not be made available, including a justification as to why the disclosure of the information could be harmful for their commercial interests or those of any other party concerned.

Article 67
Electronic public access

1. From the date on which an active substance is approved, the following up-

to-date information held by the Agency or the Commission on active substances shall be made publicly and easily available free of charge:

(a) where available, the ISO name and the name in the International Union of Pure and Applied Chemistry (IUPAC) nomenclature;

(b) if applicable, the name as given in the European Inventory of Existing Commercial Chemical Substances;

(c) the classification and labelling, including whether the active substance meets any of the criteria set out in Article 5 (1);

(d) physicochemical endpoints and data on pathways and environmental fate and behaviour;

(e) the result of each toxicological and ecotoxicological study;

(f) acceptable exposure level or predicted no-effect concentration established in accordance with Annex Ⅵ;

(g) the guidance on safe use provided in accordance with Annexes Ⅱ and Ⅲ;

(h) analytical methods referred to under Sections 5.2 and 5.3 of Title 1, and Section 4.2 of Title 2 of Annex Ⅱ.

2. From the date on which a biocidal product is authorised, the Agency shall make publicly and easily available free of charge the following up-to-date information:

(a) the terms and conditions of the authorisation;

(b) the summary of the biocidal product characteristics; and

(c) analytical methods referred to under Sections 5.2 and 5.3 of Title 1, and Section 5.2 of Title 2 of Annex Ⅲ.

3. From the date on which an active substance is approved, the Agency shall, except where the data supplier submits a justification in accordance with Article 66 (4) accepted as valid by the competent authority or the Agency as to why such publication is potentially harmful for its commercial interests or any other party concerned, make publicly available, free of charge, the following up-to-date information on active substances:

(a) if essential to classification and labelling, the degree of purity of the substance and the identity of impurities and/or additives of active substances which are known to be hazardous;

(b) the study summaries or robust study summaries of studies submitted to support the approval of the active substance;

(c) information, other than that listed in paragraph 1 of this Article, contained in the safety data sheet;

(d) the trade name (s) of the substance;

(e) the assessment report.

4. From the date on which a biocidal product is authorised, the Agency shall, except where the data supplier submits a justification in accordance with Article 66 (4) accepted as valid by the competent authority or the Agency as to

why such publication is potentially harmful for its commercial interests or any other party concerned, make publicly available, free of charge, the following up-to date information:

(a) study summaries, or robust study summaries, of studies submitted to support the biocidal product authorisation; and

(b) the assessment report.

Article 68
Record-keeping and reporting

1. Authorisation holders shall keep records of the biocidal products they place on the market for at least 10 years after placing on the market, or 10 years after the date on which the authorisation was cancelled or expired, whichever is the earlier. They shall make available the relevant information contained in these records to the competent authority on request.

2. To ensure the uniform application of paragraph 1 of this Article, the Commission shall adopt implementing acts to specify the form and content of the information in records. Those implementing acts shall be adopted in accordance with the advisory procedure referred to in Article 82 (2) .

SECTION 2
Information about biocidal products

Article 69
Classification, packaging and labelling of biocidal products

1. Authorisation holders shall ensure that biocidal products are classified, packaged and labelled in accordance with the approved summary of biocidal product characteristics, in particular the hazard statements and the precau-

tionary statements, as referred to in point (i) of Article 22 (2), and with Directive 1999/45/EC and, where applicable, Regulation (EC) No 1272/2008.

In addition, products which may be mistaken for food, including drink, or feed shall be packaged to minimise the likelihood of such a mistake being made. If they are available to the general public, they shall contain components to discourage their consumption and, in particular, shall not be attractive to children.

2. In addition to compliance with paragraph 1, authorisation holders shall ensure that labels are not misleading in respect of the risks from the product to human health, animal health or the environment or its efficacy and, in any case, do not mention the indications "low - risk biocidal product", "non—toxic", "harmless", "natural", "environmentally friendly", "animal friendly" or similar indications. In addition, the label must show clearly and indelibly the following information:

(a) the identity of every active substance and its concentration in metric units;

(b) the nanomaterials contained in the product, if any, and any specific related risks, and, following each reference to nanomaterials, the word "nano" in brackets;

(c) the authorisation number allocated to the biocidal product by the competent authority or the Commission;

(d) the name and address of the authorisation holder;

(e) the type of formulation;

(f) the uses for which the biocidal product is authorised;

(g) directions for use, frequency of application and dose rate, expressed in metric units, in a manner which is meaningful and comprehensible to the user, for each use provided for under the terms of the authorisation;

(h) particulars of likely direct or indirect adverse side effects and any directions for first aid;

(i) if accompanied by a leaflet, the sentence "Read attached instructions before use" and, where applicable, warnings for vulnerable groups;

(j) directions for the safe disposal of the biocidal product and its packaging, including, where relevant, any prohibition on the reuse of packaging;

(k) the formulation batch number or designation and the expiry date relevant to normal conditions of storage;

(l) where applicable, the period of time needed for the biocidal effect, the interval to be observed between applications of the biocidal product or between application and the next use of the product treated, or the next access by humans or animals to the area where the biocidal product has been used, including particulars concerning decontamination means and measures and duration of necessary ventilation of treated areas; particulars for adequate cleaning of equipment; particulars concerning precautionary measures during use and transport;

(m) where applicable, the categories of users to which the biocidal product is restricted;

(n) where applicable, information on any specific danger to the environment particularly concerning protection of non-target organisms and avoidance of contamination of water;

(o) for biocidal products containing micro-organisms, labelling requirements in accordance with Directive 2000/54/EC.

By way of derogation from the first subparagraph, where this is necessary because of the size or the function of the biocidal product, the information referred to in points (e), (g), (h), (j), (k), (l) and (n) may be indicated on the packaging or on an accompanying leaflet integral to the packaging.

3. Member States may require:

(a) the provision of models or drafts of the packaging, labelling and leaflets;

(b) that biocidal products made available on the market in their territories be labelled in their official language or languages.

Article 70
Safety data sheets

Safety data sheets for active substances and biocidal products shall be prepared and made available in accordance with Article 31 of Regulation (EC) No 1907/2006, where applicable.

Article 71
Register for Biocidal Products

1. The Agency shall establish and maintain an information system which shall

be referred to as the Register for Biocidal Products.

2. The Register for Biocidal Products shall be used for the exchange of information between competent authorities, the Agency and the Commission and between applicants and competent authorities, the Agency and the Commission.

3. Applicants shall use the Register for Biocidal Products to submit applications and data for all procedures covered by this Regulation.

4. Upon submission of applications and data by applicants, the Agency shall check that these have been submitted in the correct format and notify the relevant competent authority accordingly without delay.

Where the Agency decides that the application has not been submitted in the correct format, it shall reject the application and inform the applicant accordingly.

5. Once the relevant competent authority has validated or accepted an application, it shall be made available via the Register for Biocidal Products to all other competent authorities and to the Agency.

6. The competent authorities and the Commission shall use the Register for Biocidal Products to record and communicate the decisions they have taken in relation to the authorisations of biocidal products and shall update the information in the Register for Biocidal Products at the time such decisions are taken. The competent authorities shall, in particular, update the information in the Register for Biocidal Products relating to biocidal products which have been authorised within their territory or for which a national authorisation has been refused, amended, renewed or cancelled, or for which a parallel trade

permit has been granted, refused or cancelled. The Commission shall, in particular, update the information relating to biocidal products which have been authorised in the Union or for which a Union authorisation has been refused, amended, renewed or cancelled.

The information to be introduced into the Register for Biocidal Products shall include, as appropriate:

(a) the terms and conditions of the authorisation;

(b) the summary of the biocidal product characteristics referred to in Article 22 (2);

(c) the assessment report of the biocidal product.

The information referred to in this paragraph shall also be made available to the applicant through the Register for Biocidal Products.

7. In the event that the Register for Biocidal Products is not fully operational by 1 September 2013 or ceases to be operational after that date, all obligations in relation to submissions and communication placed upon Member States, competent authorities, the Commission and applicants by this Regulation shall continue to apply. With a view to ensuring the uniform application of this paragraph, particularly with regard to the format in which information may be submitted and exchanged, the Commission shall adopt the necessary measures in accordance with the examination procedure referred to in Article 82 (3). Those measures shall be limited in time to the period strictly necessary for the Register for Biocidal Products to become fully operational.

8. The Commission may adopt implementing acts laying down detailed rules on

the types of information to be entered in the Register for Biocidal Products. Those implementing acts shall be adopted in accordance with the advisory procedure referred to in Article 82 (2) .

9. The Commission shall be empowered to adopt delegated acts in accordance with Article 83 laying down supplementary rules for the use of the Register.

Article 72
Advertising

1. Any advertisement for biocidal products shall, in addition to complying with Regulation (EC) No 1272/2008, include the sentences "Use biocides safely. Always read the label and product information before use." . The sentences shall be clearly distinguishable and legible in relation to the whole advertisement.

2. Advertisers may replace the word "biocides" in the prescribed sentences with a clear reference to the product-type being advertised.

3. Advertisements for biocidal products shall not refer to the product in a manner which is misleading in respect of the risks from the product to human health, animal health or the environment or its efficacy. In any case, the advertising of a biocidal product shall not mention "low-risk biocidal product", "non-toxic", "harmless", "natural", "environmentally friendly", "animal friendly" or any similar indication.

Article 73
Poison control

Article 45 of Regulation (EC) No 1272/2008 shall apply for the purposes of this Regulation.

CHAPTER XVI
THE AGENCY

Article 74
Role of the Agency

1. The Agency shall carry out the tasks conferred on it by this Regulation.

2. Articles 78 to 84，89 and 90 of Regulation（EC）No 1907/2006 shall apply mutatis mutandis taking into account the role of the Agency with respect to this Regulation.

Article 75
Biocidal Products Committee

1. A Biocidal Products Committee is hereby established within the Agency.

The Biocidal Products Committee shall be responsible for preparing the opinion of the Agency on the following issues：

(a) applications for approval and renewal of approval of active substances；

(b) review of approval of active substances；

(c) applications for inclusion in Annex I of active substances meeting the conditions laid down in Article 28 and review of the inclusion of such active substances in Annex I；

(d) identification of active substances which are candidates for substitution；

(e) applications for Union authorisation of biocidal products and for renewal, cancellation and amendments of Union authorisations, except where the applications are for administrative changes;

(f) scientific and technical matters concerning mutual recognition in accordance with Article 38;

(g) at the request of the Commission or of Member States' competent authorities, any other questions that arise from the operation of this Regulation relating to technical guidance or risks to human health, animal health or the environment.

2. Each Member State shall be entitled to appoint a member of the Biocidal Products Committee. Member States may also appoint an alternate member.

In order to facilitate its work, the Committee may, by a decision of the Management Board of the Agency in agreement with the Commission, be divided into two or more parallel committees. Each parallel committee shall be responsible for the tasks of the Biocidal Products Committee assigned to it. Each Member State shall be entitled to appoint one Member for each of the parallel committees. The same person may be appointed to more than one parallel committee.

3. Committee members shall be appointed on the basis of their experience relevant to performing the tasks specified in paragraph 1 and may work within a competent authority. They shall be supported by the scientific and technical resources available to Member States. To this end, Member States shall provide adequate scientific and technical resources to Committee members that they have nominated.

4. Article 85, paragraphs 4, 5, 8 and 9, and Articles 87 and 88 of Regula-

tion (EC) No 1907/2006 shall apply mutatis mutandis to the Biocidal Products Committee.

Article 76
Secretariat of the Agency

1. The Secretariat of the Agency referred to in point (g) of Article 76 (1) of Regulation (EC) No 1907/2006 shall undertake the following tasks:

(a) establishing and maintaining the Register for Biocidal Products;

(b) performing the tasks relating to the acceptance of the applications covered by this Regulation;

(c) establishing technical equivalence;

(d) providing technical and scientific guidance and tools for the application of this Regulation by the Commission and Member States' competent authorities and providing support to national helpdesks;

(e) providing advice and assistance to applicants, in particular to SMEs, for the approval of an active substance or its inclusion in Annex I to this Regulation or for a Union authorisation;

(f) preparing explanatory information on this Regulation;

(g) establishing and maintaining database (s) with information on active substances and biocidal products;

(h) at the request of the Commission, providing technical and scientific support to improve cooperation between the Union competent authorities, international organisations and third countries on scientific and technical issues relating to biocidal products;

(i) notification of decisions taken by the Agency;

(j) specification of formats and software packages for the submission of information to the Agency;

(k) providing support and assistance to Member States in order to avoid the parallel assessment of applications relating to the same or similar biocidal products referred to in Article 29 (4);

2. The Secretariat shall make the information identified in Article 67 publicly available, free of charge, over the internet, except where a request made under Article 66 (4) is considered justified. The Agency shall make other information available on request in accordance with Article 66.

Article 77
Appeal

1. Appeals against decisions of the Agency taken pursuant to Article 7 (2), Article 13 (3), Article 26 (2), Article 43 (2), Article 45 (3), Article 54 (3), (4) and (5), Article 63 (3) and Article 64 (1) shall lie with the Board of Appeal set up in accordance with Regulation (EC) No 1907/2006.

Article 92 (1) and (2) and Articles 93 and 94 of Regulation (EC) No 1907/2006 shall apply to appeal procedures lodged under this Regulation.

Fees may be payable, in accordance with Article 80 (1) of this Regulation, by the person bringing an appeal.

2. An appeal lodged pursuant to paragraph 1 shall have suspensive effect.

Article 78
The budget of the Agency

1. For the purposes of this Regulation, the revenues of the Agency shall consist of:

(a) a subsidy from the Union, entered in the general budget of the European Union (Commission Section);

(b) the fees paid to the Agency in accordance with this Regulation;

(c) any charges paid to the Agency for services that it provides under this Regulation;

(d) any voluntary contributions from Member States.

2. Revenue and expenditure for activities related to this Regulation and to Regulation (EC) No 1907/2006 shall be dealt with separately in the Agency's budget and shall have separate budgetary and accounting reporting.

Revenue of the Agency referred to in Article 96 (1) of Regulation (EC) No 1907/2006 shall not be used for carrying out tasks under this Regulation. Revenue of the Agency referred to in paragraph 1 of this Article shall not be used for carrying out tasks under Regulation (EC) No 1907/2006.

Article 79
Formats and software for submission of information to the Agency

The Agency shall specify formats and software packages and make them available free of charge on its website for submissions to the Agency. The competent authorities and applicants shall use these formats and packages in their submissions pursuant to this Regulation.

The technical dossier referred to in Article 6（1）and Article 20 shall be submitted using the IUCLID software package.

CHAPTER XVII
FINAL PROVISIONS

Article 80
Fees and charges

1. The Commission shall adopt, on the basis of the principles set out in paragraph 3, an implementing Regulation specifying:

(a) the fees payable to the Agency, including an annual fee for products granted a Union authorisation in accordance with Chapter VIII and a fee for applications for mutual recognition in accordance with Chapter VII;

(b) the rules defining conditions for reduced fees, fee waivers and the reimbursement of the member of the Biocidal Products Committee who acts as a rapporteur; and

(c) conditions of payment.

That implementing Regulation shall be adopted in accordance with the examination procedure referred to in Article 82（3）. It shall apply only with respect to fees paid to the Agency.

The Agency may collect charges for other services it provides.

The fees payable to the Agency shall be set at such a level as to ensure that the revenue derived from the fees, when combined with other sources of the Agency's revenue pursuant to this Regulation, is sufficient to cover the cost of the services delivered. The fees payable shall be published by the Agency.

2. Member States shall directly charge applicants fees for services that they provide with respect to the procedures under this Regulation, including the services undertaken by Member States' competent authorities when acting as evaluating competent authority.

Based on the principles set out in paragraph 3, the Commission shall issue guidance concerning a harmonised structure of fees.

Member States may levy annual fees with respect to biocidal products made available on their markets.

Member States may collect charges for other services they provide.

Member States shall set and publish the amount of fees payable to their competent authorities.

3. Both the implementing Regulation referred to in paragraph 1 and Member States' own rules concerning fees shall respect the following principles:

(a) fees shall be set at such a level as to ensure that the revenue derived from the fees is, in principle, sufficient to cover the cost of the services delivered and shall not exceed what is necessary to cover those costs;

(b) partial reimbursement of the fee if the applicant fails to submit the information requested within the specified time limit;

(c) the specific needs of SMEs shall be taken into account, as appropriate, including the possibility of splitting payments into several instalments and phases;

(d) the structure and amount of fees shall take into account whether information has been submitted jointly or separately;

(e) in duly justified circumstances, and where it is accepted by the Agency or the competent authority, the whole fee or a part of it may be waived; and

(f) the deadlines for the payment of fees shall be fixed taking due account of the deadlines of the procedures provided for in this Regulation.

Article 81
Competent authorities

1. Member States shall designate a competent authority or competent authorities responsible for the application of this Regulation.

Member States shall ensure that competent authorities have a sufficient number of suitably qualified and experienced staff so that the obligations laid down in this Regulation can be carried out efficiently and effectively.

2. Competent authorities shall provide advice to applicants, in particular to SMEs, and to any other interested parties on their respective responsibilities and obligations under this Regulation. That shall include the provision of advice about the possibility of adapting the data requirements of Articles 6 and 20, the grounds on which such an adaptation can be made, and on how to prepare a proposal. It shall be in addition to the advice and assistance that the Secretariat of the Agency shall provide in accordance with Article 76 (1) (d) .

Competent authorities may in particular provide advice by establishing helpdesks. Helpdesks already established under Regulation (EC) No 1907/2006 may act as helpdesks under this Regulation.

3. Member States shall inform the Commission of the names and addresses of the designated competent authorities and, where they exist, helpdesks by 1 September 2013. Member States shall, without undue delay, inform the Commission of any changes to the names and addresses of the competent authorities or helpdesks.

The Commission shall make publicly available a list of competent authorities and helpdesks.

Article 82
Committee procedure

1. The Commission shall be assisted by the Standing Committee on Biocidal Products ("the committee"). That committee shall be a committee within the meaning of Regulation (EU) No 182/2011.

2. Where reference is made to this paragraph, Article 4 of Regulation (EU) No 182/2011 shall apply.

3. Where reference is made to this paragraph, Article 5 of Regulation (EU) No 182/2011 shall apply.

Where the committee delivers no opinion, the Commission shall not adopt the draft implementing act and the third subparagraph of Article 5 (4) of Regulation (EU) No 182/2011 shall apply.

4. Where reference is made to this paragraph, Article 8 of Regulation (EU) No 182/2011 shall apply.

Article 83
Exercise of the delegation

1. The power to adopt delegated acts is conferred on the Commission subject to the conditions laid down in this Article.

2. The power to adopt delegated acts referred to in Article 3 (4), Article 5 (3), Article 6 (4), Article 21 (3), Article 23 (5), Article 28 (1) and (3), Article 40, Article 56 (4), Article 71 (9), Article 85 and Article 89 (1) shall be conferred on the Commission for a period of five years from 17 July 2012. The Commission shall draw up a report in respect of the delegation of power not later than nine months before the end of the five－year period. The delegation of power shall be tacitly extended for periods of an identical duration, unless the European Parliament or the Council opposes such extension not later than three months before the end of each period.

3. The delegation of power referred to in Article 3 (4), Article 5 (3), Article 6 (4), Article 21 (3), Article 23 (5), Article 28 (1) and (3), Article 40, Article 56 (4), Article 71 (9), Article 85 and Article 89 (1) may be revoked at any time by the European Parliament or by the Council. A decision to revoke shall put an end to the delegation of the power specified in that decision. It shall take effect the day following the publication of the decision in the Official Journal of the European Union or at a later date specified therein. It shall not affect the validity of any delegated acts already in force.

4. As soon as it adopts a delegated act, the Commission shall notify it simultaneously to the European Parliament and to the Council.

5. A delegated act adopted pursuant to Article 3 (4), Article 5 (3), Article 6 (4), Article 21 (3), Article 23 (5), Article 28 (1) and (3), Article 40, Article 56 (4), Article 71 (9), Article 85 and Article 89 (1) shall enter into force only if no objection has been expressed either by the European Parliament or the Council within a period of two months of notification of that act to the European Parliament and the Council or if, before the expiry of that period, the European Parliament and the Council have both informed the Commission that they will not object. That period shall be extended by two months at the initiative of the European Parliament or of the Council.

Article 84
Urgency procedure

1. Delegated acts adopted under this Article shall enter into force without delay and shall apply as long as no objection is expressed in accordance with paragraph 2. The notification of a delegated act to the European Parliament and to the Council shall state the reasons for the use of the urgency procedure.

2. Either the European Parliament or the Council may object to a delegated act in accordance with the procedure referred to in Article 83 (5). In such a case, the Commission shall repeal the act without delay following the notification of the decision to object by the European Parliament or by the Council.

Article 85
Adaptation to scientific and technical progress

In order to allow the provisions of this Regulation to be adapted to scientific and technical progress, the Commission shall be empowered to adopt delegated acts in accordance with Article 83 concerning the adaptation of Annexes Ⅱ, Ⅲ and Ⅳ to such scientific and technical progress.

Article 86
Active substances included in Annex I to Directive 98/8/EC

The active substances included in Annex I to Directive 98/8/EC shall be deemed to have been approved under this Regulation and shall be included in the list referred to in Article 9 (2) .

Article 87
Penalties

Member States shall lay down the provisions on penalties applicable to infringement of the provisions of this Regulation and shall take all measures necessary to ensure that they are implemented. The penalties provided for must be effective, proportionate and dissuasive. The Member States shall notify those provisions to the Commission no later than 1 September 2013 and shall notify the Commission without delay of any subsequent amendment affecting them.

Article 88
Safeguard clause

Where, on the basis of new evidence, a Member State has justifiable grounds to consider that a biocidal product, although authorised in accordance with this Regulation, constitutes a serious immediate or long - term risk to the health of humans, particularly of vulnerable groups, or animals, or to the environment, it may take appropriate provisional measures. The Member State shall, without delay, inform the Commission and the other Member States accordingly and give reasons for its decision based on the new evidence.

The Commission shall, by means of implementing acts, either permit the provisional measure for a time period defined in the decision or require the Member State to revoke the provisional measure. Those implementing acts shall be adopted in accordance with the examination procedure referred to in

Article 82 (3) .

Article 89
Transitional measures

1. The Commission shall carry on with the work programme for the systematic examination of all existing active substances commenced in accordance with Article 16 (2) of Directive 98/8/EC with the aim of achieving it by 14 May 2014. To that end, the Commission shall be empowered to adopt delegated acts in accordance with Article 83 concerning the carrying out of the work programme and specification of the related rights and obligations of the competent authorities and the participants in the programme.

Depending upon the progress of the work programme, the Commission shall be empowered to adopt delegated acts in accordance with Article 83 concerning the extension of the duration of the work programme for a determined period.

In order to facilitate a smooth transition from Directive 98/8/EC to this Regulation, during the work programme the Commission shall adopt either implementing regulations providing that an active substance is approved, and under which conditions, or, in cases where the conditions laid down in Article 4 (1) or, where applicable, the conditions set out in Article 5 (2), are not satisfied or where the requisite information and data have not been submitted within the prescribed period, implementing decisions stating that an active substance is not approved. Those implementing acts shall be adopted in accordance with the examination procedure referred to in Article 82 (3) . Regulations approving an active substance shall specify the date of approval. Article 9 (2) shall apply.

2. By way of derogation from Article 17 (1), Article 19 (1) and Article 20 (1) of this Regulation, and without prejudice to paragraphs 1 and 3 of this Article, a Member State may continue to apply its current system or practice

of making a given biocidal product available on the market until two years after the date of approval of the last of the active substances to be approved in that biocidal product. It may, according to its national rules, authorise the making available on the market in its territory only of a biocidal product containing existing active substances which have been or are being evaluated under Commission Regulation (EC) No 1451/2007 of 4 December 2007 on the second phase of the 10-year work programme referred to in Article 16 (2) of Directive 98/8/EC [51], but which have not yet been approved for that product-type.

By way of derogation from the first subparagraph, in the case of a decision not to approve an active substance, a Member State may continue to apply its current system or practice of making biocidal products available on the market for up to 12 months after the date of the decision not to approve an active substance in accordance with the third subparagraph of paragraph 1.

3. Following a decision to approve a particular active substance for a specific product-type Member States shall ensure that authorisations for biocidal products of that product-type and containing that active substance are granted, modified or cancelled as appropriate in accordance with this Regulation within two years of the date of approval.

To that effect, those wishing to apply for the authorisation or mutual recognition in parallel of biocidal products of that product-type containing no active substances other than existing active substances shall submit applications for authorisation or mutual recognition in parallel to Member States' competent authorities no later than the date of approval of the active substance (s). In the case of biocidal products containing more than one active substance, applications for authorisation shall be submitted no later than the date of approval of the last active substance for that product-type.

Where no application for authorisation or mutual recognition in parallel has been submitted in accordance with the second subparagraph:

(a) the biocidal product shall no longer be made available on the market with effect from 180 days after the date of approval of the active substance (s); and

(b) disposal and use of existing stocks of the biocidal product may continue until 365 days after the date of approval of the active substance (s) .

4. Where a Member State's competent authority rejects the application for authorisation of a biocidal product submitted under paragraph 3 or decides not to grant authorisation, that biocidal product shall no longer be made available on the market 180 days after the date of such rejection or decision. Disposal and use of existing stocks of such biocidal products may continue until 365 days after the date of such rejection or decision.

Article 90
Transitional measures concerning active substances evaluated under Directive 98/8/EC

1. The Agency shall be responsible for coordinating the process of evaluation of dossiers submitted after 1 September 2012 and shall facilitate the evaluation by providing organisational and technical support to the Member States and the Commission.

2. Applications submitted for the purposes of Directive 98/8/EC for which the Member States' evaluation in accordance with Article 11 (2) of Directive 98/8/EC has not been completed by 1 September 2013 shall be evaluated by the competent authorities in accordance with the provisions of this Regulation and, where relevant, Regulation (EC) No 1451/2007.

That evaluation shall be carried out on the basis of the information provided in the dossier submitted under Directive 98/8/EC.

Where the evaluation identifies concerns arising from the application of provisions of this Regulation which were not included in Directive 98/8/EC, the applicant shall be given the opportunity to provide additional information.

Every effort shall be made to avoid additional testing on vertebrates and to avoid causing delays to the review programme laid down in Regulation (EC) No 1451/2007 as a result of these transitional arrangements.

Notwithstanding paragraph 1, the Agency shall also be responsible for coordinating the evaluation process of dossiers submitted for the purposes of Directive 98/8/EC for which the evaluation has not been completed by 1 September 2013 and shall facilitate the preparation of the evaluation by providing organisational and technical support to the Member States and the Commission from 1 January 2014.

Article 91
Transitional measures concerning applications for biocidal product authorisations submitted under Directive 98/8/EC

Applications for biocidal product authorisations submitted for the purposes of Directive 98/8/EC for which the evaluation has not been completed by 1 September 2013 shall be evaluated by the competent authorities in accordance with that Directive.

Notwithstanding the first paragraph, the following shall apply:

—where the risk assessment of the active substance indicates that one or more of the criteria listed under Article 5 (1) is met, the biocidal product shall be authorised in accordance with Article 19,

—where the risk assessment of the active substance indicates that one or more of the criteria listed under Article 10 is met, the biocidal product shall be authorised in accordance with Article 23.

Where the evaluation identifies concerns arising from the application of provisions of this Regulation which were not included in Directive 98/8/EC, the applicant shall be given the opportunity to provide additional information.

Article 92
Transitional measures concerning biocidal products authorised/registered under Directive 98/8/EC

1. Biocidal products for which an authorisation or registration in accordance with Article 3, 4, 15 or 17 of Directive 98/8/EC was granted before 1 September 2013 can continue to be made available on the market and used subject, where applicable, to any conditions of authorisation or registration stipulated under that Directive until the expiry date of the authorisation or registration or its cancellation.

2. Notwithstanding paragraph 1, this Regulation shall apply to biocidal products referred to in that paragraph from 1 September 2013.

Article 93
Transitional measures concerning biocidal products not covered by the scope of Directive 98/8/EC

1. Without prejudice to Article 89, applications for authorisation of biocidal products not covered by the scope of Directive 98/8/EC and falling within the scope of this Regulation and which were available on the market on 1 Septem-

ber 2013 shall be submitted at the latest by 1 September 2017.

2. By way of derogation from Article 17 (1), biocidal products referred to in paragraph 1 of this Article for which an application was submitted in accordance with paragraph 1 of this Article may continue to be made available on the market or used until the date of the decision granting the authorisation. In the case of a decision refusing to grant the authorisation, the biocidal product shall no longer be made available on the market 180 days after such a decision.

By way of derogation from Article 17 (1), biocidal products referred to in paragraph 1 of this Article for which an application was not submitted in accordance with paragraph 1 of this Article may continue to be made available on the market or used until 180 days after 1 September 2017.

Disposal and use of existing stocks of biocidal products which are not authorised for the relevant use by the competent authority or the Commission may continue until 365 days after the date of the decision referred to in the first subparagraph or 12 months after the date referred to in the second subparagraph, whichever is the later.

Article 94

Transitional measures concerning treated articles

1. By way of derogation from Article 58 and without prejudice to Article 89, treated articles that were available on the market on 1 September 2013 may, until the date of a decision concerning the approval for the relevant product - type of the active substance (s) contained in the biocidal products with which the treated articles were treated or which they incorporate, continue to be placed on the market if the application for the approval of the active substance (s) for the relevant product - type is submitted at the latest by 1 September 2016.

2. In the case of a decision not to approve an active substance for the relevant product-type, treated articles which were treated with, or which incorporate, biocidal product (s) containing that active substance shall no longer be placed on the market 180 days after such a decision or as of 1 September 2016, whichever is the later, unless an application for the approval has been submitted in accordance with paragraph 1.

Article 95
Transitional measures concerning access to the active substance dossier

1. As of 1 September 2013, any person wishing to place active substance (s) on the Union market on its own or in biocidal products (the "relevant person") shall, for every active substance that they manufacture or import for use in biocidal products, submit to the Agency:

(a) a dossier complying with the requirements of Annex II or, where appropriate, with Annex IIA to Directive 98/8/EC; or

(b) a letter of access to a dossier as referred to under point (a); or

(c) a reference to a dossier as referred to under point (a) and for which all data protection periods have expired.

If the relevant person is not a natural or legal person established within the Union, the importer of the biocidal product containing such active substance (s) shall submit the information required under the first subparagraph.

For the purposes of this paragraph and for existing active substances listed in Annex II to Regulation (EC) No 1451/2007, Article 63 (3) of this Regulation shall apply to all toxicological and ecotoxicological studies including any toxicological and ecotoxicological studies not involving tests on vertebrates.

The relevant person to whom a letter of access to a dossier on the active substance has been issued shall be entitled to allow applicants for the authorisation of a biocidal product containing that active substance to make reference to that letter of access for the purposes of Article 20（1）.

By way of derogation from Article 60 of this Regulation，all data protection periods for substance/product - type combinations listed in Annex II to Regulation（EC）No 1451/2007，but not yet approved under this Regulation shall end on 31 December 2025.

2. The Agency shall make publicly available the list of persons that have made a submission in accordance with paragraph 1 or for whom it has taken a decision in accordance with Article 63（3）. The list shall also contain the names of persons who are participants in the work programme established under the first subparagraph of Article 89（1）or have taken over the role of the participant.

3. Without prejudice to Article 93，as of 1 September 2015，a biocidal product shall not be made available on the market if the manufacturer or importer of the active substance（s）contained in the product，or where relevant，the importer of the biocidal product，is not included in the list referred to in paragraph 2.

Without prejudice to Articles 52 and 89，disposal and use of existing stocks of biocidal products containing an active substance，for which no relevant person is included in the list referred to in paragraph 2，may continue until 1 September 2016.

4. This Article shall not apply to active substances listed in Annex I in categories 1 to 5 and 7 or to biocidal products containing only such active substances.

Article 96
Repeal

Without prejudice to Articles 86, 89, 90, 91 and 92 of this Regulation, Directive 98/8/EC is hereby repealed with effect from 1 September 2013.

References to the repealed Directive shall be construed as references to this Regulation and read in accordance with the correlation table in Annex Ⅶ.

Article 97
Entry into force

This Regulation shall enter into force on the twentieth day following that of its publication in the Official Journal of the European Union.

It shall apply from 1 September 2013.

This Regulation shall be binding in its entirety and directly applicable in all Member States.

Done at Strasbourg, 22 May 2012.

For the European Parliament

The President

M. Schulz

For the Council

The President

N. Wammen

附 录 3

常用缩略语中英文对照

英文缩写	中文名称	英文缩写	中文名称
BPR	生物杀灭产品法规	MP	药品
BPD	生物杀灭产品指令	REACH	化学品的注册、评估、授权和限制
R4BP	生物杀灭产品注册工具	POPs	持久性有机污染物
ECHA	欧洲化学品管理局	BKC/DDAC	某种季铵盐
BPC	欧盟生物杀灭产品委员会	CDS	核心数据
CLP	欧盟物质和混合物的分类、标签和包装法规	ADS	附加数据
CMR	致癌，致突变，生殖毒性物质	CAS	美国化学文摘社编号
PBT	持久性，生物蓄积性，毒性物质	EC	欧洲现有商业化学品目录编号
vPvB	高持久性，高生物蓄积性物质	INDEX	索引号
JRC	欧盟委员会联合研究中心	CIPAC	国际农药分析协作委员会编号
IUCLID	国际统一化学品信息数据库	SMILES	简化分子线性输入规范
LoA	授权信	TNsG	技术指南
PT	产品类别	LOEP	端点清单
DMF	富马酸二甲酯	PIC	危险化学品进出口法规
FENCA	欧盟国家收藏联合会	EC	欧盟委员会
COPR	英国害虫控制法	EEC	欧洲经济共同体
PPPR	植物保护产品法规	GLP	良好实验室规范

表（续）

英文缩写	中文名称	英文缩写	中文名称
PPP	植物保护产品	EN	欧洲标准
CP	化妆品	POAA	过氧乙酸
FDA	美国食品与药品管理局	PBO	增效醚
SVHC	高关注物质	PUR	聚氨酯
CFR	美国联邦法案	IUPAC	国际理论和应用化学联合会
FIFRA	美国联邦杀虫剂法	SIEF	物质信息交换论坛

参考文献

[1] Regulation (EU) No 528/2012 of the European Parliament and of the Council of 22 May 2012 concerning the making available on the market and use of biocidal products.

[2] MANUAL OF DECISIONS FOR IMPLEMENTATION OFDIRECTIVE 98/8/EC CONCERNING THE PLACING ONTHE MARKET OF BIOCIDAL PRODUCTS.

[3] Frequently asked questions on treated articles.

[4] Guidance on applications for technical equivalence.

[5] http：//echa. europa. eu/regulations/biocidal - products - regulation.

[6] http：//ec. europa. eu/environment/biocides/2012/overview. htm.